하나님을 향한
열정이 소진될 때

메디타치오 시리즈 3

하나님을 향한 열정이 소진될 때

양 창 삼 지음

ICSI 한국학술정보㈜

❖ 머리말 ❖

하나님의 말씀을 읽고 묵상하며 그것을 삶에 적용하고자 하는 것은 매우 중요한 일이다. 그것은 내면의 영성을 넓히는 작업이자 하나님 나라의 삶을 사는 자로서 마땅한 일이다. 이 일을 일궈내는 사람들의 마음이 하나님을 향해 그만큼 열려진다면 삶은 더없이 보람 있을 것이다.

우리 밖은 지금 매우 어렵다. 서브프라임 사태로 미국이 휘청거리기 시작하더니 그 여파가 세계 곳곳으로 번지고 있다. 주식이나 펀드도 반 토막이 난 지 이미 오래다. 그 끝이 어딘지 가늠하기조차 어렵다.

이런 때일수록 하나님의 말씀에 더 가까이 가라고 말하고 싶다. 우리가 지금 어려움을 당하는 이유 중의 몇 가지는 우리 스스로 절제하지 못한 탓이기도 하다. 금융도, 기업도, 우리도 자제하지 못했고 정부도 통제하지 못했다. 시장도 자정능력을 잃었다. 그 모든 것의 실패가 지금 우리에게 고통을 안겨주고 있다. 과거 IMF사태는 몇 나라의 일에 국한되었다. 그러나 지금 우리가 당하는 일은 지구적이다. 이런 면에서 볼 때 하나님은 지금 지구적 성찰을 요구하고 계신다.

앞으로 어떻게 될 것인가에 대한 궁금증은 늘 있다. 그러나 그에 대한 대답이나 해결책은 바로 우리가 어떤 삶을 살 것인가에 달려 있다. 우리가 하나님의 가르침에 충실하면 할수록 우리가 바라는 것은 빨리 올 수 있다. 하지만 그 일 행하기에 주저하고, 그것은 나의 일이 아니라 남의 일이라 말하기 시작하면 더디 올 수 있다. 하나님은 늘 우리를 주목하고, 다시금 일으키고자 하신다.

삶이 어려워지자 교회를 찾는 이의 수가 늘었다는 보도도 있다. 지금까지 잊었던 하나님을 찾았다는 점에서는 매우 기쁜 일이다. 그러나 그보다 중요한 것은 우리의 영적인 내면을 다시 한 번 점검하고 새롭게 단장하는 일이다.

이번에 출간하는 메디타치오 시리즈 3의 제목은 '하나님을 향한 열정이 소진될 때'이다. 혹시 주님을 향한 열정이 식었다면 회복될 필요가 있다. 성령님의 도우심을 구하고, 우리의 마음을 처음으로 돌려놓기 바란다. 제2부에 소개된 여러 크리스천 서적도 묵상에 도움이 될 것이다.

삶이 아무리 어렵더라도 희망을 잃어서는 안 된다. 주님은 우리에게 하나님 나라의 소망을 갖게 하셨고, 그 소망을 잃지 않도록 하셨다. 이제 그 소망을 이 땅에서 이뤄야 할 책임이 우리에게 있다. 이 책은 독자들에게 그 소망을 잃지 않게 하고, 하늘의 꿈을 갖게 하고자 한다. 그 꿈이 놀랍게 실현될 때 우리는 다시금 감사하게 될 것이다.

2009년 3월
양창삼

Contents

제1부　하나님을 향한 열정이 소진될 때

1. 쓰러진 징검돌 바로 세우기

선생님 한 분이 시냇가 징검돌을 건너 출근하는 길에 미끄러져 그만 온몸이 물에 젖게 되었다. 그대로는 출근할 수 없어 옷을 갈아입으려 집에 왔다. 집에는 마침 어머님이 계셨다. 온몸은 물론 양복까지 젖은 아들을 보자 어머니는 당장 물으셨다.

"그래, 너를 넘어뜨린 그 징검돌은 제자리에 돌려놓고 왔느냐?"

물음에 놀란 아들은 기어드는 목소리로 말했다.

"아니요."

"아니 이놈아, 선생이라는 자가 고쳐놓지 않았다면 앞으로 어찌 바른 선생이 되겠느냐!"

그렇다. 선생은 잘못된 것을 보면 뒤에 오는 사람을 생각해서 바로 놓아야 할 사람이다. 앞서 간 사람은 뒤따라 올 사람들에게 거울이 되어야 하느니.

어느 방에 들어서니 이런 글이 앞에 붙어 있었다. "당신이 떠난 자리에는 당신의 인격이 남습니다." 방을 깨끗하게 써달라는 것이지만 그것을 읽을 때 인격에 대해 다시금 생각하게 된다. 과연 나의 인격은 몇 점일까.

성경을 보면 여러 신앙의 인물들이 나온다. 그들 가운데 상당수는 실족하기도 하고 일어서기도 한다. 실족은 모범이 되지 못한다. 그러나 그 자리에서 일어서는 것은 모범이 될 수 있다.

예수님은 우리로 하여금 남을 실족하게 하는 것을 경계하셨다. "실족하게 하는 일들이 있음으로 말미암아 세상에 화가 있도다. 실족하게 하는 일이 없을 수는 없으나 실족하게 하는 그 사람에게는 화가 있도다."(마18:7)

바울은 교인들이 실족할까 무척 조심한다. "누가 약하면 내가 약하지 아니하며 누가 실족하게 되면 내가 애타지 않더냐."(고후11:29) 자신이 어떤 음식을 먹음으로 인해 남을 실족하게 한다면 그것을 먹지 않겠다고 말한다. "그러므로 만일 음식이 내 형제를 실족하게 한다면 나는 영원히 고기를 먹지 아니하여 내 형제를 실족하지 않게 하리라."(고전8:13)

어떻게 하면 우리가 실족하지 않을까. 다윗은 하나님의 도를 붙들라고 말한다. "하나님의 도는 완전하고 여호와의 말씀은 정미하니 저는 자기에게 피하는 모든 자의 방패시로다. [− −] 주의 오른손이 나를 붙들고 주의 온유함이 나를 크게 하셨나이다. 내 걸음을 넓게 하셨고 나를 실족하지 않게 하셨나이다."(시18:30, 35, 36) 그는 고백한다. "나의 영혼이 주를 가까이 따르니 주의 오른손이 나를 붙드시거니와"(시63:8)

예수님도 빛 가운데 다니라 하신다. "밤에 다니면 빛이 그 사람 안에 없는 고로 실족하느니라."(요11:10) 하나님 말씀 가운데 바로 서라는 것이다. 우리가 주님이 가르치신 길로만 다닌다면 실족할 일이 없다.

다윗은 삶에서 여러 번 넘어지고 실족했다. 그러나 자신이 말씀 가운데 확고하게 섰을 때는 달랐다고 말한다. 시편에 소개되는 여러 그의 시들이 그것을 증명한다. 종국적으로 그는 이렇게 고백한다. "나의 걸음이 주의 길을 굳게 지키고 실족하지 아니하였나이다."(시17:5) 이것은 그가 말씀으로 다시 일어서고 그 말씀에 더 충실히 살았음을 의미한다.

세상에 완전한 사람이 어디 있을까. 완전한 사람만 사는 곳은 세상이 아니다. 그곳은 하나님 나라에서나 가능한 일이다. 비록 어지러운 세상일지라도 그곳에서 넘어지고 다시 일어나는 사람을 보면 박수를 치는 것은 그 일어섬이 아름답기 때문이다. 모두에서 소개한 어머니의 큰 소리가 더 크게 들린다. "그래, 너를 넘어뜨린 그 징검돌은 제자리에 돌려놓고 왔느냐?" 이젠 우리 모두 쓰러진 징검돌을 바로 세울 때다. 하나님의 말씀으로. 이것이 이웃을 향한 그리스도인의 사랑이요 배려가 아니겠는가.

2. 예수님이라면 어떻게 하실까

이따금 글에서 WWJD라는 단어가 등장한다. 이건 뭘까? 제2차 세계대전도 아니고. 이것은 "예수님이라면 어떻게 하실까?"(What Would Jesus Do?)의 준말이다. 삶의 여러 과정에서, 특히 의사결정과정에서 힘이 들 때 그리스도인은 "이런 때 주님이라면 어떻게 하실까?" 하는 생각을 하게 된다.

이 말은 찰스 셸던(C. M. Sheldon)이 쓴 소설의 이름이기도 하다. 이 책은 원제목은 '주님의 발자취를 따라서(In His Steps)'이다. 우리나라에 소개되는 과정에서 그가 부제로 사용한 '예수님이라면 어떻게 하실까?'가 원제로 바뀌었다. 이 책은 1896년에 나온 고전이지만 아직도 많은 사람들의 사랑을 받고 있다. 그만큼 우리 삶에서 이 단어가 주는 의미가 크기 때문이다.

WWJD는 우리의 삶을 다시금 생각하게 만든다. 과연 어떻게 살아가는 것이 그리스도인다운 삶인가, 그리고 주님이 기뻐하시는 삶인가. 찰스는 이것을 소설의 테마로 정하고, 그것을 우리 삶에 반영시키고자 한다. 소설 속에서 맥스웰 목사는 유명 신학교 출신으로 레이몬시에서 성도들에게 존경과 신뢰를 받으며 안락하게 생활하고 있었다. 그의 관심은 어떻게 하면 늘 멋진 설교를 할 수 있을까에 있었다. 그런 그가 가난 때문에 아내와 하나밖에 없는 자식마저 잃고 일자리도 없이 좌절과 슬픔에 잠긴 인쇄공을 만나면서 달라졌다.

이야기는 이렇게 시작된다. 어느 토요일, 설교를 준비하고 있는데 행색이 초라한 젊은이가 그를 찾아왔다. "목사님, 전 직장을 잃었습니다. 목사님이라면 제게 일거리 같은 것을 마련하여 주실 것 같아서 이렇게 찾아왔습니다." 그의 말이 채 끝나기 전에 목사는 "나도 어쩔 도리가 없네요. 요즘 직장이 하도 귀해서" 하며 문을 닫으려 했다. 그는 미안한 목소리로 답했다. "그럴 줄 미처 몰랐습니다. 목사님께서는 철도 일이나 상점일이나 목장일 정도는 주선하여 주실 것이라 생각했습니다." "아무 도움을 드리지 못해 죄송합니다. 전 지금 몹시 바쁜데, 어쨌든 일자리를 구하시기 바랍니다." 목사와 인쇄공의 대화는 서먹하게 끝났다. 목사는 이 층 서재에 올라와 창문을 통해 청년을 바라보았다. 청년은 빛바랜 모자를 눌러쓰고 떨어지는 낙엽 위를 힘없이 걷고 있었다. 목사는 다시 설교 준비에 들어갔다. 그는 예수님의 대속의 죽음을 강조하며 우리도 '이웃을 사랑하자'며 그 방법을 제시하고자 했다.

주일 아침, 그의 설교는 많은 사람들에게 감동을 주었다. 목사 역시 교인의 반응에 만족했다. 성가대의 마지막 찬송으로 예배를 마치려는 순간 갑자기 한 청년이 단 앞까지 오더니 말문을 열었다. 바로 어제 찾아온 젊은이였다.

"예배가 끝나기 전에 꼭 한 말씀 드리고 싶은 게 있어서 이 자리에 섰습니다. 저는 술에 취하거니 미치지도 않았습니다. 누구를 해친 적도 없습니다. 저는 얼마 못가서 죽을 것입니다. 그래서 마지막으로 여기 모이신 훌륭한 여러분들에게 한 말씀 드리고 싶어 이 자리에 나왔습니다." 그는 10개월 전에 직장을 잃은 이야기, 그로 인해 처자식과 떨어져 살 수밖에 없었던 이야기를 했다. 그 다음 "오늘 목사님께서 '예수를 따르자'라고 하셨는데 과연 그것이 예수님께서 가르쳐 주신 그대로일까 의심스러웠습니다. 여기서 예수님을 따르라는 뜻이 무엇일까요? 목사님은 그리스도인은 반드시 예수님의 발자취를 따라야 하며 그 발자취란 믿음, 순종, 사랑, 그리고 따름이라 하셨습니다. 그러나 목사님은 예수님의 발자취를 따르는 진짜 의미는 말씀하지 않으셨습니다. 저는 이 도시를 사흘 동안 샅샅이 헤매면서 일자리를 찾아보았습니다. 그런데 그동안 저에게 위로나 동정을 해 주신 분은 목사님뿐이셨습니다. 아무도 거들떠보지도 않았습니다. 여러분 제가 누구를 원망하는 것이 아닙니다. 사실을 말하는 것뿐입니다. 성도 여러분, 도대체 예수님을 따른다는 것이 무엇입니까? '주와 함께 가려네' 찬송했는데 그 뜻이 무엇입니까? 예수님의 행적을 따른다는 것을 어떻게 해석해야 할까요? 이 도시에는 저와 비슷한 사람들이 오백 명이 더 될 것입니다. 그들은 대부분 가족을 거느리고 있습니다. 저의 아내는 5개월 전에 죽었습니다, 제 딸은 인쇄공 집에서 더부살이하고 있습니다. 딸이 보고 싶습니다. 그런데 아무리 생각하여 보아도 이해할 수 없는 것이 있습니다. 그것은 수많은 기독교인들이 '예수님을 따르자'는 설교를 들으면서도, 찬송을 부르면서도, 자신들은 호화롭게 살면서도 우리 같은 사람들을 사람 취급하지 않는 것에 대하여 이해할 수가 없습니다. 제 아내가 숨을 거둔 집의 주인도 기독교인이었습니다. 그 주인은 진심으로 예수님을 따르는 자였을까요?" 그는 하염없이 눈물을 흘렸다. 그리곤 앞으로 고꾸라졌다.

바닥에 쓰러진 청년은 며칠 앓다가 죽고 말았다. 이 일을 계기로 크게 깨달은 목사는 교인들에게 이런 제안을 하기에 이른다. "이제 앞으로 1년 동안 무슨 일을 하든지 먼저 '예수님이라면 어떻게 하실 까?' 자신에게 물어본 다음 그 답, 곧 예수님께서 하시리라고 생각 되는 그대로 행하겠다고 정직하게 서약하고 행동하십시오. 무슨 일 에든 예수님이 우리의 입장이라면 어떻게 행하시리라 믿는 대로 실 천합시다. 우리 모두 주님의 가르침을 깊이 묵상하고 기도하면서 성 령의 인도하심을 따르면 해답을 얻게 될 것입니다." 그는 교인들에 게 WWJD운동을 제시한 것이다. 그는 교회의 표어도 "예수님이라면 어떻게 하실까?"로 정했다. 이것이 이 소설의 도입부다.

주요 부분은 이 사건을 계기로 이 운동에 참여한 교인들의 삶이 어떻게 변했는가를 잘 보여주고 있다. 목사와 교인들은 "예수님이라 면 어떻게 하실까?"라는 질문을 던지고 행동하기 시작했다. 예수를 믿어도 삶의 변화가 없고, 이름뿐인 그리스도인들이 변해 사회 속에 선한 영향력을 끼치기 시작한 것이다.

이 책은 미국뿐 아니라 세계 교회를 일깨우는 데 크게 작용했다. 이 책은 설교자뿐 아니라 교인들이 생활에서 그리스도인으로 사는 것이 무엇인가를 가르쳐 주었고, 말로만이 아니라 행동으로 그리스 도를 드러내도록 했다. 이 책을 읽으면 늘 생각나는 말씀이 있다. 마태복음 25장의 말씀이다.

"그때에 임금이 그 오른편에 있는 자들에게 이르시되 내 아버지께 복 받을 자들이여 나아와 창세로부터 너희를 위하여 예비된 나라를 상속하라 내가 주릴 때에 너희가 먹을 것을 주었고 [--] 나그네 되었을 때에 영접하였고 [--] 병들었을 때에 돌아보았고 옥에 갇혔을 때에 와서 보았느니라. 이에 의인들이 대답하여 가로되 주여 우리가 어느 때에 주의 주리신 것을 보고 공궤하였으며 목마르신 것을 보고 마시게 하였나이까. [--] 임금이 대답하여 가라사대 내가 진실로 너희에게 이르노니 너희가 여기 네 형제 중에 지극히 작은 자 하나에게 한 것이 곧 내게 한 것이니라."(마25:34-40)

오늘도 여러 그리스도인들이 선교지에 나간다. 그들이 이런 결정을 하기까지는 많이 망설이고 주변에서 말리기도 했을 것이다. 그러나 그들은 한결같이 말한다. "예수님이라면 어떻게 하실까를 생각했습니다." 꼭 멀리 간다고 선교지가 아니다. 우리 주변에도 선교지는 많다. 모두 WWJD를 생각하며 일할 곳이다. 당신은 주님이 그곳에 보낸 하나님 나라의 일꾼들이다.

3. 각각 다른 사람들의 일을 돌아보아

격주간지 ≪아름다운 동행≫이 창간 2주년을 맞았다. 축하를 하는 자리에서 경동교회 박종화 목사님이 셈하는 시간을 잠깐 가져보자 하더니 자기 삶의 지표가 되어온 귀한 것이라며 예화 하나를 소개했다.

예화는 이렇다. 한 아버지가 양 17마리를 남기고 임종하셨다. 그 양을 자신의 세 아들에게 남겨준다는 유언을 했다. 큰아들에게는 2분의 1, 작은아들에게는 3분의 1, 그리고 막내아들에게는 9분의 1을 준다는 것이었다. 17마리를 유언대로 나누기는 어려웠다. 도저히 나눠지지 않기 때문이다. 그렇다고 양을 죽일 수는 없잖은가. 난감해하고 있는데 옆집에 사는 사람이 양 한 마리를 주겠다고 했다. 그도 자기 아버지로부터 받은 단 한 마리 양이었다. 그런데 그것을 선뜻 내놓다니.

그래서 18마리가 된 그들은 아버지의 유언대로 나누었다. 큰아들은 2분의 1이니 9마리, 작은 아들은 3분의 1이니 6마리, 그리고 막내아들은 9분의 1이니 2마리다. 유언대로 나누었는데 어찌된 일인지 한 마리가 남는다. 그 남은 한 마리를 어떻게 하지. 형제들은 그 남은 한 마리를 원주인에게 돌려주기로 했다. 옆집 사람은 선한 일을 하고도 돌려받는 기쁨을 누렸다.

박 목사는 예화를 소개한 뒤 우리가 가진 한 마리의 양이 얼마나 귀한가를 말해 주었다. 한 마리는 작다. 그러나 그것으로도 얼마든지 선을 행함으로써 이웃을 기쁘게 할 수 있다. 선을 행하면 하나님은 그저 넘기지 않으신다. 축복을 채우신다. 이 예화를 들으면서 비록 한 마리 가진 자라 할지라도 자비로운 마음과 민감성이 얼마나 중요한가를 깨달았다. 그는 바로 이 점을 십분 발휘해 칭찬받아 마땅한 인물이 되었기 때문이다.

자비(kindness)는 성령의 열매 가운데 하나(갈5:22)이다. "그러므로 너희는 하나님의 택하신 거룩하고 사랑하신 자처럼 긍휼과 자비와 겸손과 온유와 오래 참음을 옷 입고"(골3:13) '옷 입고'는 밖에 나갈 때 옷을 입는 것처럼 우리가 밖에 나가 신앙인으로서 삶을 살 때 입어야 할 것들을 말한다. 그 옷 가운데 하나가 바로 자비이다. 자비는 감정이 아니라 행동으로 나타난 사랑(love in action)이다. 영적 리더의 특성은 바로 자비가 많다는 점이다.

민감성(sensitivity)은 상대가 절실히 필요한 것에 대한 감각이다. 그리스도인은 민감성을 키우되, 특히 다른 사람들에 대해 민감할 필요가 있다. 바울도 민감성을 가르친다. "각각 자기 일을 돌아볼뿐더러 또한 각각 다른 사람들의 일을 돌아보아 나의 기쁨을 충만케 하라."(빌2:4) '돌아보다'는 상대가 필요로 하는 것이 있나 아픈 것이 있나 눈을 열어 관심 있게 바라보고, 돌보아 주는 것을 말한다. 그리스도인은 자신의 유익뿐 아니라 다른 사람의 유익을 도모하는 사람이 되어야 한다. 자신의 유익만 도모하면 주님께 기쁨을 드릴 수 없다. 자신처럼 다른 사람의 유익을 위한 삶을 살 때 주님은 기뻐하신다. 다윗이 두려워하는 므비보셋에게 말한다. "무서워 말라. 내가 반드시 네 아비 요나단을 인하여 네게 은총을 베풀리라. 내가 네 조부 사울의 밭을 다 네게 도로 주겠고 또 너는 항상 내 상에서 먹을지니라."(삼하 9:7) '은총을 베풀리라'는 '자비를 베풀리라'는 뜻이다.

하나님은 자비로운 분이시다. 하나님은 우리에게 풍성한 자비를 베풀어주셨고, 오늘도 자비롭게 대하신다. 하나님의 자비가 없었다면 우리는 매우 불쌍한 처지에 있을 수밖에 없다. 우리가 그 자비를 힘입고 산다면 우리도 우리 이웃에 대해 자비를 베풀며 살아야 하는 것은 당연하다. 하루에 한 번이라도 자비로운 일을 행하도록 하자.

오늘도 주 안에서 그 일을 어떻게 했는지 살펴보자. 그러면 그만큼 우리는 주님을 닮아갈 것이다.

4. 위로받기보다는 위로하고

최근 몇 주 '월드미션'의 꿈을 안고 의료생협을 조직화하려는 제자, 그것에 기둥 역할을 하며 침술로 봉사하는 형제, 이 대열에 합류한 목사님과 선교사님들, 그리고 여러 봉사자들을 만나게 되었다. 이들은 온갖 병으로 고생하는 사람들을 찾아다니며 위로하고 침도 놓아주었다. 자신의 일보다 어렵고 힘든 사람들을 도우려는 그들의 모습이 아름답게 느껴졌다. 심지어 자신들의 아픔보다 이웃들의 아픔을 더 걱정하는 모습을 볼 때마다 그리스도의 사랑이 무엇인가를 느끼게 했다. 남을 돕는 일도 좋지만 자신들의 생계는 어떻게 꾸려가는지 걱정이 될 정도다. 이들이 계획하는 사회적 기업이 건강한 공동체, 영적으로 성숙한 공동체, 선교하는 공동체를 이루는 데 기여했으면 한다.

그들을 보면서 '위로받기보다는 위로하고'라는 성 프란시스 기도문이 떠올랐다. 그리고 그런 삶을 살아간 이 땅의 많은 그리스도인들을 생각했다. 그중에 우리가 너무나 잘 아는 마더 테레사가 있다.

마더 테레사

그녀는 말라리아로 인한 오열과 고질적인 심장병, 폐질환 등으로 심장박동이 중단되는 등 사경을 헤맨 적이 있었다. 의사는 구부린 자세로 병약자를 돌봐온 오랜 봉사활동이 여러 질환의 원인이라고 했다.

한번은 심장질환으로 입원을 했다. 심장의 심한 통증에도 불구하고 그는 더 이상의 간호와 치료를 거부했다. 그는 자신이 봉사한 가난한 사람들처럼 죽어가도록 내버려 달라고 호소했다. 자신이 매일 대하는 인도의 가난한 사람들과 다르게 특별간호를 받는다는 것이 그녀로서는 너무나 견디기 어렵고 고통스러웠다. 많은 사람들이 병원에 와보지도 못하고 죽어가는 판에 자신에 대한 간호가 과분하다고 느낀 것이다.

이 과정에서 그는 스스로 가난한 사람들의 어머니임을 다시금 보여주었다. 병상에 누운 그에게 힌두 교인과 이슬람 교인들이 찾아와 함께 눈시울을 붉혔고, 인도 상하원은 합동으로 그의 쾌유를 빌었다. 퇴원할 때 그는 병원비부터 걱정할 만큼 스스로 가난했다.

그의 기도문은 이렇게 시작된다. "거룩하신 주님, 위로받기보다는 위로하고, 이해받기보다는 이해하며, 사랑받기보다는 사랑하게 하여 주소서. 저희는 줌으로써 받고, 용서함으로써 용서받으며, 자기를 버리고 스스로를 죽여야만 영생에 이를 줄 믿습니다. 아멘." 그는 성 프란시스의 기도문을 이 땅에서 실천한 인물임이 틀림없다. 그는 위로받기보다 위로하는 삶을 선택한 사람이었다.

이런 삶의 모범을 보인 분이 바로 예수님이시다. 그는 섬김을 받기보다 섬기려 이 땅에 왔다 하셨고, 섬김의 삶을 사셨다. 그 섬김은 십자가에서 죽으시는 순간까지 이어졌다. 그래서 이 땅의 많은 그리스도인들이 예수님의 모범을 따라 섬김의 삶을 살고자 한다. 그 가운데 대표적인 인물이 바울이다. 그는 말한다. "우리가 환난당하는 것도 너희가 위로와 구원을 받게 하려는 것이요 우리가 위로를 받는 것도 너희가 위로를 받게 하려는 것이니 이 위로가 너희 속에 역사하여 우리가 받는 것 같은 고난을 너희도 견디게 하느니라."(고후 1:6) 이 말씀 속에서 어찌하든지 위로를 주고자 하는 바울의 심정을 읽는다. 그 위로로 교인들이 고난을 이길 수 있도록 격려한다.

하나님은 우리의 위로자시다. "어머니가 자식을 위로함같이 내가 너희를 위로할 것인즉 너희가 예루살렘에서 위로를 받으리니."(사 66:13) 위로로 희망을 주신다. 바울은 하나님을 가리켜 "낙심한 자들을 위로하시는 하나님"(고후7:6)이라 하였다.

하나님의 위로를 받는 자는 받기만 하는 사람이 아니다. 오히려 하나님은 위로의 역사가 우리 가운데 일어나게 하신다. "너희의 하나님이 이르시되 너희는 위로하라. 내 백성을 위로하라."(사40:1) "우리의 모든 환난 중에서 우리를 위로하사 우리로 하여금 하나님께 받

는 위로로써 모든 환난 중에 있는 자들을 능히 위로하게 하시는 이시로다."(고후1:4)

하늘의 위로를 풍성히 받았는가. 이젠 우리가 그 위로를 필요로 하는 모든 사람에게 나눠줄 차례다. 나의 인간적인 위로가 아니라 하나님의 위로다. 그것을 조금이라도 나눠줄 때 당신은 그만큼 하나님께 영광 돌리는 삶을 살고 있다.

5. 그리스도의 남은 고난

"내가 이제 너희를 위하여 받는 괴로움을 기뻐하고 그리스도의 남은 고난을 그의 몸 된 교회를 위하여 내 육체에 채우노라."(골1:24)

여기에서 바울은 두 가지를 강조하고 있다. 첫째는 바울이 성도들을 위해 받는 괴로움을 오히려 기뻐한다는 것이다. "내가 이제 너희를 위하여 받는 괴로움을 기뻐하고" 괴로움 당하는 것과 기쁨은 서로 반대된다. 그러나 그는 괴로움 속에서 기쁨을 발견한다. 역설이 아닐 수 없다.

이 근거는 무엇인가. 그것은 예수님이 내 안에 살아계시고, 내가 그리스도 안에 있기 때문이다. 그리스도가 내 안에 있으면 주님의 마음으로 성도를 바라보게 된다. 자연 삶의 모습이 달라진다.

주님의 눈으로 보면 성도의 모습이 너무 좋다. "이제 내가 기뻐하고(Now I rejoice)" 고난 가운데서도 기뻐한다. 예수님도 십자가 뒤에 올 영광을 바라보며 기쁨으로 고난을 참지 않으셨는가.

> "인내로써 우리 앞에 당한 경주를 경주하며 믿음의 주요 또 온전케 하시는 이인 예수를 바라보자. 저는 그 앞에 있은 즐거움을 위하여 십자가를 참으사 부끄러움을 개의치 아니하시더니 하나님 보좌 우편에 앉으셨느니라."(히1:1, 2)

고난 가운데서 기뻐하는 성도가 되자. 그렇게 되기 위해서는 예수님과의 관계가 바로 되어야 한다. 그렇지 못하면 내 안에 기쁨이 사라진다. 기쁨이 사라지면 우리는 남을 탓한다. 중요한 것은 나 자신을 주님께 겸손히 내려놓는 일이다. 나는 괜찮은 사람인데 다른 사람들이 인정을 해 주지 않는지, 왜 나를 알아주지 않는지 섭섭한 마음만 키우면 병이 도지고 기쁨이 사라지게 된다. 그때마다 오히려 "나는 자격이 없다. 죄인이다." 주님 앞에 철저히 낮아지면 나라는 존재는 없어지며 오히려 지금 고난을 받는 것도 큰 영광임을 느끼게 된다. 한없이 부족한 내가 이 아름다운 고난에 참여하게 되다니. 고난조차도 기쁨의 채널이 된다. 베드로도 "주여 나는 죄인이로소이다."(눅5:8) 고백하였다. 남이 아니라 주님과 나의 관계가 중요하다. 교만이 아니라 겸손이다. 그러면 기쁨이 밀려온다.

둘째, 그리스도의 남은 고난을 그의 몸 된 교회를 위하여 내 육체에 채운다는 것이다. 그리스도의 남은 고난이라 함은 주님이 우리를 위해 지신 십자가의 고난만으로는 부족하다는 것이 아니다. 주님은 십자가의 고난을 통해 구원을 완성하셨다. 십자가상에서 주님은 '다 이루었다' 하시지 않았는가.

그런데도 바울은 왜 그리스도의 남은 고난이라 했을까? 그것은 예수님에게 고난이 남았다는 것이 아니라 주님이 다시 오실 때까지 교회와 성도들이 이 세상에서 당할 수밖에 없는 온갖 고난이 남아 있음을 의미한다. 하지만 그 고난은 주님의 재림으로 종결된다는 점에서 한시적인 고난이다.

바울은 이 고난을 교회를 위해 드리고자 한다. 교회는 예수님의 제2의 몸이다. 우리 자신도 주님의 몸 된 성전이다. 사단은 예수를 공격하는 것이 주특기이다. 예수님이 이 땅에 계셨을 때도 그랬다. 그러나 주님은 지금 하나님 우편에 앉아 계신다. 그러므로 사단은 이 땅에 있는 그리스도인을 공격의 대상으로 삼는다. 사단은 그리스도의 제자인 우리를 향해 오늘도 집요하게 공격하고, 우리는 공격을 당한다. 그 공격이 바로 그리스도의 남은 고난이다. 그리스도의 남은 고난을 교회를 위해 내 몸에 채우는 자는 교회가 처한 어려움을 나의 어려움으로 받아들이고 교회를 위해 기도하게 된다. 목회자를 위해 기도하고, 사역자를 위해 기도한다. 목회자는 주님의 양들을 위해 기도한다. 우리는 서로 기도함으로써 그리스도의 남은 고난을 기쁨으로 채운다.

바울은 전도자로서 많은 고난을 받았다. 고린도후서 11장 23절에서부터 27절까지는 옥에 갇힘과 매 맞음, 각종 위험 등 그가 당한 고난이 얼마나 컸는가를 보여준다. 그런 그가 교회를 위해서라면 어떤 고난과 희생도 감수하겠다고 말한다. "이 외의 일은 고사하고 오히려 날마다 내 속에 눌리는 것이 있으니 곧 모든 교회를 위하여 염려하는 것이라."(고후11:28) 교회를 위한 염려, 그것은 주님의 교회가 잘되기를 바라는 마음이 담겨 있다. 이것이 바로 그리스도의 남은 고난을 자신의 몸에 채우는 것이다. 당신은 오늘도 그리스도의 남은 고난을 기쁨으로 채우고 있는가.

6. 아름다운 소식을 시온에 전하는 자여

이사야 40장 1절에서 11절의 말씀은 아름다운 소식을 전하는 것으로 '희망의 말씀들(words of hope)'이라 불린다. 이사야는 이 시에서 포로생활로부터 유다가 해방되리라는 희망적인 예언을 하고 있다. 우리는 이사야의 이 같은 예언이 아직 유다가 포로로 잡혀가지 않았던 시기에 이루어졌음을 이해해야 한다. 이 말씀이 예언인 것은 이 때문이다.

이 시는 유다의 해방만을 말하는 것이 아니다. 이 시는 예수 그리스도의 오심과 그 기쁨을 함께 담고 있다. 이 해방은 예수 그리스도의 오심으로 우리가 죄의 올무에서 벗어나는 대망의 해방이다. 신약의 여러 장절은 이 시구들을 기쁨으로 인용하고 있다. 광야의 외치는 자의 소리는 세례 요한의 사역과 연관된다. 그리고 시온에 전할 아름다운 소식은 복음을 가리킨다. 그러므로 이사야의 이 예언적 시는 이루 말할 수 없는 축복을 담고 있다. 이 축복의 선언을 읽는 순간 환희가 당신의 가슴에 그대로 울려지기를 기대한다.

너희 하나님이 가라사대
너희는 위로하라 내 백성을 위로하라
너희는 정다이 예루살렘에 말하며
그것에게 외쳐 고하라
그 복역의 때가 끝났고
그 죄악의 사함을 입었느니라
그 모든 죄를 인하여
여호와의 손에서 배나 받았느니라 할지니라

외치는 자의 소리여 가로되
너희는 광야에서 여호와의 길을 예비하라
사막에서 우리 하나님의 대로를 평탄케 하라
골짜기마다 돋우어지며
산마다, 작은 산마다 낮아지며
고르지 않은 곳이 평탄케 되며
험한 곳이 평지가 될 것이요
여호와의 영광이 나타나고
모든 육체가 그것을 함께 보리라
대저 여호와의 입이 말씀하셨느니라

말하는 자의 소리여 가로되 외치라

대답하되 내가 무엇이라 외치리이까
가로되 모든 육체는 풀이요
그 모든 아름다움은 들의 꽃 같으니
풀은 마르고 꽃은 시듦은
여호와의 기운이 그 위에 붊이라
이 백성은 실로 풀이로다
풀은 마르고 꽃은 시드나
우리 하나님의 말씀은 영영히 서리라 하라

아름다운 소식을 시온에 전하는 자여
너는 높은 산에 오르라
아름다운 소식을 예루살렘에 전하는 자여
너는 힘써 소리를 높이라
두려워 말고 소리를 높여
유다의 성읍들에 이르기를 너희 하나님을 보라 하라
보라 주 여호와께서 장차 강한 자로 임하실 것이요
친히 그 팔로 다스릴 것이라
보라 상급이 그에게 있고 보응이 그 앞에 있으며
그는 목자같이 양 무리를 먹이시며
어린 양을 그 팔로 모아 품에 안으시며
젖먹이는 암컷들을 온순히 인도하시리로다

이 시에서 위로라는 말이 나온다. 랍비들은 메시아의 별칭으로
'메나켐(menachem)'이라는 말을 사용했는데, 이 명칭은 '위로하시는
자'라는 뜻을 담고 있다. 우리 주님이 위로자로 오시는 것이다. 하나
님의 대로는 복음에로의 길이요 하나님 아버지께로 가는 길(요14:6)

이며, 거룩한 길(잠16:17), 회복의 길(사11:16)이다. 하나님의 팔은 다스리는 역할을 하고 있다. 그 팔은 구원의 팔(시44:3)이 되기도 하고 징벌의 팔(사30:30)이 되기도 한다.

목자는 선한 목자 되신 그리스도(요10:11, 14)를 가리키고 있다. 그는 큰 목자(히13:20)이자 한 목자(요10:16)이며 양과 염소를 분별할 줄 아는 목자(마25:31-46)이다. 우리의 목자이신 주님은 오늘도 우리를 먹이시고 우리를 안으시며 선히 인도하신다.

주의 백성을 위로하시는 하나님, 여호와의 길을 예비하고 그 영광을 함께 보게 하시는 하나님, 우리 육체는 시들지라도 그의 말씀은 영영히 서는 하나님, 친히 그 팔로 다스리시되 우리를 품에 안으시는 하나님, 그 하나님이 바로 우리의 하나님이다. 이 하나님은 우리가 영원히 붙들어야 할 강한 하나님, 우리 입에 늘 찬양이 있게 하시는 하나님이다.

7. 글로리아 인 엑셀시스 데오

베들레헴에 가면 예수 탄생기념 교회가 있다. 그리고 목자들이 양을 치던 곳으로 생각되는 곳을 안내받는다. "베들레헴 에브라다야 너는 유다 족속 중에 작을지라도 이스라엘을 다스릴 자가 네게서 내게로 나올 것이라 그의 근본은 상고에, 태초에니라.” 하신 미가서 5장 2절이 성취된 곳이다.

예수의 탄생 소식은 밤에 양 떼를 지키던 목자들에게 전해졌다. 그것도 천사를 통해. 목자들은 무서웠다. 천사는 무서워 말라며 인류가 기다리고 기다렸던 소식을 전한다.

> “내가 온 백성에게 미칠 큰 기쁨의 좋은 소식을 너희에게 전하노라. 오늘날 다윗의 동네에 너희를 위하여 구주가 나셨으니 곧 그리스도 주시니라. 너희가 가서 강보에 싸여 구유에 누인 아기를 보리니 이것이 너희에게 표적이니라.”(눅2:10-12)

이스라엘이 얼마나 기다렸던 소식인가. 지난 4백 년 동안 이스라엘은 메시아 오기를 기다렸지만 소식이 없었다. 백성들은 외세의 지배를 받으며 힘겹게 살아왔다. 사람들은 하나님께서 자기 백성을 잊으신 것은 아닌가 생각했다. 이사야에서도 메시아가 오실 것이라 약속하지 않으셨는가. 이 약속의 말씀을 믿고 기다리고 기다렸건만 아무 소식이 없더니 이제야 하나님은 그 기쁜 소식을 전하게 하신다. 하나님은 약속하신 것은 결코 잊지 않으신다. 하나님의 일에는 하나님의 때가 있다.

천사들은 이 기쁜 소식을 목자들에게 알려주었다. 이 소식을 왕이나 제사장들에게 알려주지 않으셨다. 당시 목자들은 천대받는 계층이었다. 원래 이스라엘민족은 유목민족이기 때문에 목자를 존중했지만 시대가 바뀌면서 천하게 여겼다. 목자들에게 전함은 하나님이 약자의 편에 서신 것을 알 수 있다. 목자들은 그 밤에 일하는 가운데서 이 소식을 들었다. 우리도 재림의 소식을 일하는 가운데서 들을 가능성이 높다.

천사는 말한다. 너희를 위해 구주가 나셨다. 구주라는 말은 원래 승전한 황제 아우구스투스에게 붙인 이름이다. 아우구스투스는 정치적 평화를 가져다주었지만 구주 예수는 하늘의 평화를 가져다주었다. 이 평화는 하나님과 나 사이의 평화, 내 자신(죄)과 양심과의 평화, 나 자신과 이웃과의 평화를 상징한다. 구주가 오셨다는 것은 하나님의 임재를 뜻하며, 그분의 통치가 시작되었음을 의미한다. 그분의 통치를 받는 자마다 하늘의 평화가 임한다.

천사는 구유에 누인 아기를 보라 한다. 구유에 누인 아기는 하나님이 사람이 되셨다는 뜻이다. 창조자가 피조물이 되셨다. 필립 얀시는 "우주를 창조하신 크신 하나님이 난세포로까지 작아지셨다."고 말한다. 왜 그리하셨을까? 우리를 더 잘 알기 위해서, 그리고 우리와 더 가까이 하고 싶어서가 아닐까.

일은 그것으로 끝나지 않았다. 허다한 천군천사들의 찬양이 이어진 것이다. 하늘 찬양대의 찬송을 들을 수 있었다니, 얼마나 장엄하고 귀한가. 찬양의 내용은 누가복음 2장 14절에 있다.

- "지극히 높은 곳에서는 하나님께 영광이요 땅에서는 기뻐하심을 입은 자들 중에 평화로다."
- "Doxa en hupistois Deo kai epi ges eirene en anthropois eudokias." (희랍어)

- "Glory to God in the highest and on earth peace in men on whom his favor rests."

이 천사들의 송가를 가리켜 '천상의 글로리아'라 한다. 글로리아 인 엑셀시스 데오(Gloria in Excelsis Deo). '지극히 높은 곳에서는 하나님께 영광'이라는 라틴어 표현을 그대로 사용한 것이다.

예수 나심은 하나님께는 영광이다. 영광은 하나님의 임재를 의미한다. 예수님이 주님으로 이 땅에 오신 자체가 영광이다. 하나님의 사랑과 자비에 근거한 하나님의 능력이 이 땅에 임한 것이다. 그 영광은 오직 하나님께 드릴 수 있는 것으로 인간이 취할 영광이 아니다. 우리는 모든 영광을 하나님께 드려야 한다.

그의 오심을 기뻐하는 모든 사람들에게는 평화가 임한다. 그저 모든 사람이 아니라 하나님과 화평함을 누리는 사람에게는 하늘의 평화가 임한다는 뜻이다. 그의 오심을 기다리고 바라는 모든 자들에게 하늘의 평화가 임한다. "어두움과 죽음의 그늘에 앉은 자에게 비취고 우리 발을 평강의 길로 인도하시리로다."(눅1:79)

예수님이 평화의 왕으로 오실 것은 이미 예언되어 있다. "이는 한 아기가 우리에게 났고 한 아들을 우리에게 주신 바 되었는데 그 어깨에는 정사를 메었고 그 이름은 기묘자라 모사라 전능하신 하나님이라 영존하시는 아버지라 평강의 왕이라 할 것임이니라."(사9:6) 주님은 전문적으로 평화를 만드시는 분(professional peacemaker)이시다.

이 시대에 누가 주님의 오심을 기뻐할 수 있는가? 무엇보다 주님이 필요한 사람들이다. 인생의 그늘진 곳에서 힘들게 살아가는 사람들이다. 주님이 필요한 사람은 교회 안보다 교회 밖에 더 많다. 당시 목자들이 기쁜 소식을 들은 것도 이런 의미에서 뜻이 있다. 그들은 밤중에 양을 지켜야 할 만큼 힘든 삶을 살았다. 하나님은 그들을 먼저 찾으셨다. 우리가 가난하거나 좌절에 처하거나 고통이나 실패의 자리에 있을 때 하나님은 주목하신다는 것을 잊지 말자. 주님은 고통을 복으로 바꾸어 주신다. 그러므로 고난을 고난으로 보지 않는 안목이 필요하다.

주님의 오심을 기뻐하는 사람은 누구보다 구원을 간절히 기다리는 자들이다. 요셉과 마리아도, 성전에서 시중들며 살았던 안나도 그리스도의 오심을 기다린 사람이었다. 세상적인 것으로 가득차면 예수님 오심을 기뻐할 수 없다. 구원을 기다리는 자는 기댈 언덕을 이 세상이 아니라 하나님께 두는 자들이다. 기다리다 간 사람도 많았다. 그들은 비록 예수님을 보지 못하고 갔지만 기쁨으로 갔다. 그런데 주님이 우리 가운데 오셨다. 인간을 죄에서 구원하고 영원한 영광을 얻기 위해 오셨다. 주님이 오심으로 끝나는 것이 아니라 우리 생애의 가장 최고의 행복은 우리 앞에 있다. 오실 주님을 맞는 그 순간이 앞에 있기 때문이다. 따라서 그리스도인은 절망이 아니라 희망 가운데 있다. 주님을 더 큰 기쁨으로 맞으려면 낮아지라. 마음을 비우라. 그러면 기쁨이 찰 것이다. 그리고 예수님이 나의 기쁨이 될 것이다.

하나님은 잊지 않으시고 예수님을 이 땅에 보내셨다. 주님이 오심으로 그동안 풀길 없던 죄의 문제를 해결해 주셨고, 우리 안에 하늘의 평화를 누리게 하셨다. 또한 그 평화를 이웃과 함께 누리게 하셨다. 누릴 자격이 없던 우리가 그 나라의 삶을 살 때 우리는 하나님께 찬양하지 않을 수 없다. "지극히 높은 곳에서는 하나님께 영광이요 땅에서는 기뻐하심을 입은 자들 중에 평화로다."

🍀 8. 하나님을 생각할수록 그 사랑의 깊이가 보인다

하나님은 어떤 분이실까? 가끔 그분이 어떤 분이실까를 생각한다. 웨스트민스터 신앙고백에 따르면 하나님의 특성은 다음과 같다. 이 고백은 성경에 기록된 것을 종합한 것이기 때문에 가장 성경적이라 말할 수 있다.

> "살아계시고 참되신 하나님은 오직 한 분뿐이시다. 그는 존재와 완전함에서 무한하시며 지극히 순수한 영이시며 보이지 아니하시며 신체도 부분들도 성정도 없으시며 불변하시며 무한하시며 영원하시며 완전히 이해될 수 없으시며 전능하시며 지극히 지혜로우시며 지극히 거룩하시며 지극히 자유하시며 지극히 절대적이시며 또 자기의 영광을 위하여 그의 불변하며 지극히 의로운 뜻의 계획대로 만사를 행하신다.
> 또 지극히 사랑하시며 오래 참으시며 선하심과 진리가 풍성하시며 불의와 허물과 죄를 용서하시며 부지런히 자기를 찾는 자에게 상 주는 자이시며 또한 그의 심판은 지극히 공의로우시고 두려우시며 모든 죄를 미워하시며 또 죄 있는 자를 결단코 면죄하여 주지 않으신다."

성경을 보면 하나님이 싫어하시는 것이 있다. 그것은 죄악이다. "주는 죄악을 기뻐하는 신이 아니시니 악이 주와 함께 유하지 못하며 [- -] 모든 행악자를 미워하시며"(시5:4, 5)

하나님은 자신의 뜻을 따라 모든 일을 행하신다. "모든 일을 그 마음의 원대로 역사하시는 자의 뜻을 따라"(엡1:11) 그러나 하지 않으시는 일도 있다. 그것은 거짓말과 변개다. "이스라엘의 지존자는 거짓이나 변개함이 없으시니 그는 사람이 아니시므로 결코 변개치 않으심이니이다."(삼상15:29) 한번 정하신 일은 그대로 밀고 가신다.

하나님은 영존하시다. "만세의 왕 곧 썩지 아니하고 보이지 아니하고 홀로 하나이신 하나님께 존귀와 영광이 세세도록 있을지어다."(딤전1:17) 또한 어디든 계신다. "내가 주의 신을 떠나 어디로 가며 주 앞에서 어디로 피하리이까. 내가 하늘에 올라갈지라도 거기 계시며 음부에 내 자리를 펼지라도 거기 계시나이다."(시139:7, 8) '주의 신'이라는 점에서 성령의 특성이기도 하고, '주 앞에서'라는 점에서 하나님의 특성이기도 하다. 그리고 능력을 행하신다. "그리스도께서 약하심으로 십자가에 못 박히셨으나 오직 하나님의 능력으로 사셨으니 우리도 저의 안에서 약하나 너희를 향하여 하나님의 능력으로 저와 함께 살리라."(고후13:4)

하나님은 우리의 중심을 보신다. "나의 보는 것은 사람과 같지 아니하니 사람은 외모를 보거니와 하나님은 중심을 보느니라."(삼상16:7) 꾸짖지 않고 후하신 하나님이다. "하나님은 모든 사람에게 후히 주시고 꾸짖지 아니하시는"(약1:5)

성급하지 않으신 예수님을 보면 하나님께서도 우리를 깊이 이해하고 계심을 알 수 있다. "나의 하는 것을 네가 이제는 알지 못하나 후에는 알리라."(요13:7) 이해와 관용에서도 우리와 차이가 있다.

하나님은 선한 사람뿐 아니라 악한 사람에게도 골고루 해와 비를 주신다. "하나님이 그 해를 악인과 선인에게 비취게 하시며 비를 의로운 자와 불의한 자에게 내리우심이라."(마5:45) 예수님은 십자가에서 자신을 향해 팔매질하는 인간을 위해 기도하셨다. "아버지여 저희를 사하여 주옵소서. 자기의 하는 것을 알지 못함이니이다."(눅23:34) 그리고 우리도 그 사랑을 배우고 실천하라 하신다. "그리스도께서 너희를 사랑하신 것같이 너희도 사랑 가운데서 행하라. 그는 우리를 위하여 자신을 버리사 [--] 남편들아 아내 사랑하기를 그리스도께서 교회를 사랑하시고 위하여 자신을 주심같이 하라."(엡5:2, 25) 하나님을 생각할수록 그 사랑의 깊이가 보인다.

9. 그의 죽으심과 함께 죽은 우리

예수님을 구주로 고백하는 모든 성도는 세례를 받는다. 세례(baptism)는 '--와 같이 되다.'는 뜻을 가지고 있다. 세례는 주님을 영접함으로 과거의 나는 죽고 주님과 함께 새로운 생명으로 다시 태어나는 것이다. 어둠의 색깔을 벗고 빛의 색깔로 태어난다. 그리하여 주님 없이 살았던 내가 주님을 향해 나가며, 주님을 닮아가고자 한다.

"무릇 예수와 합하여 세례를 받은 우리는 그의 죽으심과 합하여 세례받은 줄을 알지 못하느뇨. 그러므로 우리가 그의 죽으심과 합하여 세례를 받음으로 그와 함께 장사되었나니. 이는 아버지의 영광으로 말미암아 그리스도를 죽은 자 가운데서 살리심과 같이 우리로 또한 새 생명 가운데서 행하게 하려 함이니라."(롬6:3, 4)

"물은 예수의 부활하심으로 말미암아 이제 너희를 구원하는 표(실체)니 곧 세례라 육체의 더러운 것을 제하여 버림이 아니요 오직 선한 양심이 하나님을 향하여 찾아가는 것이라."(벧전3:21)

예수님도 세례 요한으로부터 세례를 받으셨다. 이것은 예수님이 우리처럼 죄가 있어서가 아니라 그를 이스라엘에게 나타내려 함이었다. 예수께서 요단강으로 오시어 세례를 받으려 하자 요한은 말했다. "보라 세상 죄를 지고 가는 하나님의 어린 양이로다. 내가 전에 말하기를 내 뒤에 오는 사람이 있는데 나보다 앞선 것은 그가 나보다 먼저 계심이라 한 것이 이 사람을 가리킴이라 나도 그를 알지 못하였으나 내가 와서 물로 세례를 주는 것은 그를 이스라엘에게 나타내려 함이라 하니라."(요1:29-31) 죄 없으신 예수님이 세상 죄를 대신 지고 가실 어린 양으로서 세례를 받으신 것이다.

요한은 겸손하게 "내가 당신에게 세례를 받아야 할 터인데 당신이 내게로 오시나이까." 말한다. 그러자 주님은 "이제 허락하라. 우리가 이와 같이 하여 모든 의를 이루는 것이 합당하니라."(마3:15) 하셨다. 세례는 의를 이루는 것임을 말해 준다. 우리의 받는 세례도 그 의를 이루는 과정에 포함되어 있다.

세례 요한은 자신은 물세례를 주지만 예수님은 성령과 불로 세례를 주실 것이라 했다. "나는 너희로 회개케 하기 위하여 물로 세례를 주거니와 내 뒤에 오시는 이는 성령과 불로 너희에게 세례를 주실 것이요 손에 키를 들고 자기 타작마당을 정하게 하사 알곡은 모아 곡간 안에 들이고 쭉정이는 꺼지지 않는 불에 태우시리라."(마3:11 – 12;막1:7 – 8;눅3:16 – 17;요1:26 – 27)

예수님도 부활하신 후 제자들에게 "요한은 물로 세례를 베풀었으나 너희는 몇 날이 못 되어 성령으로 세례를 받으리라."(행1:5) 하셨다. 이 성령 세례는 오순절 성령강림을 의미한다. 불같은 성령이 다락방에서 기도하는 제자들에게 임하셨다. 그리고 그들의 삶은 달라졌다. 그 무엇보다 제자들이 하나 되었다.

바울은 그리스도인을 향해 우리는 한 성령으로 세례를 받아 한 몸이 되었다고(고전12:13) 말한다. "몸이 하나요 성령이 하나이니 이와 같이 너희가 부름심의 한 소망 안에서 부르심을 입었느니라 주도 하나요 믿음도 하나요 세례도 하나이요 하나님도 하나이시니 곧 만유의 주시니라."(엡4:4 – 6)

그리스도인은 물과 성령으로 세례를 받은 자이다. 과거의 나는 죽고 주님의 생명으로 다시 태어난 사람들이다. 그리고 이제 모두 주안에서 하나 된 사람들이다. 주님은 지금 우리에게 이에 합당한 삶을 기대하신다. 이어령 교수가 세례를 받은 다음 달라졌음을 이렇게 고백했다. "더 이상 나를 의존하지 않고 하나님을 의존하게 되었다. 오류처럼 느껴졌던 하나님의 말씀이 구슬처럼 꿰어졌다. 어둔 밤하늘의 모든 별을 듬뿍 담아주셨다." 그래서 어거스틴은 말한다. "세례는 눈으로 볼 수 있는 하나님의 말씀이다." 이제 그 말씀대로 살아야 할 차례다. 세례를 받은 당신, 그의 죽으심처럼 당신은 정말 죽었는가. 그의 사심처럼 새로운 생명으로 살아가고 있는가. 그리고 주 안에서 하나 되어 주님의 일에 최선을 다하고 있는가.

10. 어두움과 사귈 수 없는 빛

그리스도인의 삶은 빛의 삶이다. 예수님은 먼저 자신을 세상의 빛이라 하셨다. "내가 세상에 있는 동안에는 세상의 빛"(요9:5)이라 하셨다. 그리고 "나는 세상의 빛이니 나를 따르는 자는 어두움에 다니지 아니하고 생명의 빛을 얻으리라."(요8:12) 하셨다. 주님을 따르는 자는 빛이신 주님으로부터 생명의 빛을 얻는다. 그래서 제자들은 어두움에 다니지 않는다.

주님이 빛이신 것을 어떻게 알 수 있을까? 가장 쉽게 알 수 있는 것은 주님은 우리를 결코 죄악의 길로 인도하지 않는다는 사실이다. 그분의 말씀은 우리를 진리의 빛으로 안내하고, 죄악에 빠지지 않도록 보호한다. 그래서 시편 저자는 "주의 말씀은 내 발의 등이요 내 길에 빛이니이다."(시119:105)라고 고백한다. 바울도 "어두운 데서 빛이 비취리라 하시던 그 하나님께서 그리스도의 얼굴에 있는 하나님의 영광을 아는 빛을 우리 마음에 비취셨느니라."(고후4:6)라고 말한다.

빛이신 주님은 우리를 향해 "너희는 세상의 빛이다."(마5:13) 선포

하셨다. 특히 예수님이 승천하신 후로는 이 역할이 더욱 강조되었다. 빛은 숨겨둘 수 없다. 사람이 등불을 켜서 말(bushel) 아래 두지 아니하고 등경(candlestick) 위에 두어 집안 모든 사람에게 비취게 한다. 집에 들어오고 나가며 그 빛을 본다. 마치 산 위에 있는 동네가 숨길 수 없는 것과 같다. 왜 우리를 세상의 빛이라 하셨을까? 그것은 다음 이 말씀에서 찾아볼 수 있다. "이같이 너희 빛을 사람 앞에 비취게 하여 저희로 너희 착한 행실을 보고 하늘에 계신 너희 아버지께 영광을 돌리게 하라."(마5:16)

예수님은 더 경고하신다. "그러므로 네 속에 있는 빛이 어둡지 아니한가 보라. 네 온몸이 밝아 조금도 어두운 데가 없으면 등불 광선이 너를 비출 때같이 온전히 밝으리라."(마6:22-23;눅11:34-36) "숨은 것이 장차 드러나지 아니할 것이 없고 감춘 것이 장차 알려지고 나타나지 않을 것이 없느니라. 그러므로 너희가 어떻게 듣는가 스스로 삼가라."(눅8:17, 18) 빛의 자녀가 얼마나 조심해야 하는가를 알 수 있다.

바울은 더 구체적으로 말한다. "빛과 어두움이 어찌 사귀며"(고후6:) "하나님의 흠 없는 자녀로 세상에서 그들 가운데 빛들로 나타내며"(빌2:15) 보다 온전하라는 말씀이다. 그는 에베소 교회에 보내는 편지로 다음과 같이 권고한다.

"너희가 전에는 어두움이더니 이제는 주 안에서 빛이라. 빛의 자녀들처럼 행하라 빛의 열매는 모든 착함(good)과 의로움(right)과 진실함(true)에 있느니라. 주께 기쁘시게 할 것이 무엇인가 시험하여 보라(try to learn). 너희는 열매 없는 어두움의 일에 참예하지 말고 도리어 책

망하라(expose them). 저희의 은밀히 행하는 것들은 말하기도 부끄러
움이라 그러나 책망을 받는(be exposed by light) 모든 것이 빛으로 나
타나나니(it becomes visible) 나타나지는 것마다 빛이니라. 그러므로
이르시기를 잠자는 자여 깨어서 죽은 자들 가운데서 일어나라. 그리
스도께서 네게 비춰시리라 하셨느니라."(엡5:8-14)

하나님은 빛이시다(요일1:5). 예수님은 빛이시다(요8:12). 그러므로
그리스도인이 빛 됨은 당연하다. 하나님은 빛의 아버지시요(약1:17),
예수님은 참빛이시다(요1:9). 그리고 우리는 그 빛을 받은 빛의 아들
들이다(요12:36;엡5:8). 따라서 우리는 그 빛을 잘 반사해야 한다.
산 위에 있는 동리가 숨기지 못한다 했다. 빛 된 우리가 조금이라
도 잘못하면 그대로 드러난다. 우리가 잘못하면 하나님의 영광을 가
로막는다. 그러나 우리가 빛으로서 착한 행실을 많이 할수록 하나님
아버지께 영광 돌리게 된다. 주님은 우리를 가리켜 세상의 빛이라
했다. 세상의 빛인 우리가 빛의 역할을 하는 데도 세상이 아직도 깊
은 어두움에 있다면 뭔가 잘못된 것이다. 빛의 책임을 다하고 있지
않은 탓이리라. 우리의 빛이 제대로 비췬다면 세상은 점차 밝아질
것이고, 따뜻해질 것이며, 건강하게 되고, 선한 열매를 많이 맺게 될
것이다.
우리 자신을 더 태워서라도 빛을 발하자. 빛의 갑옷을 입고 낮과
같이 단정하고 방탕과 술 취하지 아니하며 그리스도로 옷 입고 정욕
을 위하여 육신의 일을 도모하지 말자(롬13:12-14). 복음의 생명력
이 왕성하게 드러나도록 하자. 사랑과 희락과 화평과 오래 참음과

자비와 양선과 충성과 온유와 절제의 열매를 맺자(갈5:22). 당신은 주님 오실 때까지 그 역할을 해야 할 주님의 빛들이다.

11. 당신의 삶에 하나님의 평강이 넘치게 하려면

유대인들은 인사할 때 "샬롬!"을 외친다. 우리식으론 "안녕하십니까, 평안하세요."에 해당되는 말이다. 샬롬(shalom)은 평화, 평강을 뜻한다. 유대인들이 샬롬이라 할 땐 우리와는 다소 의미가 다르다. '하나님의 평강이 당신에게 있기를' 소원하는 마음이 담겨 있기 때문이다. 샬롬의 반대는 '에인샬롬'이다. 에인은 없다는 뜻이다.

아주 재미있는 것은 샬롬의 동사가 '실롬'으로 '빚을 갚다'는 뜻을 가지고 있다는 것이다. 개인적으로, 가정적으로 또는 국가적으로 하나님으로부터 많은 축복을 받았기 때문에 그 빚을 하나님께 돌려드려야 한다는 것이다. 샬롬이 사명으로 이어진다.

시편 23편의 저자 다윗은 하나님을 찬양한다. 하나님이 목자 되심으로 평안을 누릴 수 있게 되었다는 것이다. 그래서 그는 그 빚을 갚기로 서약한다. "내가 여호와의 집에 영원히 거하리로다."는 마지막 시가 그것에 해당한다. 이것은 개인적 샬롬이다. 하나님으로부터 받은 축복과 선물을 하나님께 돌려드리는 것이다. 개인만 돌려드리는 것이 아니다. 가정적으로나 국가적으로 하나님께 돌려드려야 할 것들이 있다. 이것이 집단적, 공동체적 샬롬이 된다.

하나님께 돌려드림의 삶을 살기 위해서, 하나님의 평강을 누리기 위해 우리는 어떻게 해야 할까? 그 방법은 의외로 간단하다. 두 가지를 유념하면 틀림없다.

첫째, 하나님의 자녀로서의 정체성을 확실히 하는 것이다. 정체성은 내가 누구인가를 아는 것으로, 정체성이 흔들리면 불안하고, 삶의 방향과 의미도 잃게 된다. 히브리서 11장 24절을 보면 모세가 자기의 정체성을 확실히 했음을 알 수 있다. "믿음으로 모세는 장성하여 바로의 공주의 아들이라 칭함을 거절하고" 그는 자기에게 영화를 가져다줄 수 있었을 칭호를 포기했다. 세상의 정체성보다 하나님의 사람으로서의 정체성을 확고히 한 것이다. 그 순간부터 그의 삶에 모든 것이 달라졌다. 그리스도인의 정체성은 우리가 하나님의 형상을 가진 존재요 하나님의 자녀라는 데 있다. 하나님의 자녀는 세상이 나를 주관하게 하지 않는다. 오직 하나님이 나를 주관하는 것으로 만족한다. 하나님의 사람이라는 정체성을 가지면 하나님을 바라보고 그의 가르침에 기꺼이 순종한다.

둘째, 바른 선택을 하는 것이다. 선택을 바로 하면 하나님이 주시는 평안을 누릴 수 있다. 모세는 정체성을 확고히 한 뒤 어떤 선택을 했을까? 히브리서를 보자. "도리어 하나님의 백성과 함께 고난받기를 잠시 죄악의 낙을 누리는 것보다 더 좋아하고 그리스도를 위하여 받는 능욕을 애굽의 모든 보화보다 더 큰 재물로 여겼으니 이는 상 주심을 바라봄이라."(히11:25, 26) 한마디로 예수님을 위해 고난받기를 선택했다는 것이다. 그 길이 참된 길임을 확신한 것이다. 그는 세상과 화평하기를 거절하고, 하나님과 화평하기를 원했다. 그래서 그는 이 세상에서의 잠시 잠깐의 낙보다 영원히 기쁨을 얻을 수 있는 길을 택한 것이다. "하나님을 찾는 자는 모든 좋은 것에 부족함이 없으리로다."(시34:10) 하나님의 평강은 우리가 어떤 선택을 하느냐에 달려 있다.

이 길을 선택한 사람은 일상에서 어떤 삶의 자세로 살아야 할까? 그것은 빌립보서 4장에 잘 나타나 있다. "종말로 형제들아 무엇에든지 참되며 무엇에든지 경건하며 무엇에든지 옳으며 무엇에든지 정결하며 무엇에든지 사랑할 만하며 무엇에든지 칭찬할 만하며 무슨 덕이 있든지 무슨 기림이 있든지 이것들을 생각하라. 너희는 내게 배우고 받고 듣고 본 바를 행하라. 그리하면 평강의 하나님이 너희와 함께 계시리라."(빌4:8, 9)

평강을 지속적으로 유지하려면 무엇에든지 참되고 경건하고 옳고 정결한 삶을 살아야 한다. 바울은 이른바 '무엇에든지'로 이어지는 여러 덕목들을 통해 우리로 하여금 그렇게 행하라 가르친다. 그것이 하나님의 자녀로서의 정체성을 가진 자의 삶이요 바른 선택이기 때문이다.

뿐만 아니라 생각할 때나 무엇을 기릴까 할 때도 이런 것들을 먼저 생각하고 기리라 한다. 하나님의 자녀가 진실과 거리를 두고 산다면 과연 하나님의 평강이 이어질까. 평강이 아니라 고뇌가 클 것이다. 하나님으로부터 분리되었기 때문이다. 따라서 하나님으로부터 분리되지 않기 위해서는 이 덕목들을 생각하고 행동을 옮기는 것이 중요하다. 이것이 바로 우리가 하나님의 평강을 유지하는 길이다.

바울은 빌립보 교인들에게 자신으로부터 배우고 받고 듣고 본 바를 행하라고 말한다. 본 바를 행동으로 옮길 때 하나님이 기뻐하실 것이다. 한편 우리 안에는 세상이 줄 수 없는 하나님의 평강이 임하게 된다. 어지러운 세상에서 이렇게 살기 보통 어려운 것이 아니다. 그러나 그렇게 살도록 노력하는 것이 하나님께 진 그 큰 빚을 조금이라도 갚는 길이다.

샬롬, 하나님의 평강이 당신에게 넘치기를 소원한다. 이를 위해선 하나님의 자녀로서의 정체성을 확실히 하고, 그 자녀로서의 삶을 행동으로 나타내라. 그러면 지각에 뛰어난 하나님의 평강이 우리에게 넘칠 것이다. 다윗은 말한다. "생명을 사모하고 장수하여 복 받기를 원하는 사람이 누구뇨 [--] 악을 버리고 선을 행하며 화평을 찾아 따를지어다."(시34:12, 14) 글래든은 자신이 지은 찬송 시에 이렇게 썼다. "겸손히 주를 섬길 때 괴로운 일이 많으나 구주여 내게 힘 주사 잘 감당하게 하소서. [--] 장래의 영광 비추사 소망이 있게 하시고 구주와 함께 살면서 참평강 얻게 하소서."(찬송가 347장) 평강을 기원하는 이 찬송이 당신의 삶으로 이어지기 바란다.

12. 영 분별하기

사도 요한 당시 영지주의자들은 영은 완전히 선한 데 반해 육체

(질료)를 악한 것으로 보았다. 그래서 영적이고 선하신 하나님이 어떻게 인간으로 올 수 있느냐며 의문을 달았다. 육신을 입고 오신 예수님을 하나님으로 인정할 수 없다는 말이다. 이 영지주의가 교회를 혼란케 했다. 그래서 요한은 예수님은 생명의 말씀으로, 육신을 입고 세상에 오신 그리스도임을 강하게 설파했다. 그리고 말한다. "사랑하는 자들아 영을 다 믿지 말고 오직 영들이 하나님께 속하였나 시험하라."(요일4:1) 영을 말하면서 성도들을 미혹하는 일이 많아졌기 때문이다. 이러한 사례는 그때뿐이 아니다. 지금도 성도들을 어지럽게 하는 일이 많다. 그래서 영 분별이 필요하다. 영적인 일은 영적으로 분별되기 때문이다.

분별은 '길을 바로 내다'는 뜻을 가지고 있다. 바른길을 가도록 하는 것이다. 그리스도인은 영을 확실히 분별하는 방법과 영을 시험하는 확실한 수단을 가져야 한다. 왜냐하면 성도들에게 말을 하는 영이 다 성령은 아니기 때문이다. 영은 크게 사람의 영, 사단의 영, 그리고 하나님의 영으로 구분된다.

사람의 영은 인간이 영과 혼과 육으로 구성된 데서 비롯된다. 사람의 영은 사람을 앞세우고 사람을 높인다. 사람의 영에 인도되면 혼란뿐이다. "예언자들의 영이 예언하는 자들에게 제재를 받나니 하나님은 어지러움의 하나님이 아니요."(고전14:32, 33)

사단의 영은 악령, 세상의 영, 미혹의 영이며 사람들을 미혹하고 투쟁하게 만든다. 예언 해석이나 성경 해석 때 미혹하는 영에 인도되어 얼마나 많은 오류와 변절이 있었던가. 바울은 말한다. "공중의 권세 잡은 자를 따랐으니 곧 지금 불순종의 아들들 가운데서 역사하

는 영이라."(엡2;2)

하나님의 영은 성령, 진리의 영이다. 이 영이 바로 우리가 따라야 할 영이다. 하나님의 영은 다음과 같은 성격을 가지고 있다.

(1) 하나님으로부터 온 영이다. "우리가 세상의 영을 받지 아니하고 오직 하나님께로 온 영을 받았으니 이는 하나님이 우리에게 은혜로 주신 것을 알게 하려 함이라."(고전2;12)

(2) 믿는 자 가운데 역사한다. "자기의 기쁘신 뜻을 위하여 너희로 소원을 두고 행하게 하고"(빌2:13)

(3) 성부 및 성자가 지시한 길로 인도한다. "보혜사 성령이 너희에게 모든 것을 가르치시고 내가 너희에게 말한 모든 것을 생각나게 하시리라."(요14:26)

(4) 성령은 모든 하나님의 말씀과 일치한다. "오직 성령의 감동하심을 입은 사람들이 하나님께 받아 말한 것임이니라."(벧후1:21) 성령의 인도를 구하려면 하나님의 말씀을 소홀히 해서는 안 된다. 성령은 성경의 기록과 반대되는 일을 하도록 우리를 인도하지 않는다.

(5) 예언한다. "그가 장래 일을 알리시리니."(요16:13)

(6) 성령에 인도되면 모두 하나를 이룬다. "평안의 매는 줄로 성령의 하나 되는 것을 힘써 지키라."(엡4:3) 오순절 성령강림 때 형제들을 하나 되게 했다. "저희가 다 같이 한곳에 모였더니"(행2:1) "날마다 마음을 같이 하여 성전에 모이기를 힘쓰고"(행2:46, 47) "이 모든 사람들이 마음을 같이하여 전혀 기도에 힘쓰니라."(행1:14) 논쟁, 투쟁, 의견 불일치가 있는 곳에는 성령이 인도하지 않는다.

(7) 성령은 항상 자신이 아니라 그리스도를 높이고 사람을 그리스

도께 이끈다. "성령이 오실 때 그가 나를 증거하실 것이오."(요15:26) "그가 영광을 나타내리니"(요16:4) 그리스도 중심이 아닌 것에 끌리는 것은 성령의 인도가 아니다.

(8) 하나님의 영은 하나님의 아들을 찬양한다. "이것이 하나님을 섬기는 예라 할 것이요"(요16:2)

(9) 예수 그리스도께서 육체로 오신 것을 시인한다. "예수 그리스도께서 육체로 오신 것을 시인하는 영마다 하나님께 속한 것이요 예수를 시인하지 아니하는 영마다 하나님께 속한 것이 아니니라."(요일4:2, 3) "진리의 영과 미혹의 영을 이로써 아느니라."(요일4:6) 동정녀 탄생을 부인하면서 자기가 어찌 하나님의 인도를 받았다 주장하거나 성령을 받았다 말할 수 있겠는가.

(10) 성도와 영원히 함께하신다. "하나님께서 다른 보혜사를 너희에게 주사 영원토록 너희와 함께 있게 하시리니 저는 진리의 영이라 세상은 능히 저를 받지 못하나니 이는 저를 보지 못하고 알지도 못함이라."(요14:16, 17) 이 영은 우리와 영원토록 함께 있는 영이자 세상이 받지도, 알지도, 보지도 못하는 진리의 영이다. "이 세상도, 그 정욕도 지나가되 오직 하나님의 뜻을 행하는 이는 영원히 거하느니라."(요일2:17)

하나님의 영이 어떤 특성을 가지는가를 안다면 우리가 어떤 길을 가야 하는가는 확실하다. 그리스도인은 하나님의 영, 곧 성령의 인도를 받는 사람들이다. 사단과 같은 미혹의 영에 이끌림을 받아서도 안 되고, 이 세상 정욕에 팔린 인간의 영에 이끌려서도 안 된다. 우리 모두 심각한 영적 전쟁터에 서 있다. 하나님의 군사가 영을 잘 분별할 줄 아는 것은 필수요건이다. 우리 자신뿐 아니라 가까운 이웃이 항상 주님의 편에 서도록 해야 한다. 진리의 영은 우리를 늘 바른길로 인도하신다.

13. 비아스타이의 나라

"세례 요한의 때부터 지금까지 천국은 침노를 당하나니 침노하는 자는 빼앗느니라." 마태복음 11장 12절 말씀이다. 이 말씀은 이해하기 어려운 구절 중 하나이다.

렌스키(Lenski), 리덜보스(Ridderbos), 헨드릭슨(Hendriksen) 등 성경학자들은 이 번역이 미흡하다고 본다. 여기서 가장 문제가 되는 단어는 '침노를 당하다'는 헬라어 동사 '비아제타이(biazetai)'이다. 그들은 이 동사를 중간 태로 본다. 이 단어는 '비아조(biazo)'에서 나온 것으로 '강제하다, 강탈하다(to force)'는 뜻을 가지고 있다. 비아(bia)는 힘(strength), 세력(force)을 뜻한다. 이럴 경우 원문은 이렇다. "세례 요한의 때부터 지금까지 하늘나라는 힘 있게 나아가고 있다. 힘쓰는 사람들(biastai)이 그 나라를 차지한다." 힘 있게 나아간다는 것은 세례 요한 이후부터 하늘나라의 문이 모든 사람에게 개방되는 은총이 베풀어졌음을 의미한다. 하나님의 통치가 이전 어느 때보다도 강력하게 도래했다는 말이다. 이제 그 나라는 믿음만 있으면 들어갈 수 있게 되었다. 다시 말하면 천국은 믿음으로 받아들이는 자가 들어가게 된다는 것이다.

믿음으로 받아들인다는 것은 과연 어느 정도를 의미하는 것일까? 이때 믿음은 수동적인 차원의 믿음이 아니라 자기의 목숨까지라도 미워하면서 그 나라를 사모하는 적극적이고, 희생적인 고차원의 믿음이다. 마치 이것을 얻지 못하면 안 된다며 기를 쓰고 덤벼드는 것이다. 이것이 바로 침노하는 자, 곧 그 나라에 들어가기 위해 힘쓰는 비아스타이의 모습이다. 결과적으로 천국은 이처럼 확고하고 강인하며 열심이 있는 믿음을 가지는 자들이 들어갈 수 있다는 말이다.

이 구절에 대해 보다 구체적이고, 이해 가능한 성경 번역본을 살펴보자.

- "세례 요한의 때로부터 지금까지 설파되고 세례가 베풀어지기 시작했다. 열심 있는 많은 사람들이 하늘나라를 향해 무리를 이루어가고 있다."(Living NT)
- "세례 요한의 날들로부터 현재의 시간까지 하나님의 나라는 격렬한 공격을 받아왔다. 격렬한 사람들이 그 나라를 힘으로 쟁취하게 될 것이다.[귀한 상, 곧 최고의 열심과 전력을 다해 얻는 하늘나라의 지분으로]"(Amplified)

예수님은 왜 이 말씀을 하셨을까? 이 말씀은 세례 요한이 옥에 있으면서 "오실 그이가 당신이오니이까?" 묻는 물음에 주님이 답하신 것 가운데 한 부분이다. 세례 요한이 생각한 메시아관은 보통 이스라엘 사람들이 생각하는 수준이었던 것으로 추정된다. 메시아가 오셔서 유대를 로마의 압제로부터 독립시키고, 이스라엘의 영광을 화려하게 회복하는 것이다. 그래서 옛 다윗왕국의 영화를 다시금 보는 것이다. 그러나 세례 요한이 들은 예수의 행적은 그것과는 거리가 먼 것이었다. 그래서 그가 던진 말이 바로 "오실 그이가 당신이오니이까?"이다. 의심은 믿음과 거리가 있다. 지금 이렇듯 많은 사람들이 하늘나라에 들어가기 위해 전력을 다하는 마당에 세례 요한이 그런 질문을 하다니.

예수님은 이에 대해 말씀하신다. 세례 요한은 여자가 낳은 자 중에 가장 크다. 위대한 인물임에 틀림없다는 것이다. 그러나 "천국에서는 극히 작은 자라도 저보다 크니라." 세례 요한은 믿음에 있어서 실족한 모습을 보여주었기 때문이다. 천국은 바로 비아스타이의 나라이다. 그런 사람들이 들어갈 수 있는 곳이 하늘나라이다. 주님은 우리를 향해 실족하는 믿음을 가지지 말고 열심을 품고 그 나라를 쟁취하라 하신다. 그 나라에 들어가기 위해선 오늘도 치열한 영적 전투에서 이겨야 한다. 의심을 물리치고, 더 강하게 나가야 한다.

천국은 침노하는 자가 빼앗는다. 이것은 "천국은 지금 열려 있고 활동 중이다. 뜨거운 열정과 열의로 천국을 소유하기 위해 노력하라."는 말씀이다. 천국에 대한 열정을 가지라. 이 열정이 없으면 신앙에서 실족하게 된다. 전진하는 신앙을 가지라. 주님 그 자체에 집중하라.

14. 어떤 크리스마스

크리스마스(Christmas)는 그리스도(Christ)와 라틴어의 '미사(missa)'를 합한 말이다. 미사는 고대 앵글로색슨어의 매세(maesse)에서 나왔다. 미사는 '멀리 보내다'(send away)는 뜻을 가지고 있으며 교회에서는 미사, 예배, 전례, 성체, 성사, 성례 등 여러 가지로 사용하고 있다. 보낸다는 것은 강림을 의미한다. 성탄절을 강탄제라 함은 이 때문이다. 하나님이 예수님을 이 땅에 보내시고, 우리는 주님께 경배를 드린다.

요즘 크리스마스는 매우 흥청거린다. 중국에 가서도 '祝 聖誕'이라는 글을 심심찮게 보았다. 예수를 꼭 믿어서가 아니다. 상업성이 강하다. 하지만 한순간이라도 예수님을 생각할 것이니 그것으로 위로를 받는다. 앤소니 발레타를 만나면 성탄카드에 '크리스마스'라는 말 대신 'Holiday Season'이라는 말이 등장하는 것을 보며 안타깝게 생각한다. 우리는 조금씩 예수님을 잃어가는 것은 아닐까.

크리스마스 하면 찬송가 '고요한 밤 거룩한 밤'을 생각하게 된다. 이 곡은 오스트리아의 작은 시골 교회 신부 모어(J. Mohr)가 쓰고, 학교 선생이자 작곡가인 그뤼버(F. Grüber)가 곡을 붙인 것이다. 1818년 성탄절을 앞두고 발표회를 준비 중이던 신부는 교회 오르간이 고장 나 고민하고 있었다. 수리하기 어렵고, 그렇다고 새로 살 형편이 안 되었기 때문이다. 깊은 밤 하나님께 간절히 기도하고 밖을 내다

보았다. 밖은 참으로 고요했다. 감동을 받은 그는 펜을 들고 시를 썼다. 그것이 바로 '고요한 밤 거룩한 밤'이다. 이튿날 아침 그는 그뤼버를 찾아가 작곡을 부탁했다. 그래서 태어난 것이 바로 이 곡이다.

이재기가 쓴 책 『하늘 정원의 아름다운 꽃이 되고 싶다』에 가장 기억에 남는 크리스마스를 소개했다. 그 크리스마스는 친구들과 소란스럽게 보낸 크리스마스가 아니라 아무런 행사 없이 보낸 조용한 크리스마스였다. 집에서 프랑코 재피렐리 감독의 영화 <나사렛 예수>를 보던 중 감동을 받았기 때문이다. 분명 자신은 텔레비전 앞에 있었지만 그분 앞에 앉아 있었고, 눈가엔 눈물이 맺히며 혼자서 "엎드려 절하세"를 부르며 경배하고 있었다. 그는 크리스마스 시즌이 되면 시편 구절이 생각난다고 한다. "너희는 가만히 있어 내가 하나님 됨을 알지어다."(시46:10) 매번 조용히 보낼 수는 없겠지만 때로 조용히 주님과 함께 보내는 크리스마스도 매우 의미 있으리라.

12월에 들자마자 크리스마스 캐럴이 들린다. 캐럴이 우리의 흥을 자아내게도 하지만 우리 자신을 돌아보게 만들기도 한다. 왜 돌아보게 하는지는 찰스 디킨즈가 쓴 책 『크리스마스 캐럴』을 보면 안다. 그 소설에서 가장 잊을 수 없는 장면은 스크루지가 환영(幻影)에서 깨어나 "나는 깃털처럼 가뿐하고 천사처럼 행복하다. 자. 모두 메리 크리스마스!" 소리칠 때이다. 그는 환영에서 죽어 있었다. 성탄 전야에 유령들이 찾아와 그의 미래 모습을 보게 했다. 그는 자기 이름이 쓰여 있는 아주 초라한 비석을 보았다. 놀란 그는 제발 자기의 이름을 스펀지로 지워달라고 소리친다. 놀라 깨보니 꿈이었다. 그 후 그는 달라졌다. 부자였지만 자신만을 위해 살아온 그가 그 꿈 얘기를 하면서 남은 인생을 후회 없이 살고자 한 것이다.

이런 글을 읽으면 이 크리스마스에 주님께서 주시는 메시지는 확실하다. "나는 너희들의 변화를 위해 이 땅에 왔고, 십자가에서 죽었다. 이젠 너희가 변할 차례다." 우리가 변할 때 천상에서는 기쁨의 찬송이 넘칠 것이다. "지극히 높은 곳에서는 하나님께 영광이요 땅에서는 기뻐하심을 입은 사람들 중에 평화로다"(눅2:14) 하늘의 찬송이다. 크리스마스다. 이처럼 기억에 남는 크리스마스 또 있을까.

🍀 15. 예수님, 나의 예수님

이번 크리스마스는 경제 한파로 인해 예년 같지 않게 조용하다. 이럴수록 이 땅에 오신 주님을 다시금 묵상하는 것도 의미 있는 크리스마스로 기억되는 데 도움이 될 것이다. 특히 그 주님이 나, 곧 우리 각자 한 사람 한 사람을 위해 오셨다는 것을 깊이 깨닫는 시간이었으면 한다.

우리 주님은 영원히 존재하시는 분이시다. 땅도 변하고 하늘도 변하지만 주는 영존하시다. "태초에 주께서 땅의 기초를 두셨으며 하늘도 주의 손으로 지으신 바라. 그것들은 멸망할 것이나 주는 영존할 것이요 그것들은 다 옷과 같이 낡아지리니 의복처럼 갈아입을 것

이요 그것들이 옷과 같이 변할 것이나 주는 여전하여 연대가 다함이 없으리라."(히1:10-12)

우리 주님은 빛으로 세상에 오셨다. "그 안에 생명이 있었으니 이 생명은 사람들의 빛이라. 빛이 어두움에 비취되 어두움이 깨닫지 못하더라. [--] 요한은 이 빛이 아니요 이 빛에 대하여 증거하러 온 자라. [--] 참빛 곧 세상에 와서 각 사람에게 비취는 빛이 있었나니 그가 세상에 계셨으며 세상은 그로 말미암아 지은바 되었으되" (요1:4, 8, 9, 10) 그러나 세상은 그 빛을 깨닫지 못했다. 어두움이 지배하고 있기 때문이다. 주님은 세상을 향해 말씀하신다. "하나님을 믿으니 또 나를 믿으라."(요14;1) 빛이신 주님을 믿으라는 말씀이다.

성경은 주님에 관한 기록의 성취다. "나를 가리켜 기록한 것이 두루마리 책에 있나이다. 내가 주의 뜻 행하기를 즐기오니 주의 법이 나의 심중에 있나이다."(시40:7, 8) 구약은 오실 주님을 말하고, 신약은 그 주님이 오셔서 우리를 위해 십자가를 지셨으며 부활하사 다시 오실 것을 말하고 있다. 새 약속이다. 그래서 신약이다.

그리스도 안에 그의 은혜의 풍성함이 있다. 피의 구속과 죄 사함이 있다. 그리스도 안에 하늘에 속한 모든 신령한 복이 있고, 모든 것이 그리스도 안에서 통일된다. 우리로 그의 영광의 찬송이 되게 하신다(엡1:3-14). 또한 이 세상만을 바라보며 살지 않도록 권고한다. "만일 그리스도 안에서 우리의 바라는 것이 다만 이생뿐이면 모든 사람 가운데 우리가 더욱 불쌍한 자라."(고전15:19) 이 세상과 비교할 수 없는 하나님 나라가 있음을 주님은 가르치셨다.

주님은 우리가 이 땅에 살면서 한 사람이라도 더 그 나라에 초대하도록 하신다. "너희는 가서 모든 족속으로 제자를 삼아 아버지와 아들과 성령의 이름으로 세례를 주고"(마28:19) 대사명이다. 그리스도인은 누구나 그 일을 이뤄야 할 사명자들이다.

주님은 심판의 주로 임하신다. "아버지께서 아무도 심판하지 아니하시고 심판을 다 아들에게 맡기셨으니 이는 모든 사람으로 아버지를 공경하는 것같이 아들을 공경하게 하려 하심이라 아들을 공경치 아니하는 자는 그를 보내신 아버지를 공경치 아니 하느니라."(요 5:22, 23) 심판은 예수님을 구주로 고백하는 자들보다는 아버지와 아들을 공경하지 않는 자들이 두려워해야 할 문제다.

주님이 다시 오실 때 영광 가운데 임하신다. "맏아들을 이끌어 다시 세상에 들어오게 하실 때 하나님의 모든 천사가 저에게 경배할지어다."(히1:6) 모든 천사의 경배를 받으실 때 우리도 큰 소리로 찬송하게 될 것이다. 천군천사와 함께.

주님은 자신을 기다리는 자녀들을 귀히 보시며 그들을 결국 영광의 존재로 만드신다. "오직 우리의 시민권은 하늘에 있는지라 거기로서 구원하는 자 곧 주 예수 그리스도를 기다리노니 그가 만물을 자기에게 복종케 하실 수 있는 자의 역사로 우리의 낮은 몸을 자기 영광의 몸의 형체와 같이 변케 하시리라."(빌3:20, 21)

그 주님은 사람만 새롭게 하는 것이 아니라 만물도 새롭게 하신다. "보좌에 앉으신 이가 가라사대 보라 내가 만물을 새롭게 하노라 하시고 또 가라사대 이 말은 신실하고 참되니 기록하라 하시고"(계 21:5) 새 하늘과 새 땅이 열리고, 그 안에 새 예루살렘도 보인다. 하나님의 나라의 실체를 보게 되는 것이다.

이런 소망을 가진 사람들이 바로 그리스도인이다. 그리스도인에겐 오늘도 주 예수 그리스도의 은혜가 넘친다. "주 예수 그리스도의 은혜와 하나님의 사랑과 성령의 교통하심이 너희 무리와 함께 있을지어다."(고후13:13) 그 주님이 바로 나의 주님이시다. 이 예수님이 나의 예수님이 되도록 우리 삶을 가다듬을 때다. 경제가 아무리 어려워도, 고난이 있어도 실망하거나 낙담하지 말자. 우리 모두 하늘의 소망을 가지고 있지 않는가. 주님이 있지 않는가.

16. 심판받지 않을 자와 이미 심판받은 자

노아홍수, 소돔과 고모라, 애굽의 장자 이 세 가지의 공통된 특징은 하나님의 심판을 받았다는 것이다. 우리에겐 아직 마지막 심판이 남아 있다. 그 심판은 모든 사람에게, 확실하게 임한다. 그러나 그때가 언제인가는 말할 수 없다. 하나님은 더 많은 사람들이 구원의 자리에 이르도록 오래 참으시고, 은혜의 날을 연장하고 계시기 때문이다.

심판의 날에 대한 성경의 언급을 보자.

- "보라 극렬한 풀무불 같은 날이 이르리니 교만한 자와 악을 행하는 자는 다 초개같을 것이라. 그 이르는 날이 그들을 살라. 그 뿌리와 가지를 남기지 아니할 것이로되 내 이름을 경외하는

너희에게는 의로운 해가 떠올라서 치료하는 광선을 발하리니 너희가 나가서 외양간에서 나온 송아지같이 뛰리라."(말4:1, 2)

- "하나님을 모르는 자들과 우리 주 예수의 복음을 복종치 않는 자들에게 형벌을 주시리니 이런 자들이 주의 얼굴과 그의 힘의 영광을 떠나 영원한 멸망의 형벌을 받으리로다. 그날에 강림하사 그의 성도들에게서 영광을 얻으시고 모든 믿는 자에게서 기이히 여김을 얻으시리라. [--] 우리 하나님과 주 예수 그리스도의 은혜대로 우리 주 예수의 이름이 너희 가운데서 영광을 얻으시고 너희도 그 안에서 영광을 얻게 하려 함이니라."(살후 1:8-10, 12)

심판의 날에 두 가지 대조적인 사건이 일어난다. 교만한 자, 악을 행하는 자, 하나님을 모르는 자, 복음에 복종하지 않는 자에게 영원한 멸망의 형벌, 곧 불의 심판이 임한다. 이에 반해 하나님의 이름을 경외하는 자, 모든 믿는 성도들에게는 의로운 해가 떠올라 치료하는 광선을 받고 송아지처럼 기뻐 뛰게 된다. 예수의 이름이 영광을 얻고, 성도들 또한 그 안에서 영광을 얻는다. 심판의 결과가 이처럼 확연히 다르다.

나아가 요한은 심판받지 않을 자와 이미 심판을 받은 자로 구분하고 있다.

- "저를 믿는 자는 심판을 받지 아니하는 것이요 믿지 아니하는 자는 하나님의 독생자 이름을 믿지 아니함으로 벌써 심판을 받은 것이니라. 그 정죄는 이것이니 곧 빛이 세상에 왔으되 사람

들이 자기 행위가 악하므로 빛보다 어두움을 더 사랑한 것이니
라."(요3:18, 19)
- "내 말을 듣고 또 나 보내신 자를 믿는 이는 영생을 얻었고 심
  판에 이르지 아니하나니 사망에서 생명으로 옮겼느니라."(요5:24)

심판이 예수를 믿는 것과 믿지 않는 것으로 구분되므로, 예수를
믿지 않는 것은 이미 심판을 자초하는 일이며, 믿는 것은 심판에서
제외되는 것임을 확실히 하고 있다.

예수님은 말씀하신다. "하나님이 그 아들을 보내신 것은 세상을
심판하려 하심이 아니요 저로 말미암아 세상이 구원을 받게 하려 하
심이라."(요3:17) 심판, 심판하지만 주님의 관심사는 심판에 있는 것
이 아니라 구원에 있다는 것이다. "모세가 광야에서 뱀을 든 것같이
인자도 들려야 하리니 이는 저를 믿는 자마다 영생을 얻게 하려 하
심이니라. 하나님이 이 세상을 이처럼 사랑하사 독생자를 주셨으니
이는 저를 믿는 자마다 멸망치 않고 영생을 얻게 하려 하심이니라."
(요3:14-16) 주님이 오늘도 우리에게 주시고자 하는 것은 멸망이
아니라 영생이다. 한 사람이라도 더 구원하도록 주님은 오늘도 우리
로 하여금 입을 열어 전도하게 하신다.

17. 담대히 입을 열어 전하게 하시는 성령님

주님은 제자들을 성령으로 무장시켜 전도 임무를 수행케 하셨다. 성령님은 우리의 무딘 입을 열어 전도하게 하신다. 우리로 하여금 언어의 자유를 누리게 하시는 것이다.

"오직 성령이 임하시면 너희가 권능을 받고 예루살렘과 온 유대와 사마리아와 땅 끝까지 이르러 내 증인이 되리라."(행1:8) 성령님은 부끄러워 복음을 전하지 못하는 제자들로 하여금 담대함과 지혜를 주셨다. 오순절 성령강림 후가 그 보기다.

오순절에 성령이 임하자 언어부터 달라졌다. "저희가 다 성령의 충만함을 받고 성령이 말하게 하심을 따라 다른 방언으로 말하기를 시작하니라."(행2:4) 겁쟁이를 담대한 전도자로 만든 것이다. 그들이 말한 다른 방언은 알 수 없는 말이 아니라 각 나라 언어다. 예루살렘을 방문한 각 나라 사람들이 자기들의 언어로 복음을 들었기 때문이다.

성령을 통해 권능을 받으면 담대해진다. 베드로가 열한 사도와 같이 서서 소리를 높여 백성들에게 외치는 장면(행2:13)이 소개된다. '소리를 높여'는 그동안 숨어 있던 모습과는 전혀 다르다. 담대하게, 그리고 용기를 가지고 외친다.

사도행전 4장에서는 베드로와 요한이 제사장들과 사두개인들 앞에서 기탄없이 말하고 있음을 보여준다.

"너희와 모든 이스라엘 백성들은 알라. 너희가 십자가에 못 박고 하나님이 죽은 자 가운데서 살리신 나사렛 예수 그리스도의 이름으로 이 사람이 건강하게 되어 너희 앞에 섰느니라. 이 예수는 너희 건축자들의 버린 돌로서 집 모퉁이의 머릿돌이 되었느니라. 다른 이로서는 구원을 얻을 수 없나니 천하 인간에 구원을 얻을 만한 다른 이름을 우리에게 주신 일이 없음이니라."(행4:10-12)

공회에서 그들에게 다시는 예수의 이름으로 말하지도 말고 가르치지도 말라 하자 오히려 강하게 공박한다. "하나님 앞에서 너희 말 듣는 것이 하나님 말씀 듣는 것보다 옳은가 판단하라. 우리는 보고 들은 것을 말하지 아니할 수 없다."(행4:19-20)

담대함은 제자들에게만 해당되지 않는다. 예수님이 갈릴리 전도 사역을 시작하기 전 회당에 들어가 성경을 펴 읽으셨다. 엄숙한 순간이다. 읽으신 내용은 선지자 이사야의 글이었다. "주의 성령이 내게 임하셨으니 이는 가난한 자에게 복음을 전하게 하시려고 내게 기름을 부으시고 나를 보내사 포로 된 자에게 자유를, 눈먼 자에게 다시 보게 함을 전파하며 눌린 자를 자유케 하고 주의 은혜의 해를 전파하게 하려 하심이라."(눅4:18, 19) 이 글을 읽으신 주님은 "이 글이 오늘날 너희 귀에 응하였느니라." 하셨다. 주의 성령이 임하심으로 예수님의 위대한 사역이 시작된 것이다.

특히 제자들의 복음 사역은 성령의 사역과 깊게 연관되어 있다. "이 섬긴 바가 자기를 위한 것이 아니요 너희를 위한 것임이 계시로 알게 되었으니 이것은 하늘로부터 보내신 성령을 힘입어 복음을 전하는 자들로 이제 너희에게 고한 것이요 천사들도 살펴보기를 원하는 것이라."(벧전1:12) 성령을 힘입어 복음을 전한다는 것이다. 이 일은 천사들도 흠모하는 일이다.

바울도 전도할 때나 기도할 때나 성령의 능력에 의존했다. 그가 강할 수 있었던 근거가 바로 성령의 권능이었음을 보여준다. 이것은 우리가 복음을 전파하거나 기도함에 있어서 무엇을 의지하고 사모해야 하는가를 말해 준다.

- "내 말과 내 전도함이 지혜의 권하는 말로 하지 아니하고 다만 성령의 나타남과 능력으로 하여"(고전2:4)
- "우리 복음이 말로만 너희에게 이른 것이 아니라 오직 능력과 성령과 큰 확신으로 된 것이니"(살전1:5)
- "모든 기도와 간구로 하되 무시로 성령 안에서 기도하고 이를 위하여 깨어 구하기를 항상 힘쓰며 여러 성도를 위하여 구하고 또 나를 위하여 구할 것은 복음의 비밀을 담대히 알리게 하옵소서 할 것이니"(엡6:18 – 19)

18. 성령의 기름 부으심이 더 의미 있으려면

그리스도는 메시아로, 그 뜻은 '기름 부음을 받은 자'다. 성경에서 기름 부음을 받은 자로서 왕과 제사장과 선지자를 꼽는다. 그래서 예수 그리스도의 역할을 이 세 가지로 설명하기도 한다.

최근 한국 교회는 부쩍 성령의 기름 부으심에 관심이 높다. 성령을 사모하는 정도가 점점 더 강해지면서 이것에 대한 간구는 깊어진다. 지금까지 우리는 성령 충만을 강조해 왔다. 다 똑같은 말인데도 요즘은 성령 충만보다는 성령의 기름 부으심이 더 선호되고 있다. 물론 시대에 따라 단어의 선호가 달라질 수 있다. 하지만 그 단어 사용 못지않게 그 안에 담고 있는 정신을 이 땅에서 실현하는 것이 더 중요하지 않을까 싶다.

사도행전을 보면 "하나님이 나사렛 예수에게 성령과 능력을 기름 붓듯 하셨으매"(행10:38)라 했다. 성령은 능력으로 임하시기 때문에 기름 붓듯 했다는 것은 그 능력이 얼마나 크게 임했는가를 보여준다. 이 기름 부음은 성령의 사역과 깊게 연관되어 있음을 알 수 있다.

이사야서에도 기름 부음이 강조된다. "주 여호와의 신이 내게 임하셨으니 이는 여호와께서 내게 기름을 부으사"(사61:1) 주 여호와의 신은 성령을 뜻한다. 성령이 임함과 더불어 오는 기름 부으심, 이 모두에는 하나님의 역사가 있다. 성령의 기름 부음이 오실 메시아에게 넘칠 것을 예언한 말씀이다.

기름 부음에 대한 관심을 높이는 것도 중요하지만 더 중요한 것은 이 기름 부음으로 인해 무엇이 달라지고, 어떤 역사가 나타나는가 하는 점이다. 이 점에 관해 이사야서가 잘 설명해 주고 있다.

"내게 기름을 부으사 가난한 자에게 아름다운 소식을 전하게 하려 하심이라 나를 보내사 마음이 상한 자를 고치며 포로 된 자에게 자유를, 갇힌 자에게 놓임을 전파하며 여호와의 은혜의 해와 우리 하나님의 신원의 날을 전파하며 모든 슬픈 자를 위로하되 무릇 시온에서 슬퍼하는 자에게 화관을 주어 그 재를 대신하며 희락의 기쁨으로 그 슬픔을 대신하며 찬송의 옷으로 그 근심을 대신하시고 그들로 의의 나무 곧 여호와의 심으신 바 그 영광을 나타낼 자라 일컬음을 얻게 하려 하심이니라."(사61:1-3)

이 말씀에 따르면 기름 부음 받은 자는 자신을 위해 살지 않는다. 이 세상을 향해 하나님의 기쁜 소식을 전하고 은혜의 날을 전파하며 이 땅의 슬픔을 하늘의 기쁨으로 바꾸는 작업을 한다. 의의 나무로서 오직 여호와의 영광을 드러내며 산다.

성령의 기름 부음을 받은 사람들은 이러한 사명에 철저해야 한다. "그들은 오래 황폐하였던 곳을 다시 쌓을 것이며 예로부터 무너진 곳을 다시 일으킬 것이며 황폐한 성읍 곧 대대로 무너져 있던 것들을 중수할 것이며 [--] 너희는 여호와의 제사장이라 일컬음을 얻을 것이라."(사61:4, 6) 기름 부음을 받은 사람들은 은혜받는 것으로 그치지 아니하고 무너진 곳을 다시 일으키는 하나님의 역사에 동참하게 됨을 가르쳐 준다.

오순절 성령강림 때 성령 충만한 제자들이 달라져 담대히 복음을 전하게 되고, 자기 것만 알았던 사람들이 변하여 가난한 자들을 위해 물질을 내놓게 된 것은 그들에게 성령의 기름 부음이 넘쳤기 때문이다. 기름 부음을 받으면 그만큼 달라진다는 것을 보여준다. 이로 인해 교회사가 달라졌다.

요한은 기름 부음을 받고 모든 것을 알게 되었다고 말한다. "너희는 거룩하신 자에게서 기름 부음을 받고 모든 것을 아느니라."(요일 2:20) 우리로 하나님의 일을 알게 하시는 이는 바로 성령님이시다. 성령의 기름 부음을 받으면 하나님의 뜻을 알게 되고, 나아가 우리를 통해 무엇을 이루고자 하시는가를 알게 된다. 우리는 기름부음을 받고 그 뜻을 아는 것으로 만족해서는 안 된다. 기름 부음 받은 자로서 충실하게 주님의 일을 이뤄내고, 섬기는 자의 도리를 다해야 한다. 성령님이 우리 삶을 통해 능력 있게 나타나야 한다. 그래야 성령의 기름 부음이 더 의미가 있게 된다.

19. 숫자에 관련된 몇 가지 생각들

성경을 보면 여러 숫자가 나온다. 어떤 것은 상징적이기도 하고, 어떤 것은 삶의 과정과 직결되기도 한다. 그것들을 다 열거할 수 없지만 그중에 1, 7 그리고 40과 같은 수는 의미가 있다.

1(하나)은 어떤 의미를 가질까? 그것은 하나님의 신성과 주권 표시로 등장한다. "이스라엘아 들으라. 우리 하나님 여호와는 오직 하나이신 여호와시니"(신6:4) 여기서 하나는 오직 한 분이신 하나님을 가리킨다. 우리가 하나님이라 할 때 이 의미가 강하다. 이 하나님은 태초부터 영원까지 우리를 다스리신다. 성경은 "태초에 하나님이 천

지를 창조하시니라."(창1:1)로 시작한다. 요한복음은 이 태초의 창조주 하나님이 바로 그리스도이심을 강조한다. "만물이 그로 말미암아 지은 바 되었으니 지은 것이 하나도 그가 없이는 된 것이 없느니라."(요1:3) 그 하나님이 하나도, 곧 온 우주 만물을 지으셨다. 그러므로 1은 하나님과 깊게 연관되어 있음을 알 수 있다.

7은 성경에 여러 의미를 가진다. 일곱째 날마다 안식일, 일곱째 해마다 안식년, 7째 안식년마다 희년, 일곱째 달마다 거룩한 3절기, 유월절과 오순절 사이는 7주간, 유월절은 7일간, 장막절도 7일간이다. 성경을 읽다 보면 7은 나음과 연관되어 있음을 알 수 있다. 열왕기하 4장을 보면 아이 없는 수넴 여인으로 아이를 갖게 하고 죽은 그 여인의 아들을 살린 엘리사의 사건이 소개되어 있다. 그 아이가 살아날 때 아이가 일곱 번 재채기하고 눈을 뜨고 살아났다. 열왕기하 5장엔 엘리사가 나아만의 문둥병을 고친 사건이 소개된다. 이때도 엘리사는 그를 향해 요단강에 몸을 일곱 번 씻으라 한다. 이런 면에서 볼 때 7은 안식과 기쁨과 나음을 선사한다.

40은 어떤 의미를 가질까? 40은 한 세대(generation)를 상징하기도 한다. 모세의 경우 그의 일생은 40년으로 나눠 이해되기도 한다. 애굽에서 40년, 미디안 광야에서 40년, 그리고 이스라엘을 이끈 광야의 40년이다. 그는 40일간 가나안에 정탐꾼을 보냈다. 예수님도 부활하신 후 40일간 세상에 계셨다.

40은 금식과도 연관된다. 모세는 시내산에서 40일간 금식했고, 엘리야도 40일간 금식했다. 예수님도 40일간 금식하셨다.

40은 또한 회개의 기간이요 심판의 기간이기도 하다. 부패한 니느

웨 성은 40일간 회개할 기회를 얻었다. 그들은 하나님 앞에 철저히 회개하고 낮아져 구원을 얻었다.

40은 또한 오랜 통치 기간을 상징한다. 이스라엘에서 40년간 통치한 인물들로 옷니엘, 드보라, 바락, 기드온, 엘리, 사울, 다윗, 솔로몬이 있다. 에훗은 40년의 두 배인 80년을 통치했다. 길게 통치할 수 있었다는 것은 하나님이 그만큼 그들에게 통치권을 부여하셨음을 의미한다.

이 시간 갑자기 숫자에 얽힌 의미를 생각하면서 몇 가지 묵상하게 만든다. 첫째, 하나님은 오직 한 분이시며, 그분만이 우리의 찬양을 받으시기에 합당하신 분이시라는 사실이다. 그분이 오늘도 우리를 섭리하시며 지키시고 보호하신다. 둘째, 우리의 안식과 기쁨과 나음은 주님께로부터 나온다는 점이다. 우리의 참된 안식은 우리가 주님께 속해 있을 때 얻을 수 있고, 병으로 어려움을 당할 때도 주님이 낫게 하셔야 온전히 나음을 얻을 수 있다는 점이다. 그러므로 우리가 의지할 수 있는 분은 주님이심을 고백하지 않을 수 없다. 그리고 끝으로, 주님은 우리의 삶을 주관하신다는 점이다. 우리의 생애를 정하시고, 잘못했을 때 회개의 자리로 인도하시며, 구원을 얻게 하신다. 그분은 온 인류뿐 아니라 나라도 주관하신다. 그만큼 우리는 하나님과 연관되어 있다. 잊지 말자. 우리는 그분의 자녀인 것을.

20. 주목받지 못해도 성실함으로

성경에서 착한 아들 하면 생각나는 사람이 누굴까? 아벨일까 요셉일까 아니면 누굴까. 여러 인물들이 있겠지만 이삭을 꼽고 싶다. 꼭 아버지 아브라함과 어머니 사라에겐 매우 귀한 아들이고, 하나님이 약속한 아들이라서가 아니다. 성경에 기록된 그의 모습에서 그런 삶의 모습을 읽을 수 있기 때문이다.

아브라함, 이삭, 야곱, 요셉 등 구약의 4대 족장 중 가장 주목을 받지 못한 인물로 흔히 이삭을 꼽는다. 하지만 그는 족장 가운데 가장 장수했다. 180세를 살았다. 가장 오래 살았으니 다른 족장보다 파란만장한 삶을 살았을 것 같은데 꼭 그렇다 말할 수 없다. 물론 그의 삶에 어려운 점이 없었다는 것은 아니다. 그의 삶은 비교적 평범했다. 좋은 아버지 밑에서 신앙생활하고, 고향을 지키며 살아왔다. 하지만 그 평범한 생활사에서 신앙적으로 많은 교훈을 남겨주고 있다. 다른 이들에 비해 파란만장하지는 않다 해도 우리가 본받을 만한 점들이 많다는 것이다. 우리가 본받아야 할 점으로 과연 무엇이 있을까?

먼저 순종하는 삶의 자세다. 그렇게 자상하던 아버지 아브라함이 자신을 향해 칼을 들었다. 놀랍고, 생각만 해도 끔찍한 일 아닌가. 이렇게 죽을 순 없다 생각하지 않았을까. 그러나 청년 이삭은 저항하지 않았다. 희생의 제물로 번제 단에 오르기까지 순종했다. 당신이 희생 제물로 바쳐진다고 생각해 보라. 육신의 아버지에게만 순종한 것이 아니다. 하나님을 바라보는 신앙으로 끝까지 순종했다. 그것이 귀하다.

기도와 묵상하는 삶의 자세다. 이삭은 나이 40이 되었다. 사실 그는 자신의 뜻대로 배우자를 택할 수 있었다. 그러나 그는 그것을 아버지께 맡겼다. 하나님의 선하신 뜻이 있으리라 생각했기 때문이다. 배우자를 구하러 보냈던 종이 돌아오는 것을 그는 묵상하는 가운데서 맞았다. 이것은 그가 기도와 묵상을 생활화했음을 보여준다.

참고 기다리는 삶의 자세다. 그는 결혼한 지 20년이 지나도 아이를 갖지 못했다. 이 문제를 놓고 그는 지속적으로 하나님께 간구했다. 아브라함은 첩을 얻었지만 자신은 그러한 실수를 범하지 않았다. 오히려 20년을 기도하는 가운데서 참고 기다렸다. 하나님은 그 인내에 답하셔서 쌍둥이 아들을 갖게 하셨다. 하나님의 때를 기다릴 줄 아는 모습, 얼마나 보기 좋은가. 장성한 두 아들로 인해 가슴앓이도 했다. 하지만 그때도 하나님께 맡기며 참았다. 결국 하나님께서 두 아들 일도 원만하게 해결해 주셨다. 신앙생활은 내 의지로 어찌하는 것이 아니라 하나님의 답을 기다리는 것이리라.

악을 악으로 갚지 않는 삶의 자세다. 그의 신앙의 본은 간 데마다 우물을 판 것에서 볼 수 있다. 샘물을 얻었다 하면 원수들이 와서 못살게 굴었다. 그러나 그는 일곱 번이나 자리를 옮기며 새 우물을 팠다. 양보한 것이다. 그가 싸울 힘이 없고 유약해서 그랬을까. 그런 것은 절대 아니다. 오히려 이삭의 부대는 아비멜렉 왕보다 더 강성하다고 성경은 말하고 있다(창26:16). 그는 겉옷을 달라 하면 속옷까지 내어준 인물이었다. 결국 그를 괴롭히던 아비멜렉도 그를 찾아와 무릎을 꿇고 화친을 구했다. 이삭은 그들의 과거 소행을 조금도 탓하지 않고 그들을 맞아 잔치를 베풀었다. 이삭은 악을 악으로 갚지 않고 선으로 악을 갚은 대표적인 인물이다. 그가 우물을 판 것은 자기를 위한 것이었지만 그 일을 통해 그는 하나님께 영광 돌리는 삶을 살았다.

이삭은 평범 속에 비범함을 보인 신앙의 인물이다. 사람들은 신앙을 가진 부모 밑에서 온실처럼 자라온 사람들을 향해 때로 비판적이기도 하다. 냉랭하다는 것이다. 굴곡이 없어 그럴 수도 있다. 비판보다 더 중요한 것은 신앙심 깊은 당신이 앞으로 자신의 자녀를 어떻게 키울 것인가 하는 것이리라. 이삭도 삶에서 여러 고비를 만났다. 그때마다 그는 기다리고 참고, 순종했으며, 다투기보다 양보했다. 이러한 심성은 그저 태어나는 것이 아니다. 길러지고, 걸러지고, 다듬어진다. 아브라함도 이삭을 그렇게 키웠을 것이다. 신앙적으로 튀지 못하고, 다른 사람들로부터 주목을 받지 못한다 해도 주님의 사람으로서 성실하게 사는 것이 중요하지 않을까. 이삭은 삶의 고비마다 그 성실함(integrity)을 유지하고자 했다. 하나님은 자신을 가리켜 "아브라함의 하나님, 이삭의 하나님"이라 하셨다. 삶에서 주의 신실하신 모습을 보여주었기 때문이다. 하나님이 말씀하실 땐 다 그만한 이유가 있다.

21. 야곱 이야기 내 이야기

야곱은 그 많은 인생의 굴곡을 거치면서 아주 약삭빠른 모습을 보여주었다. 때문에 어쩌면 우리와 똑같을까 생각하는 사람이 많다. 인간의 연약함이 그대로 노출되었다고 해도 과언이 아니다. 어떤 이는 말한다. "성경은 숨김이 없다." 연약한 모습 그대로 드러내 앞으로 우리가 과연 어떻게 살아야 하는가를 교훈하고 있다.

에서가 남성적이고 바깥 중심의 삶을 살았다면 야곱은 여성적이고 집안에 머물면서 살림꾼 역할을 했다. 에서는 이방인 가운데서 두 아내를 얻었으며, 장자의 명분을 값있게 간수하지 않고 팥죽 한 그릇에 팔아버릴 정도로 하나님과는 거리가 먼 생활을 했다. 야곱은 실수도 많은 사람이었지만 하나님의 축복을 사모한 사람이었다.

야곱의 집안은 편애가 있었다. 아버지 이삭은 에서를 좋아했고, 어머니 리브가는 야곱을 좋아했다. 하나님은 이미 "큰 자가 어린 자를 섬기리라." 하는 지침을 내림으로써 앞으로 에서가 어떻게 살게 될 것인가를 미리 일러주셨다. 그러나 이삭은 하나님의 이 말씀보다 세상 풍속을 따라 장자인 에서에게 마음껏 축복하고자 했다. 이삭의 실수도 있었지만 그는 야곱을 사랑한 리브가의 간교함을 이겨낼 수 없었다. 결국 야곱은 축복을 받았다. 두 형제는 결국 원수 사이가 되었다.

한집안에서 피의 보복이 일어날 것을 두려워 한 리브가는 야곱을 친정 오라버니 라반의 집으로 피신시킨다. 야곱은 형의 분노를 피해 하란으로 향했다. 그는 베델에서 돌로 베개를 하고 자던 밤 하나님을 만났다. 이 만남을 통해 하나님이 자기를 보호하신다는 것을 깨달았다. 그가 베델에서 제단을 쌓았음은 물론이다. 성경은 그 뒤 하란까지 발행했다고 했다. 발행은 '이샤'로 가벼운 발걸음으로 갈 수 있었다는 것을 의미한다.

리브가는 잠시일 것으로 생각했지만 야곱은 외삼촌 라반의 집에서 20년 동안 기거했다. 그곳에 가족을 이루었지만 여러 가지로 부당한 대우를 받으며 살았다. 이것은 자기가 심은 대로 거둔 대가였다. 그는 그러한 고난을 통해서 변화를 받아야 할 사람이었다. 그는 수십 년 동안 자기의 성격과 전혀 맞지 않게 들사람 노릇을 해야 했다. 인생의 기구함을 어떻게 말할 수 있을까.

라반의 집에서 가만히 도망쳐 나온 야곱의 식구들은 라반으로부터 노여움의 대상이 되었다. 하지만 하나님은 그들을 해하지 않도록 하셨고, 하나님은 사자들을 보내 야곱의 일행을 돌보셨다. 야곱은 이를 마하나임, 곧 이중부대라 했다. 야곱에 원한을 품은 에서의 마음도 하나님께서 풀어주셨다. 하나님은 약속을 잊지 않으신다. 그만큼 신실하시다.

야곱은 얍복 강가에서 다시 하나님을 만난다. 그는 하나님을 붙잡고 놓아주지 않았다. 결국 하나님은 그의 환도 뼈를 꺾으셨다. 그가 크게 회개할 때 하나님은 그를 용납하셨다.

에서를 만난 후 야곱은 에서와는 전혀 다른 길을 택해 건너온 길을 다시 건너 숙곳에 머물며 치료를 하고 평안히 살았다. 잠시라 생각했지만 그 땅이 좋아 10여 년을 보냈다. 평안해지자 그는 하나님께 서원한 것을 잊어버렸다. 그는 디나 사건 이후 다시 식구들을 데리고 베델로 올랐다. 하나님을 다시 찾게 된 것이다.

야곱은 만년에 신앙적인 인물로 변화되었다. 큰 기근이 들었는데도 적은 식량을 사도록 할 만큼 탐욕이 제거되었고, 내가 자식을 잃게 되면 잃으리로다 할 만큼 모든 것을 하나님께 맡기는 성숙된 모습을 보여주었다. 만년에 그는 드디어 세상의 소망보다 하나님 나라의 소망을 더 소중히 알게 되었다. 물질이 중요하다고 내내 움켜쥔 그 손을 하나님을 향해 편 것이다. 드디어 야곱은 하나님의 자녀가 되었다.

우리도 야곱과 다르지 않다. 세상의 것을 더 얻기 위해 온갖 방법을 다 동원한다. 고난을 당할 땐 하나님을 찾는다. 하나님께서 함께해 주심을 깨닫고 감사하다가도 좀 평안하다 싶으면 하나님을 잊어버린다. 그만 했으면 됐다. 이젠 철들 나이가 되었다. 우리 모두 하나님의 자녀 아니던가.

숭실대학교에서 한 김명혁 목사의 말이 떠오른다. "공교롭게도 교회가 경제를 앞세우자 경제 위기가 닥쳐왔다. 어쩌면 하나님께서 우리들에게 경각심을 주시려고 이렇게 역사하시는 것일지도 모른다." 경제를 그렇게 강조했지만 경제가 더 나빠진 이유가 있을 것이다. 이젠 "너희는 먼저 그의 나라와 그의 의를 구하라. 그리하면 이 모든 것을 너희에게 더하시리라."(마6:33)는 주님의 말씀에 더 귀 기울일 때다.

22. 억울할 때마다 빛나는 요셉의 품위

세상에는 억울한 사람이 많다. 감옥에 있는 사람도 억울하다고 말한다. 한자로 억울(抑鬱)은 '누를 억', '막힐 울'이 합한 것이다. 누르고 막혀 어디 바람 한 점 통할 구석이 없으니 답답하다. 오죽하면 억울해서 죽겠다고 할까.

성경에 억울한 인물로 요셉을 꼽는다. 형제들에게 미움을 받아 억울하게 팔려 가고, 애굽에 가서도 충성을 다했는데 보디발의 아내 때문에 억울하게 감옥을 가야 했다. 보통 사람 같았으면 억울해서 미쳤을 것이다. 삶을 포기하고 싶었을 것이다. 그러나 요셉에게는 삶을 포기한 흔적이 보이지 않는다. 억울함을 당할 때마다 참고, 기다리고, 신앙인으로서 품위를 잃지 않았다. 그런 환경에서 우리는 과연 품위를 지킬 수 있을까.

야곱이 당한 어려움은 그의 죗값이기도 하다. 그러나 요셉은 죄 없이 많은 고초와 환난을 당했다. 그래서 학자들은 그를 예수 그리스도의 그림자로 여기기도 한다. 죄 없이 우리를 위해 고초를 당하신 주님, 사실 주님처럼 억울한 분이 세상에 있을까. 그러나 주님은 오히려 기꺼이 세상을 위해 고난의 십자가를 지셨고, 세상을 용서하셨다.

요셉은 다른 사람의 죄 때문에 환난을 당했다. 그는 우선 야곱 가정의 죄를 짊어진 희생 제물이었다. 야곱 가정에는 첩이 많아 가정적으로 불화했고, 요셉은 그 가운데 아버지의 사랑을 독차지해 다른 형제들로부터 질시의 대상이 되었다. 그는 양을 치는 형제들을 찾아 세겜으로, 도단으로 찾아갈 만큼 형들을 생각했지만 그들은 요셉을 애굽의 노예로 팔아버렸다. 살려 달라 애원했지만 형들은 귀를 막았다. 이렇게 억울할 데가 있나.

애굽으로 팔려간 요셉은 주인 보디발을 충성스럽게 섬겼다. 여기서 섬긴다는 원어, '쌀라하'는 겉으로만 섬긴 것이 아니라 진심으로 섬겼음을 의미한다. 주인은 그에게 가정총무의 직을 맡길 만큼 그의 성실함은 인정을 받았다. 문제는 보디발 처의 끈질긴 유혹이었다. 그는 하나님이 보신다며 거절했다. 그럼에도 불구하고 그의 처는 요셉을 무고했다. 오히려 자신을 강간하려 했다고 한 것이다. 요셉의 결국은 감옥행이었다. 이렇게 억울할 데가 있나. 어디 호소할 데도 없다. 그는 하나님을 의지하고 참았다.

요셉은 결코 성범죄를 저지르지 않았다. 성경은 이 문제를 유다가 성적 시험에 넘어진 것과 대비시키고 있다. 요셉의 인테그리티와 품위가 어떠한가를 보여준다. 하나님은 이러한 요셉을 간과하지 않으셨다. 요셉은 왕의 꿈 해몽 사건 이후로 전권을 이양받는 은혜를 얻었다. 가정총무에서 일약 국가총리로 발탁된 것이다. 꿈의 해몽이 있기까지 그는 몇 년 동안 억울하게 감옥살이를 했다. 이것은 하나님께서 그를 사용하기 위한 준비 기간이었다. 하나님은 그의 억울함을 기억하시고, 하나님의 시간에 하나님의 방법대로 풀어주신다. 하나님은 요셉에게만 그런 은총을 주시지 않는다. 오늘 억울하게 사는 사람의 눈물을 보시고, 간구를 들으신다. 당신에게 중요한 것은 억울할

수록 주님의 사람으로서 품위를 지키는 일이다. 억울함에만 매어있지 말고 최선의 삶을 살며, 하나님의 때를 기다리는 것이다.

요셉이 바로 앞에 선 때가 그의 나이 30이었다. 나이 30은 다윗이 왕이 되었던 때이고, 예수님이 공생애에 들어간 때이다. 구약시대엔 성전에서 봉사하려는 자도 30이 되어야 했다. 주님을 위해 힘써 일할 나이가 되었다는 말이다.

요셉은 형들을 용서하는 과정에서 품위를 잃지 않았다. 가나안에 흉년이 들어 형들이 곡식을 사러 애굽에 왔을 때 요셉은 그들을 시험했다. 과거와 같이 간악한 형들인지 아니면 달라진 형들인지 알고 싶었다. 그중 형 유다가 베냐민 대신 자기가 종이 되겠다는 말을 듣고 그들에게 진정한 회개와 변화가 있었음을 알게 되었다. 하나님은 그러한 유다를 축복하셔서 12지파 가운데 가장 강한 지파가 되고 그 후손에서 그리스도가 탄생하는 축복을 얻었다. 총리 요셉은 형들에게 자신이 동생 요셉임을 밝히고 그들을 끌어안았다. 과거 일을 두려워하는 형들을 오히려 위로하며 "나를 애굽으로 보내신 이는 당신들이 아니라 하나님"이라 말하면서 이 모두 하나님의 섭리임을 강조했다. 요셉의 형들은 회개했고, 그들이 회개하는 모습을 보며 요셉도 울었다. 억울함이 확 풀리는 순간이다. 지금까지 지켜온 그의 품위가 더 빛이 난다. 억울한 당신에게도 빛날 날이 있을 것이다. 당신이 그리스도인으로서 품위를 지킨다면 더욱더.

23. 하나님의 사람, 사무엘

구약에는 여러 선지자가 나온다. 그 선지자를 크게 문서 선지자와 구전 선지자로 나눈다. 문서 선지자는 이사야에서 말라기까지 구약의 마지막 17권을 쓴 선지자들이다. 글을 남김으로써 후세에도 영향을 주고 있다. 구전 선지자는 문서 선지자 이전 300년간 선지자 직책을 수행한 분들로 글보다는 행적으로 크게 주목을 받고 있다. 그 대표적인 인물로 왕국을 조직한 사무엘, 다윗을 충고한 나단, 여로보암을 충고한 아히야, 그리고 바알 우상과 싸운 엘리야와 엘리사가 있다.

오늘 묵상할 선지자는 사무엘이다. 사무엘의 히브리식 명칭은 '쉐무엘'로, '하나님의 아들'이라는 뜻을 가지고 있다. 이름에서부터 하나님의 사람으로 철저하게 살라는 의미를 담고 있다. 사무엘은 또한 '하나님의 들으심'이라는 뜻으로도 해석되는데 이것은 어머니 한나의 기도를 들으신 것으로 유추할 수 있다. 사무엘상 1장 20절에 사무엘이라는 명칭이 소개되면서 "이는 내가 여호와께 그를 구하였다."는 말씀이 있다. 이것은 어원에 근거한 해설이라기보다 사실, 곧 한나가 하나님께 그를 구한 것에 근거한 해설이다. 이것은 그의 태어남에서부터 하나님과 깊은 관계가 있음을 보여준다.

사무엘의 출생은 기도 응답의 결과였다. 한나는 하나님께 통곡의 기도를 드렸다. 그리고 서원하면서 아들을 주시면 나실인으로 하나님께 바치겠다 하였다. "내가 그의 평생에 그를 여호와께 드리고"(삼상1:11) 사무엘이 태어나자 한나는 아이가 젖을 뗄 때까지만 양육하고, 젖을 떼자 실로에 있는 제사장 엘리를 찾아가 아이를 맡겼다. 여호와께 드림으로 서원을 이행한 것이다.

그 장면을 보자. "이 아이를 위하여 내가 기도하였더니 여호와께서 나의 구하여 기도한 바를 허락하신지라 그러므로 나도 그를 여호와께 드리되 그의 평생을 여호와께 드리나이다 하고 그 아이는 거기서 여호와께 경배하니라."(삼상1:27, 28) 어린 사무엘이 여호와께 경배했다는 구절에 주목해 보자. 이것은 사무엘이 태어나면서부터 여호와를 알도록 철저히 교육받았다는 것을 알 수 있다. 어머니의 신앙 교육이 얼마나 대단한가.

이런 한나를 하나님은 모른 체하지 않으셨다. 하나님은 그의 태의 문을 여시어 아들 셋과 딸 둘을 더 낳아 기르게 하셨고, 사무엘은 여호와 앞에서 자랐다(삼상2:21). 여호와 앞에서 자랐다는 것은 그만큼 믿음으로 성장했음을 보여준다.

사무엘은 더욱 하나님과 밀접해진다. 사무엘상 3장 끝부분에 이런 말씀이 있다. "사무엘이 자라매 여호와께서 그와 함께 계셔서 그 말로 하나도 땅에 떨어지지 않게 하시니."(19절) 사무엘이 말한 것은 다 이루어지게 하셨다는 말씀이다. 그 결과 단에서부터 브엘세바까지 모든 이스라엘 사람들이 "아, 사무엘은 하나님이 세우신 선지자로구나." 인정했다(20절).

사무엘은 선지자뿐 아니라 사사로서도 활약했다. 그는 이스라엘이 아벡에서 블레셋에 대패하고 언약궤를 빼앗긴 20년 후 본격적으로 사사활동을 해, 평생 이스라엘을 다스렸다. 그는 자신의 집이 있는 라마에 본거지를 두고 해마다 베델과 길갈과 미스바를 순회하면서 다스렸다.

그렇다고 선지자로서의 역할을 소홀히 한 것은 아니었다. 선지자라는 말은 사무엘시대 이전에도 나온다(창20:7;출7:1). 그러나 그는 맨 처음 선지자로 인정을 받을 만큼 비중이 컸다. 그는 또한 조직적인 선지자 학교를 세웠다. 우리가 흔히 신학교를 선지동산이라 하는데, 이 첫 모범학교가 바로 사무엘이 세운 학교이다. 처음엔 라마(삼상19:20)에 세웠지만 후엔 베델, 여리고, 길갈(왕하2:3,5;4:38) 등 여러 곳에 세웠다. 이처럼 학교를 세우고, 확장한 것은 왕국 조직 당시 타락한 제사장과 왕의 도덕적 타락을 막기 위한 것이었다.

사무엘은 백성들이 왕을 세워줄 것을 끈질기게 요구해 기도 가운데 왕을 세움으로써 사사로서의 권리를 이양했다. 그는 고별연설에서 자신이 어떻게 이스라엘 백성을 대했는가를 상기시키고, 하나님을 향해 충성하도록 권면했다. 백성들이 악한 길로 가게 된다면 멸망할 것도 잊지 않았다. 그 후 사무엘은 라마에 머물렀다. 죽기 전엔 하나님의 명령에 따라 다윗에게 기름을 붓는 일도 있었다. 다윗의 위를 열게 한 것이다.

라마에서 죽자 이스라엘은 그를 모세 다음가는 인물로 추앙했다. 시편 99편 저자는 "그 제사장 중에는 모세와 아론이요 그 이름을 부르는 자 중에는 사무엘이라 저희가 여호와께 간구하매 응답하셨도다."(6절) 함으로써 선지자 중에는 으뜸인물임을 보여주었다. 예레미야에서는 "모세와 사무엘이 내 앞에 섰다 할지라도 내 마음은 이 백성을 향할 수 없나니"(렘15:1)라 하였다. 모세와 사무엘이 기도하면 다 들어주셨는데, 훗날 이스라엘 백성이 너무 악하여져서 그들이 기도한다 해도 들어줄 수 없는 형편임을 말씀하신 것이다. 여하튼 사무엘은 하나님과 사람으로부터 사랑을 받은 선지자임이 확실하다.

어려서부터 하나님을 경배한 사람, 하나님께 온전히 충성한 사람, 그 충성을 이스라엘 모두에게 가르친 사람, 태어나서부터 죽을 때까지 그의 이름대로 하나님의 사람으로 산 사람. 그가 바로 사무엘이다. 과연 우리가 평생 주 앞에서 이런 사람으로 살 수 있을까. 그는 우리가 흠모해야 할 진정한 멘토가 아닐 수 없다.

24. 정로로 가는 자

"무릇 정로로 행하는(walk uprightly) 자는 자기들의 침상에서 편히 쉬느니라." 이사야 57장 2절에 있는 말씀이다. 하나님은 바른길로 가는 자와 그렇지 않은 자를 구별하시고, 바른길을 가는 자에게는 쉼을 주신다고 하셨다. NIV는 쉼을 주신다를 '평화로 들어간다'고 했다. 우리가 어떤 길을 가야 하는가는 더 명확해진다.

의인에게는 평안을 주신다(1-2절)

이사야 57장에는 두 가지 형태의 사람이 등장한다. 하나는 의인 (the righteous)이고, 다른 하나는 악인(the wicked)이다. 의인은 하나님의 말씀에 순종하고 그의 뜻에 따르는 사람을 가리키고, 악인은 하나님을 멀리하고 도리어 우상을 섬기는 사람을 가리킨다. 하나님이 의인의 길을 따르는 자에게 평안을 약속하셨음에도 불구하고 이스라엘 사람들은 이방인의 방법을 따라서 저들이 섬기는 우상에게 나아가 평안을 달라 하고 복을 빌었다.

이스라엘 사람들은 점점 마음이 완악해져 하나님을 섬기는 사람들이 어려움을 당해도 도움을 주지 않았다. 그러나 하나님은 말씀하신다. "자비한 자들이 취하여 감을 입을지라도 그 의인은 화액(禍厄) 전에 취하여 감을 입은 것인 줄로 깨닫는 자가 없도다."(1절) 자비한 자란 경건한(devout) 의인들을 가리킨다. 그리고 화액은 히브리어 '라아'로 악한 일, 불행한 일(evil)이다. 의인, 곧 경건한 자들이 화를 입기 전에 하나님의 도우심을 받는다는 것을 그들은 미처 깨닫지 못했다는 것이다. 의인은 죽더라도 평안에 들어가 자기의 침상에서 편히 쉰다고 말씀하심으로써 이 말씀을 더 확고히 하신다.

우리는 지금 어떤 길에 서 있는가? 하나님이 기뻐하시는 바른길에 서 있는가, 아니면 다른 길에 서 있는가. 우리가 하나님 이외에 다른 것을 향하여 평안을 달라, 복을 달라 하면 평안도, 복도, 아무것도 얻지 못할 것이라 하신다. 하나님은 이스라엘이 왜 그 단순한 이치를 깨닫지 못하는지 안타까워하신다. 하나님의 탄식은 바로 우리를 향한 탄식이다. 우리는 지금 하나님께 이런 고통을 주고 있지나 않은지 돌아봐야 할 것이다.

너희는 우상 숭배자가 아니냐(3-6절)

이스라엘 백성들은 지금 한 치 앞을 알 수 없는 어려움 속에 있다. 북이스라엘은 아수르에 망했고, 남유다는 언제 망할지 알 수 없는 상황에 처해 있다. 나라가 어려움에 처할수록 하나님을 향해 기도하고 그의 도우심을 바라야 함에도 불구하고 그들은 자기만 잘살겠다는 욕심에 빠졌다. 윤리와 도덕은 땅에 떨어졌고, 온 나라가 하나님보다는 우상숭배를 하는 데 바빴다. 이것은 그들 속에 물질만능주의가 얼마나 팽배해 있었는가를 보여준다.

하나님께서 그들을 "무녀의 자식, 간음자와 음녀의 씨, 패역의 자식"이라 하신다. 이것은 그들이 하나님보다 우상을 섬기는 데 얼마나 열중했는가를 보여준다. 이 우상은 단지 우상에 그치지 않는다. 우리가 우상화하는 것 모두를 포함한다. 하나님께서 말씀하신다. "너희가 누구를 희롱하느냐."(4절), "내가 어찌 이를 용인하겠느냐."(6절) 우리는 지금 하나님보다 물질을 더 숭배하고 있지 않는가. 우리는 지금 하나님보다 세상적인 것을 더 좋아하고 있지 않는가.

하나님은 이 말씀을 통해 우리 자신을 돌아보게 하신다. 주님을 향하기보다 세상을 향해 더 나아간 것을 보게 하시고, 회개의 자리로 인도하신다. 주님은 세상이 평안을 가져다주지 못한다고 하신다. 참평안은 주님 안에만 있기 때문이다. 이 성경의 사실과 주님의 가르침을 왜 자꾸만 잊을까. 그것은 우리가 정로보다 다른 길로 가려 하기 때문이다. 주님은 바른길을 보여주시고, 우리로 하여금 그 길을 가라 하신다. 하나님은 오늘도 우리를 주목하시고 정로로 가는 자를 기뻐하신다.

25. 옳다 옳다, 아니라 아니라 하라

황희 정승의 종들이 서로 싸운 뒤에 시비를 가려 달라며 상전인 정승을 찾아왔다. 한 종이 자신의 입장을 말하자 정승은 "네 말에 일리가 있다." 판정했다. 그 다음 다른 종이 자신의 주장을 폈다. 그러자 정승은 "네 말도 일리가 있다." 판정했다. 이 판정을 옆에서 듣고 있던 그의 조카가 "아저씨는 시비를 가리지 않고 이것도 옳다 저것도 옳다 하면 되겠습니까?" 하며 불만을 나타냈다. 그러자 황 정승이 그의 말을 듣고 말했다. "너의 말에도 일리가 있다."

탈무드를 보면 이와 같은 얘기가 나온다. 그러고 보면 사는 곳은 달라도 황희 정승 같은 사람도 많다는 것을 알 수 있다. 누구의 편을 들어 적을 만드느니 마음 편한 것이 낫지 않겠느냐는 속셈이 작용할 수 있다. 아니면 너무 마음이 연하든지.

우리네 선조들도 자신의 의사를 나타내야 할 때면 벙어리가 된 채 콧잔등만 만지작거린다든지 턱밑이나 혹을 매만짐으로써 스스로 자기 의사를 감추었다. 시비에 걸려들고 싶지 않기 때문이었다. 황희 정승도 자기 의사를 노출시키고 싶지 않았기 때문에, 자기마저 시비에 걸려들어 이러쿵저러쿵 인격의 손상을 입고 싶지 않았기 때문에 모두를 긍정함으로써 자기를 안전지대로 피신시킨 것이다.

중국인들은 결혼상대자를 고를 때나 물건을 고를 때 조언을 요청하면 고작해야 "글쎄"라고 말하거나 입을 다문 채 조용히 웃기만 하는 습성이 있다고 한다. 말을 했다가 화근이 될 것을 두려워 조심하는 것이다. 어디 중국인만 그럴까. 우리 자신을 포함해서 주변에서 이런 모습을 많이 보게 된다. 우린 이런 모습에 익숙하다.

오늘은 산상수훈을 읽다가 "오직 너희 말은 옳다 옳다, 아니라 아니라 하라 이에서 지나는 것은 악으로부터 나느니라."(마5:37)는 예수님의 말씀에 이르러 여러 가지 생각을 하게 되었다. 주님의 태도는 너무 분명하기 때문이다. 옳은 것은 옳다 하고, 아닌 것은 아니라 하라는 말씀이다. 지키지 못할 약속인 줄 알면서도 헛맹세를 해 대는 우리의 모습에 이 말씀으로 쐐기를 박으신다.

물론 주님의 말씀이 황희 정승과 같은 태도에 대해 어떤 비판을 가하는 것은 아니다. 우리는 인간관계에서 자기를 보호하려는 본능에서 이렇게 행동할 수 있다. 좋게 말해서 조심성 있는 것이요 나쁘게 말해서 줏대가 없다.

하지만 우리가 말하거나 행동해야 할 때에는 선을 분명하게 그으라 하신다. 옳지 않은 것을 옳다 하거나, 아닌 것을 아니라 하지 않는 것은 악이라는 말씀이다. 지키지 못할 것임을 알면서도 그렇게 하겠다고 하는 것은 상대를 속이는 것일 뿐 아니라 주님을 속이는 것이다.

주님의 말씀대로 살 때 물론 어려움이 따를 수 있다. 그렇게 말하고 행동하기 쉽지 않기 때문이다. 분명하게 밝힌다면 미움을 받을 수도 있다. 그러나 옳은 것은 옳다 하고 아닌 것은 아니라 하는 것이 오히려 바르다. 지금의 처지를 모면하려기보다 진실을 택하는 것이 오히려 장기적으로나 인격적으로 바른길이다.

선지자들은 왕이 비록 싫어해도 하나님의 말씀을 그대로 전했다. 죽음을 무릅쓴 것이다. 그도 피하고 싶은 마음이 있었을 것이다. 마찬가지로 우리의 관점과 시선을 주님에 맞추는 것이 중요하다. 우리 자신의 생각을 마치 주님의 것으로 위장하는 것도 나쁘다. 거짓을 안고 있기 때문이다.

바울은 교인들에게 부탁한다. "또한 우리를 부당하고 악한 사람들에게서 건지시옵소서 하라 믿음은 모든 사람의 것이 아니니라."(살후 3:2) 모든 사람에게 믿음은 열려 있지만 모든 사람이 믿음을 가진 것은 아니다. 참믿음을 가진 사람만이 주님의 길을 가려 하고, 주님의 말씀을 따르려 한다. 이 세상에서 주님의 길을 따른다는 것은 험난하고 힘들기 때문이다. 그래서 그는 부당하고 악한 사람들로부터 건짐을 받도록 기도한다. 우리가 악으로부터 건짐(구원)받고 주님의 말씀 속에서 믿음으로 살아갈 때 비로소 옳은 것은 옳다 하고 아닌 것은 아니라 말할 수 있게 된다.

26. 마음이 문제가 될 때

사람에게 특징이 있다면 그것은 마음을 가지고 있다는 것이 아닐까. 만일 우리에게 마음이 없다면 기계가 되든지 본능에 따라 움직이든지 할 것이다.

하나님은 자기의 사람들에게 일을 하게 하실 때 마음을 움직이신다. 학개 1장을 보자. "여호와께서 스알디엘의 아들 유다 총독 스룹바벨의 마음과 여호사닥의 아들 대제사장 여호수아의 마음과 남은 바 모든 백성의 마음을 흥분시키시매 그들이 와서 만군의 여호와 그들의 하나님의 전역사(殿役事)를 하였으니"(학1:14) 여기서 '마음을 흥분시키시매'는 일하고자 하는 마음을 불러일으키심을 의미한다. 우리가 흔히 사용하는 말로 신바람 나게 하셨다는 것이다.

그러나 하나님을 섬기는 사람에게도 가끔 두 마음이 생긴다. 하나님을 향한 온전한 마음이 갈리면서 마음에 문제가 발생한다. 하나님이 원하지 않으시는 마음들이 작동하기 때문이다. 그 예를 들어보자.

- 우상을 좇는 마음: "그들이 마음으로 우상을 좇아 광야에서 그들이 나의 규례를 업신여기며 나의 율례를 행치 아니하며 나의 안식일을 더럽혔음이라."(겔20:16)
- 음란한 마음: "저희는 번성할수록 내게 범죄하니 내가 저희의 영화를 변하여 욕이 되게 하리라. 저희가 내 백성의 속죄제물을 먹고 그 마음을 저희의 죄악에 두는도다. [--] 저희가 먹어도

배부르지 아니하며 행음하여도 수효가 더하지 못하니 이는 여호와 좇기를 그쳤음이라 음행과 묵은 포도주와 새 포도주가 마음을 빼앗느니라. 내 백성이 나무를 향하여 묻고 그 막대기는 저희에게 고하나니 이는 저희가 음란한 마음에 미혹되어 그 하나님의 수하를 음란하듯 떠났음이니라."(호4:7, 8, 10-12)

이 외에도 여러 잘못된 마음을 소개하고 있다. 여기서 우상을 좇는 마음과 음란한 마음은 하나님이 기뻐하지 않으시는 마음들이다. 이 마음들에 대해 하나님은 정죄하신다. "저희가 두 마음을 품었으니 이제 죄를 받을 것이라. 하나님이 그 제단을 쳐서 깨치시며 그 주상을 헐으시리라."(호10:2) 나아가 그 죄를 잊지 않을 것임을 말씀하신다. "유다의 죄는 금강석 끝 철필로 기록되되 그들의 마음 판과 그들의 단 뿔에 새겨졌거늘"(렘17:1) 이것은 우리의 마음이 얼마나 문제가 있는가를 보여준다. 우리 시대에 우리로 두 마음을 갖게 하는 것은 무엇일까.

예레미야 17장은 인간의 부패한 마음을 단적으로 표현하고 있다. "만물보다 거짓되고 심히 부패한 것은 마음이라 누가 능히 이를 알리요마는 나 여호와는 심장을 살피며 폐부를 시험하고 각각 그 행위와 그 행실대로 보응하나니"(렘17:9, 10)

하나님은 그의 자녀들에게 마음을 새롭게 하고, 하나님께 돌아오라 거듭 강조하신다. "너희는 이제라도 금식하며 울며 애통하고 마음을 다하여 내게로 돌아오라 하셨나니 너희는 옷을 찢지 말고 마음을 찢고 너희 하나님 여호와께 돌아올지어다. 그는 은혜로우시며 자비로우시며 노하기를 더디 하시며 인애가 크시사 뜻을 돌이켜 재앙을 내리지 아니하시나니"(욜2:12, 13) 그냥 돌아오는 것이 아니라 심령이 새롭게 되어 돌아오는 것이다. "오직 심령으로 새롭게 되어"(엡4:23)

에스겔서는 새롭게 된 마음이 어떤 마음인가를 잘 보여준다. "내가 그들에게 일치한 마음(one heart)을 주고 그 속에 새 신(new spirit)을 주며 그 몸에서 굳은 마음(stony heart)을 제하고 부드러운 마음을 주어서 내 율례를 좇으며 내 규례를 지켜 행하리니 그들은 내 백성이 되고 나는 그들의 하나님이 되리라 그러나 미운 것과 가증한 것을 마음으로 좇는 자는 내가 그 행위대로 그 머리에 갚으리라 나 주 여호와의 말이니라."(겔11:20, 21) 하나님의 기준은 확실하다. 우리 마음이 문제가 될 때 이 기준을 벗어나지 않도록 엄히 다스릴 일이다. 순전한 마음을 온전히 드리자.

27. 불완전하고 실수가 많을 때

영국의 한 야당 의원이 의사당에서 처칠 수상을 향해 상스러운 말을 하는 실수를 했다. 그때 처칠 수상은 이렇게 응답했다. "제 귀는 이상하게도 들어서 거북한 말은 안 들리게 되어 있습니다. 미안하지만 의원님께서 다시 한 번 말씀해 주시기 바랍니다." 무안해진 의원은 얼굴을 붉힌 채 자리에 앉고 말았다. 역시 처칠답다는 생각이 든다. 그만한 여유가 우리네 정치뿐 아니라 우리네 생활 속에서 있었으면 얼마나 좋을까.

말에 실수가 없는 사람은 없다. 야고보도 말하지 않았는가. "우리가 다 실수가 많으니 만일 말에 실수가 없는 자면 곧 온전한 사람이라. 능히 온몸도 굴레 씌우리라."(약3:2) 그렇다고 이 말에 안도하며 계속 실수하며 살까? 그럴 수는 없는 일.

그리스도인으로서 사용해서는 안 될 그런 말을 자주 사용한다면 야고보의 다음 말을 생각해 볼 필요가 있다. "이것으로 우리가 주 아버지를 찬송하고 또 이것으로 하나님의 형상대로 지음을 받은 사람을 저주하나니 한 입으로 찬송과 저주가 나는도다. 내 형제들아 이것이 마땅치 아니하니라. 샘이 한 구멍으로 어찌 단물과 쓴물을 내겠느뇨."(약3:9-11)

실수를 줄일 수 있는 방법이 뭘까. 혀에 재갈을 물릴까? 그럴 수도 없다. 오직 하나님의 말씀으로 새로워지고, 성령으로 거듭날 수밖에 없다.

그리스도인이 말에서 보다 실수가 없으려면 하나님의 말씀에 더 가까이 가야 한다. 그 말씀이 늘 마음에 살아 있어 입으로도 그 향기를 내기 때문이다. 조지 뮬러는 우리가 참으로 영적 즐거움을 누리려면 말씀을 읽으라 한다. 그는 백 번 이상 성경을 읽었지만 읽을 때마다 새롭고, 마음의 기쁨과 평안은 커졌다 고백한다. 루터도 마시면 마실수록 갈증을 느끼게 하는 것이 성경이라 말한다. 하나님의 말씀은 우리 삶에 최고의 영양제임을 알 수 있다.

블레어(William N. Blair)가 쓴 책 『골드 인 코리아(Gold in Korea)』

를 보면 한국인들은 말씀을 자세히 연구하기 위해 사경회를 가지는데 이것이 바로 한국의 금이라 했다. 그 말씀이 바로 우리 삶에 빛이 되기 때문이다.

- "만군의 하나님 여호와시여 나는 주의 이름으로 일컬음을 받는 자라 내가 주의 말씀을 얻어먹었사오니 주의 말씀은 내게 기쁨과 내 마음의 즐거움이오니"(렘15:16)
- "금 곧 많은 정금보다 더 사모할 것이며 꿀과 송이 꿀보다 더 달도다."(시19:10)

무엇보다 히브리서는 하나님의 말씀이 어떤 능력이 있는가를 보여 준다. "하나님의 말씀은 살았고 운동력이 있어 좌우에 날선 어떤 검보다도 예리하여 혼과 영과 및 관절과 골수를 찔러 쪼개기까지 하며 또 마음의 생각을 감찰하나니 지으신 것이 하나라도 그 앞에 나타나지 않음이 없고 오직 만물이 우리를 상관하시는 자의 눈앞에 벌거벗은 것같이 드러나느니라."(히4:12-13) 내가 말씀을 쪼개는 것이 아니라 말씀이 나를 쪼개는 역사가 일어난다. 이 말씀 앞에 우리는 겸손해지지 않을 수 없다.

또한 우리는 성령님의 도우심을 받아야 한다. 우리가 혹시 잘못된 말을 하면 성령님은 우리의 양심을 깨우며, 하나님의 말씀을 생각나게 하신다. "보혜사 곧 아버지께서 내 이름으로 보내실 성령 그가 너희에게 모든 것을 가르치시고 내가 너희에게 말한 모든 것을 생각나게 하시리라."(요14:26) 성령님은 우리로 하여금 하나님의 말씀과 소통하게 하신다.

따라서 우리는 늘 성령님과 함께하는 삶을 살아야 한다. 우리 안에 내주하시는 성령님과 동거한다는 사실을 안다면 하나님을 더 알고 싶어 할 것이고 그 말씀 따라 살고자 할 것이다. 성령님은 우리로 하여금 하나님을 더 사랑하게 만들고, 그분의 말씀에 더 가까이 가도록 도우신다. 그는 우리의 어두워진 눈과 마음을 밝히고 우리의 입술을 주장하신다. 용서할 줄 모르는 우리의 마음도 열어 용서하게 하신다.

주님은 우리가 완전해서가 아니라 불완전하고 실수를 많이 하기 때문에 말씀을 주시고, 성령님의 지배를 받도록 하신다. 주님은 내 힘으로 못한다는 것을 잘 아신다. 그래서 성령님을 보내주셨다. 오늘도 우리는 성령의 조명을 받아 내 눈에 기이한 것을 본다. 성경의 말씀(로고스)이 나 자신에게 하신 말씀(레마)이 된다. 우리의 눈을 뜨게 하신 분은 바로 하나님이시다. 주님은 이토록 우리를 사랑하신다.

이로써 우리는 과거와는 다른 삶을 살게 된다. 실수투성이인 내가 변하는 것이다. 말씀의 사람, 성령의 사람으로 변하는 것이다. 시편 기자는 말한다. "내가 새벽 전에 부르짖으며 주의 말씀을 바랐사오며 주의 말씀을 묵상하려고 내 눈이 야경이 깊기 전에 깨었나이다." (시119:147−48) 말씀을 묵상하기 위해 밤새도록 깨어 있는 그를 보라.

모튼(Morton)은 한 장례식에서 이같이 말했다. "여기 일평생 사람을 두려워하지 않은 한 사람이 누워 있다." 과연 이 사람은 누구일까. 요한 낙스다. 낙스는 다음과 같은 유언을 남겼다. "나는 사람들에게 명백하고 순수하게 하나님의 진리를 말하는 데 조금도 비겁하지 않았다. 나는 말씀을 오염시키지 않았으며, 속이지도 않았으며, 없는 것을 상품으로 만들어 내지도 않았다. 이는 오늘까지 하나님 앞에서 오직 한 가지 간증이니, 세상이 나를 향해 분노를 품은들 무슨 상관이랴." 입을 열어 오직 진리의 말씀만 전하고, 성령님의 지배를 받고자 했던 그다. 주님의 말씀에 더 가까이 가고 성령님과 동행하는 삶을 사는 한 희망은 있다. 오늘 비록 완전하게 살지 못했다 해도 내일은 더 나아질 터이니. 그 말씀으로, 성령님으로.

28. 잠자는 파수꾼

"그 파수꾼들은 소경이요 다 무지하여 벙어리 개라 능히 짖지 못하며 다 꿈꾸는 자요 누운 자요 잠자기를 좋아하는 자니"(사56:10)

이사야 56장 9절에서 12절에 잠자는 파수꾼에 관한 말씀이 나온다. 파수꾼은 잠자는 자가 아니다. 사람들의 생명이 그의 역할에 달려 있기 때문이다. 파수꾼이 그 역할을 제대로 하지 못하면 버림받을 수밖에 없다.

와서 삼키라(9절)

하나님은 그의 말씀을 파수하며 그의 도를 지키는 역할을 이스라엘, 특히 그 지도자들에게 기대하셨다. 그러나 그들은 이러한 하나님의 바람과는 멀리 떨어져 있었다. 하나님께서는 이스라엘 사람들에게 기대할 수 없음을 아시고 다른 족속, 곧 바벨론이 와서 그들을 삼키도록 명령하신다. "와서 삼키라." 얼마나 무서운 일인가. 이것은 지도자, 특히 영적 지도자의 역할이 얼마나 중요한가를 보여준다.

들의 짐승이나 삼림 중의 짐승들은 이스라엘이 경멸했던 사람들이다. 하나님은 그들을 들어 치게 하시므로 이스라엘을 깨우치게 하신다. 잠자는 자들을 일깨우시는 것이다. 우리가 하나님의 길에서 벗어나 있을 때 하나님은 우리에게 시련을 주신다. 우리를 깨우쳐 주님께 돌아오도록 하신다. 우리를 일깨우고 돌아오게 만드는 것은 하나님 방식의 사랑이다. 그 사랑은 언제나 우리 가운데 역사하고 있다.

잠자는 파수꾼들의 잘못(10-12절)

하나님은 잠자는 파수꾼들의 잘못을 하나씩 하나씩 열거하셨다. 그것은 모두 심판의 사유에 해당한다. 우리 모두 이런 상황에 처하지 않도록 경계할 일이다.

- 그들은 무엇보다 자기 할 일을 모르고 있었다. 파수꾼이 소경이라면 어찌 위험상황을 알 수 있겠는가. 짖지 못하는 개와 다를 바 없다.
- 그들은 위험에 대해 분별력을 갖지 못했다. 선지자들이 아무리

위험을 경고해도 듣지 않았다. 그들은 게으르고 그저 평안하기만을 바랐다.

- 그들은 또한 자기의 욕심으로 가득 찬 생활을 할 뿐이었다. 탐욕이 심하여 족한 줄도 모르는 가운데 살았다. 그들은 자기들의 할 일보다는 자기의 욕심을 채우는 데 바빴다.
- 하나님은 자기 욕심만을 채우는 지도자들을 향해 경고하신다.
- 그들은 환락에 빠졌다. 파수꾼이 술에 취해 본분을 망각하고 있다면 짐승들의 공격을 막을 수 없을 것이다. 반성과 회개 없이, 돌이킴 없이 내일도 자신의 욕심을 채우는 일과 환락에 몰입하기를 원한다면 하나님의 진노를 피할 수 없을 것이다.

하나님은 이스라엘에 대한 역사적 교훈을 통해 오늘을 사는 우리에게 찾아와 말씀하신다. 잠자는 파수꾼. 우리는 지금까지 이런 삶을 살지 않았는지 깊게 반성할 일이다. 본분을 망각하고 살아왔다면 이제라도 깰 때다.

하나님은 지금도 우리가 주어진 역할을 잘 감당하고 있는지 보고 계신다. 그 역할은 지도자에게만 있는 것이 아니다. 크든 작든 우리 모두에게 그 임무가 주어졌다. 지도자가 그렇다고 우리도 따라한다면 구덩이에 함께 빠질 뿐이다. 우리가 주어진 역할을 잘못 감당하여 나 자신뿐 아니라 온 나라가 영적으로 위험에 처하고, 부패하고 타락했을 때 하나님은 경고하신다. 그래도 듣지 않으면 매를 드신다. 이 심판이 임하기 전에 깨어 기도하고, 온 마음을 다해 주어진 역할을 감내할 때 주님이 기뻐하실 것이다. 올해에 무심코 잠자고 있었다면 새해엔 일신하여 깰 때다. 동터오는 새벽을 기쁨으로 맞으려면 우리 각자가 잘해야 한다.

29. 왕의 자격 조건과 지도자의 자격 조건

신명기 17장 15절에서 19절을 보면 이스라엘에 왕을 세울 경우 그 자격조건을 제시하고 있다. 하나님이 택하신 자를 세우되 이스라엘 중에서 세운다. 타국인은 안 된다. 왕은 말을 많이 두지 않아야 하고, 아내를 많이 두어 그 마음이 미혹되는 일이 없어야 하며, 자기를 위하여 은금을 쌓아도 안 된다. 왕위에 오르면 제사장 앞에 보관한 율법서를 등사해 평생 자기 곁에 두고 읽어 하나님 경외하기를 배우며 그 규례를 지켜야 한다. 하나님은 이 자격조건을 제시한 다음 "그리하면 그 마음이 형제 위에 교만하지 않고 이 명령에서 떠나 좌우로 치우치지 아니하리라."(신17:20) 하셨다. 틀림없이 좋은 왕이 될 것이라는 말씀이다.

이 말씀을 읽으면서 우리의 경우 지도자는 어떤 자질과 조건을 갖춰야 하는가를 생각해 보았다. 시대가 달라서 왕의 조건이 그대로 적용되기 어렵지만 그래도 적용될 부분은 있다고 생각된다.

첫째, 하나님 앞에 부끄러움이 없는 인물이다. 하나님 앞에 부끄러움이 없다는 것은 꼭 완벽하다는 것을 의미하지 않는다. 인간으로서 하나님 앞에 완벽한 인물이 어디 있을까. 흠이 있다 해도 하나님께 자비를 구하고, 지혜를 얻으며, 순간순간 자신을 추슬러 바른길로 나가고자 한다면 그것으로 족하다. 하나님 앞에 서는 자와 그렇지 않은 자는 다르기 때문이다. 우리는 오만한 지도자를 원하지 않는다. 하나님과 국민 앞에 낮아지는 인물을 원한다. 성경은 지적한다. "네가 스스로 지혜롭게 여기는 자를 보느냐 그보다 미련한 자에게 오히려 바랄 것이 있느니라."(잠26:12)

둘째, 섬김의 정신이 투철한 인물이다. 지도자는 한마디로 섬기는 자이다. 그러나 지도자의 자리에 앉게 되면 섬김은 어디가고 군림만 보인다. 한국인은 더 이상 배우지 못하고 가난에 찌든 백성이 아니다. 세계적으로 볼 때 지적 능력이 뛰어나고, 배우고자 하는 열망 또한 강한 민족이다. 성숙도에 관한 한 아직 해결해야 할 부분은 있다. 하지만 칭찬받을 수 있는 점도 많다. 조사에 따르면 국민의 성숙도에 따라 지도자의 유형이 달라진다. 아이오와 대학이나 허시 및 블랜차드 리더십 연구에 따르면 성숙도가 낮으면 권위주의 리더십이 맞지만 성숙도가 높을수록 민주주의 리더십과 방임적 리더십이 가능하다. 어떤 리더십이든 지도자는 섬길수록 빛이 나는 법이다. 성숙도가 낮다고 섬김을 포기한다면 그는 리더이기 전에 폭군이다. 솔로몬의 아들 르호보암이 왜 정치에 실패했는가를 보면 알 수 있다.

셋째, 자기 자신보다 나라와 국민을 키우고 살리는 인물이다. 지도자는 나라와 국민을 생동감 넘치는 생명체로 바꿀 수 있는 능력이 있어야 한다. 한마디로 나라를 죽여서도 안 되고, 국민을 절망의 나락으로 떨어뜨려서도 안 된다. 자기이익만 추구해서도 안 된다. 보다

창의적인 마인드를 가지고, 미래에 도전하며, 성취의욕이 넘치는, 강한 국민을 만들어야 한다. 기업에서는 이를 한마디로 '기업가정신'(entrepreneurship)이라 부른다. 나라의 꽃이 더 활짝 피도록 국민에게 활기를 불어넣어주는 사람이 바로 지도자다.

나라의 지도자로 세움을 받았다는 것은 그 나라를 살리라는 절대절명의 사명감을 부여받은 것이다. 지도자는 그 본질적인 사명에 충실하면 된다. 지도자로서의 철학을 바로 하는 일이나 실행능력을 높이는 것은 그 목적을 이루기 위한 것이다. 경제가 날로 어두워 국민이 자꾸 삶의 희망을 놓는 일이 벌어진다면 이것은 단지 정부 실패에 그치지 않는다. 그것은 리더의 실패이자 국가의 실패다. 국민이 지도자를 생각하면 기쁘고, 미래에 희망이 보인다면 현재의 고난도 감수할 수 있다. 국민은 그처럼 단순하고 아름답다. 정치를 한풀이로 인식하고, 과거에 당한 자신들의 아픔을 되갚는 길로 풀어간다면 한마디로 희망이 없다.

넷째, 통합능력을 가진 인물이다. 영조는 사색당파의 폐해를 깊이 인식하고 탕평책을 쓰며 음식에도 '탕평채'를 만들어 먹을 만큼 사회를 통합하고자 하는 염원이 강했다. 사분오열된 마음을 가지고는 나라를 바로 세울 수 없기 때문이다. 그렇지 않아도 반상으로 인해 차별이 극심한데 지식인들이 흑백논리만 내세운다면 정상적인 합의도 어렵고 사업을 진행시킬 수도 없다. 그 속에는 오직 오염된 정치와 패거리주의만 남게 된다. 그것은 우리가 버려야 할 찌꺼기들이다. 이러한 현상이 어찌 조선국에만 일어난 일일까. 옛날도 지금도 똑같이 발생하고 있다. 이렇듯 반복된 역사의 흐름을 막고 서로가 서로를 위하며, 나 자신의 생각보다 모두가 공감하는 대의를 존중하는 사회를 만들어야 한다. 유대인이나 헬라인이나, 자유인이나 노예나, 남자나 여자나 모두 하나님 안에서 하나 되듯 진보든 보수든, 경상도든 전라도든 모든 것을 상대화하고 하나 됨을 이뤄야 한다. 이 시대가 요구하는 리더는 바로 사회를 통합할 수 있는 인물이다.

끝으로, 인테그리티(integrity)가 높은 인물이다. 인테그리티는 정직과 성실, 진실함, 신뢰성, 그리고 높은 도덕성과 인격을 포함하는 개념이다. 지도자일수록 모든 면에서 모범이 되어야 한다. 사람들이 그를 보고 따라 배우기 때문이다. 그 시대의 국민은 그 지도자에 달려 있다고 말한다. 그러나 실제는 그렇지 못하다. 예일대학의 연구결과에 따르면 지도자 중 단지 35%만 정직성에 있어서 신뢰를 받고 있다. 클린턴(J. R. Clinton) 교수는 리더들의 70% 이상이 실패를 경험하고 있으며 문제는 그들의 재능이 아니라 재능을 뒷받침해 주는 인격이라 주장한다. 이것은 지도자들의 인테그리티에 문제가 있음을 드러내고 있다. 우리의 경우는 어떨까. 선거전에 나타난 각종 폭로, 그에 따른 여론의 비등, 그리고 검찰 조사에 이르는 여러 과정을 살펴볼 때 문제가 많음을 직감할 수 있다. 인간에게는 잘못과 실수가 없을 수는 없다. 그러나 문제가 드러날 때 지도자가 어떻게 처신하는가 하는 것도 매우 중요하다. 지도자가 언제나 하나님을 두려워하고, 진실과 손잡으려 하는 한 국민은 그의 편이다.

신명기가 제시하는 왕의 조건과 우리가 생각하는 현대 지도자의 조건을 모두 충족시킬 수 있는 인물이 있다면 얼마나 좋을까. 이스라엘이 그런 왕을 기대했던 것처럼 우리도 그런 지도자를 기대해 본다.

30. 너를 버림이 아니요 나를 버려

사무엘상 8장은 어떻게 이스라엘에 왕의 제도가 도입되게 되었는 가를 보여준다. 하나님은 이스라엘에 왕을 세우기보다 하나님이 친히 다스릴 것을 바라셨다. 그러나 하나님은 이미 이 백성들이 왕을 세워 달라 하실 것을 아셨고, 왕의 조건과 자격을 제시한 바 있다. 이제 그때가 온 것이다.

이스라엘의 모든 장로들이 라마에 있는 사무엘을 찾아왔다. "보소서 당신은 늙고 당신의 아들들은 당신의 행위를 따르지 아니하니 열방과 같이 우리에게 왕을 세워 우리를 다스리게 하소서."(5절) 앞서 나이 든 사무엘은 자기의 장자 요엘과 차자 아비야를 이스라엘의 사사로 삼아, 이스라엘을 통치하도록 했다. 인물이 없었을까, 사무엘의 영향력이 막강했을까. 그러나 아들들의 정치행태는 기대 이하였다. 아버지 사무엘이 지금까지 걸어왔던 길로 가지 않았다. 뇌물을 받고 부정한 판결을 하는 등 문제를 일으켰다. 백성들의 실망이 이만저만이 아니었다. 사무엘서 기자는 이 사실을 가감 없이 그대로 적고 있다. 천하의 사무엘도 아들 교육에는 실패한 것이다.

장로들의 간청을 사무엘은 기쁘게 받아들일 순 없었다. "하나님을 놔두고, 왕이라니." 그래서 하나님께 나아가 기도했고, 하나님은 말씀을 주셨다. 명목적으로는 네 아들 문제를 들고 왔지만 실제로는 하나님을 버림이라는 것이다. 그래도 그들의 말을 다 들으라 하신다.

하나님의 마음이 얼마나 아팠을까.

> "백성이 네게 한 말을 다 들으라. 그들이 너를 버림이 아니요 나를
> 버려 자기들의 왕이 되지 못하게 함이니라. 내가 그들을 애굽에서 인
> 도하여 낸 날부터 오늘날까지 그들이 모든 행사로 나를 버리고 다른
> 신들을 섬김같이 네게도 그리하는도다."(7, 8절)

나아가 백성들을 엄히 경계하고 왕의 제도가 세워지면 백성들에게
어떤 문제가 발생하게 될 것을 말해 주도록 했다. 노역이 가해지고,
징집되며, 세금이 무겁게 징수되고, 결국 왕의 종이 될 것임을 분명
히 했다. 그 다음 그날에 너희가 택한 왕 때문에 하나님께 부르짖어
도 하나님이 너희에게 응답하지 않을 것임을 말해 주었다.

이미 마음을 굳힌 백성들은 사무엘을 통해 전한 하나님의 말씀에
는 더 이상 귀를 기울이지 않았다. "아니로소이다. 우리도 우리 왕이
있어야 하리니 우리도 열방과 같이 되어 우리 왕이 우리를 다스리며
우리 앞에 나가서 우리의 싸워야 할 것이니이다."(19, 20절) 이번에
꼭 왕을 세워야 하겠다는 것이다. 자식 이기는 부모가 없다던가. 하
나님은 사무엘을 통해 왕 세우기를 허락하셨다. 이미 하나님으로부
터 돌아선 백성들의 마음을 누가 막을까. 장로들은 의기양양하게 돌
아갔을 것이다. 우리가 이겼다며.

사무엘상 11장은 이스라엘의 초대 왕으로 사울이 기름 부음을 받
는 장면이 소개된다. 왕이 세워졌다고 해서 왕의 제도를 구한 죄가
없어지는 것은 아니다. 사무엘상 12장은 그 죄에 대해 고발한다. "너

희가 암몬 자손의 왕 나하스의 너희를 치러 옴을 보고 너희 하나님 여호와께서는 너희의 왕이 되실지라도 [− −] 우리를 다스릴 왕이 있어야 하겠다 하였도다."(삼상12:12) 백성들이 왕을 급히 구하려 한 이유 가운데 하나가 외침에 대한 두려움이 있었음을 알 수 있다. 하나님께서 저들을 위해 싸워주실 것이라는 확신이 부족했던 것이다.

사무엘은 그들이 왕을 구한 일을 놓고 '여호와의 목전에 범한 죄악'(삼상12:17)으로 규정했을 뿐 아니라 그 죄악이 얼마나 큰가를 가르쳐 주고 싶었다. 때는 밀 베는 건조기였다. 비가 오지 않을 시기다. 그런데 사무엘은 하나님께 기도하여 우레와 비를 보내게 하였다. 이때 우레와 비는 하나님의 심판을 상징한다. 백성들은 죽을까 두려워했다. 그때 사무엘은 말한다.

"두려워 말라 너희가 이 모든 악을 행하였으나 여호와를 좇는 데서 돌이키지 말고 오직 너희 마음을 다하여 여호와를 섬기라. [− −] 나는 너희를 위하여 기도하기를 쉬는 죄를 여호와 앞에 결단코 범치 아니하고 선하고 의로운 도로 너희를 가르칠 것인즉 너희는 [− −] 오직 그를 경외하며 너희의 마음을 다하여 진실히 섬기라."(삼상12:20, 23, 24)

이 말씀 속에서 사무엘은 백성들이 얼마나 하나님 중심으로 살기를 바랐는가를 보여준다. '너희는 마음을 다하여'는 '너희의 온 마음으로'이다. 온 마음으로 하나님을 섬기면 하나님이 지키시리라는 것이다. 지금 우리에게 이 믿음이 있는가. 아니면 당시 이스라엘 백성들처럼 보이는 문제에 압도되어 하나님을 버리고 있는가.

"너희가 만일 여호와의 목소리를 듣지 아니하고 여호와의 명령을 거역하면 여호와의 손이 너희의 열조를 치신 것같이 너희를 치실 것이라. [- -] 만일 너희가 여전히 악을 행하면 너희와 너희 왕이 다 멸망하리라."(삼상12:15, 25)

31. 백성의 기도조목과 왕의 기도조목

어려운 시기일수록 우리는 기도한다. 처한 상황에 따라 그 기도의 조목은 달라질 수 있다. 그러나 전쟁이 날 때, 나라가 경제적으로 깊은 어려움에 처했을 때 그 조목은 하나로 통일된다. 우리가 처한 이 시점은 정말 기도가 필요하다. 하나님을 향해 국민이나 지도자가 함께 무릎을 꿇을 때다. 어떤 기도를 해야 할까. 그 모범으로 다윗이 지은 시편 20편이 있다.

시편 20편은 출전을 앞둔 왕이 백성들과 함께 기도하는 내용을 담고 있다. 먼저 하나님께 도움을 요청하는 것으로 시작한다. 오직 여호와의 도움만 의뢰해야 한다는 것이 강조되고 있다. 그 다음 하나님에 대한 전적인 신뢰가 중요하며 인간의 힘을 의지하는 자의 어리석음을 대조적으로 표현하고 있다. 마지막으로 여호와의 왕권을 인정하고 그 도움을 다시금 요청하는 것으로 이 기도문은 끝을 맺고 있다.

다윗은 이 시를 크게 세 부분으로 나누었다. 1절에서 5절까지는 왕을 위한 백성들의 기도 내용이 담겨 있다. 여호와께서 왕을 도우시며 그 기도가 이뤄지기를 소원한다. 여기서 '네게'나 '너'는 왕을 가리킨다. 왕을 '너'로 번역한 것이 다소 어색하지만 왕도 주 앞에서 낮아져야 한다는 것을 생각할 때 '너'를 이해할 수 있다. 6절에서 8절까지는 왕이 백성들에게 하나님을 의지하는 마음을 피력하고 있다. 여기서 왕은 여호와를 의지하는 '우리'를 하나님이 도우셔서 승리의 기를 세우게 하시고, 인간을 의지하는 저들은 패하게 될 것을 선언한다. 9절은 이에 대한 백성들의 화답이다. 하나님께서 왕과 함께하시기를 기원한다.

백성들은 왕을 위해 기도하면서 다섯 가지 기도조목을 내걸었다.

첫째, 환난 날에 여호와께서 네게 응답하시고 야곱의 하나님의 이름이 너를 높이 드시기를 원한다(1절). 이 말씀은 야곱의 하나님이 왕을 도우실 것을 기원하는 것이다. '응답하시고'의 원문은 '응답하시겠고'이다. 확실히 도우실 것이라는 것이다. 야곱의 하나님은 구원자 하나님을 뜻한다. 이스라엘 백성을 애굽에서 구원하셨던 것에서 비롯된 것으로, 야곱은 이스라엘 민족 전체를 가리킨다.

둘째, 성소에서 너를 도와주시고 시온에서 너를 붙드시기를 원한다(2절). 성소는 하나님이 거하시는 곳이자 광야 백성을 인도하고 보호하던 언약궤가 있는 곳이며 하나님의 말씀이 선포되는 곳이다. 이 성소에서 부르짖을 때 하나님을 귀를 기울이시고 도우신다.

셋째, 네 모든 소제를 기억하시며 네 번제를 받으시기를 원한다(3절). 여기서 소제나 번제는 출전을 앞두고 왕이 백성 모두를 대신해 하나님께 도움을 구한 제사를 의미한다. 지금 큰 어려움에 처한 자가 소제와 함께 드린 기도, 번제와 함께 드린 기도에 응답해 주시기를 바라는 것이다.

넷째, 네 마음의 소원대로 허락하시고 네 모든 도모를 이루시기를 원한다(4절). 네 마음의 소원이나 모든 계획이 하나님 안에서 그대로 이뤄지기를 바란다.

끝으로, 우리가 너의 승리로 개가를 부르며 우리 하나님의 이름으로 우리 기를 세우리니 여호와께서 네 모든 기도를 이루시기를 원한다(5절). 승리의 개가를 부른다는 것은 승리를 확신한다는 뜻이다. 그러나 그 승리는 하나님 때문이다. '우리 하나님의 이름으로 우리 기를 세우리니'는 하나님의 임재를 상징하는 것으로, 하나님이 우리를 위해 싸우신다는 믿음을 표현하고 있다. 그 승리로 높임을 받으실 분은 하나님이시다. 하나님 때문에 승리의 깃발을 높이 세울 수 있게 되기 때문이다. 이 모든 기도가 하나님께 상달되기를 기도한다.

이에 대해 왕은 다음과 같은 조목으로 기도한다.

첫째, 여호와께서는 기름 부음 받은 자를 구원하시는 줄을 확신한다. 그 오른손으로 구원하실 것이다(6절). 다윗은 하나님으로부터 기름 부음 받은 자를 하나님이 도우시고, 인도하실 것을 믿었다. 기름 부음 받은 자와 그렇지 않은 자의 결국은 다르다. 그는 기름 부음 받은 자신에게도 하나님이 함께하실 것을 믿었다. 이 믿음이 승리의 근거가 된다.

둘째, 이방의 적들은 병거나 말, 곧 사람을 의지하지만 우리는 하나님만 의지하고 자랑한다(7절). 이방은 병마나 외적인 힘을 의지하고 그것으로 승부를 걸지만 이스라엘은 보이지 않는 하나님을 의지하고 그 이름으로 방패를 삼는다는 점에서 차이가 있다. 인간을 의지하는 자는 망하지만 하나님을 의지하는 자는 승리한다. 이것이 8절로 나타난다. "저희는 굽어 엎드러지고 우리는 일어나 바로 서도다."

이에 대해 백성들은 9절의 기도로 화답한다. "여호와여 구원하소서 우리가 부를 때에 왕은 응락하소서." 이 기도문은 '여호와여 왕을 도우소서 우리가 부르짖을 때에 응답하소서.'라는 뜻을 가지고 있다. 하나님만 믿는다는 것이다. 승리는 여호와 하나님께 있다. 우리는 연약하지만 하나님께 부르짖는 기도를 드릴 때 하나님께서 도우실 것이다.

이 기도문은 환난 날에 우리가 어떤 자세로 기도해야 하는가를 가르쳐 준다. 우리가 전심으로 주를 향하고 기도하는 한 망하지 않는다. 주님은 주 앞에 낮아진 우리를 다시 일으켜 세우실 것이다. 그때 우리는 하나님의 이름으로 기를 세우며 승리의 노래를 부르게 될 것이다. 백성의 기도조목과 왕의 기도조목이 이렇듯 조화를 이루니 얼마나 아름다운가. 어려울수록 이런 기도가 그립다.

32. 화평케 하는 자는 복이 있나니

아직도 핵문제는 우리를 불안하게 만든다. 한반도비핵화를 말하는 것도 전쟁보다는 평화를 바라는 마음에서다. 그러나 세계가 평화공

존을 이루지 않는 한 핵무기 공포로부터 자유로울 수 없을 것 같다.

부시 대통령과 고르바초프 소련 대통령이 전략핵무기 감축 합의서에 서명을 한 뒤 세계는 핵무기 공포를 줄일 수 있게 되었다고 기뻐했다. 그때 양국 대통령은 핵무기를 녹여 만든 펜으로 서명을 했다. 부시 대통령은 이제 칼을 쳐서 보습을 만들자고 했다. 평화롭게 살자는 것이다.

유엔본부에는 미가서 4장 3절의 말씀이 새겨져 있다. "무리가 그 칼을 쳐서 보습을 만들고 창을 쳐서 낫을 만들며 이 나라와 저 나라가 다시는 칼을 들고 서로 치지 아니하며 다시는 전쟁을 연습치 아니하고."

2009년 새해를 맞자 수많은 인도인들이 한곳에 모여 '살람(Salaam)'이라는 글자를 만들어 냈고, 그 사진이 신문을 장식했다. 살람은 평화를 뜻한다. 예루살렘은 '살렘의 성,' 곧 평화의 도시를 상징한다. 평화가 중요하기 때문이다.

그리스도인은 누구나 평화를 갈구한다. 그러나 우리가 희구하는 평화는 완전한 평화의 왕 예수 그리스도께서 이 세상을 통치하기 위해 오시는 영광스러운 날에야 비로소 실현될 것이다. 그때까지는 전쟁이 계속된다. 사단이 인간을 부추겨 싸우려 할 것이기 때문이다. 다니엘과 예수님은 그날이 이를 때까지 전쟁이 끊이지 않을 것임을 경고하셨다(단9:29;마24:6).

그럼에도 불구하고 그리스도인은 이 땅에 살면서 평화를 심어놓을 의무가 있다. 생활 속에서 하나님 나라의 평화를 심고, 평안을 누려야 한다. 우리의 삶에서 평화를 심는다는 것은 실제적으론 어렵다.

이 때문에 성 프란시스코의 '평화의 기도'는 항상 우리를 감동케 한다.

주여 나를 평화의 도구로 써 주소서
미움이 있는 곳에 사랑을
다툼이 있는 곳에 용서를
분열이 있는 곳에 일치를
의혹이 있는 곳에 진리를
절망이 있는 곳에 희망을
어두움이 있는 곳에 빛을
슬픔이 있는 곳에 기쁨을
가져오는 자가 되게 하소서.

위로받기보다는 위로하고
이해받기보다는 이해하며
사랑받기보다는 사랑하게 하여 주소서.

우리는 줌으로써 받고
용서함으로써 용서받으며
자기를 버리고 죽음으로써
영생을 얻기 때문입니다.

예수님은 말씀하신다. "화평케 하는 자는 복이 있나니 저희가 하나님의 아들이라 일컬음을 받을 것임이오."(마5:9) 화평케 하는 삶, 그것이 그리스도인의 삶이다. 용서, 감사, 변화는 시간을 놓치지 말아야 한다는 말이 있다. 평화도 마찬가지리라. 그만큼 늦출 수 없고,

중요하다는 말이다.

바울은 그 어떤 평화보다 그리스도의 평강을 누리라고 말한다. "그리스도의 평강이 너희 마음을 주장하게 하라 평강을 위하여 너희 가 한 몸으로 부르심을 받았나니 또한 너희는 감사하는 자가 되라." (골3:15) 그는 평강을 위해 서로 용납하고, 피차 용서하며 모든 것 위에 사랑을 더하라 한다(골3:13, 14). 남편은 아내를 사랑하고, 자녀 는 부모에게 순종하며, 종들은 무엇을 하든 마음을 다하여 주께 하 듯 하라 한다. 이것이 평화를 가져오기 때문이다.

평화는 우리의 수고를 동반한다. 우리가 오늘 조금 노력했다면 그 만큼 평화가 찾아올 것이다. 더 크게 노력하고 헌신했다면 당신은 이미 평화의 사도가 되었다. 화평케 하는 당신, 당신은 이미 하나님 의 아들이라 칭함을 받기에 충분하다.

33. 활 노래

사무엘하 1장 19절에서 27절에 소개되는 다윗의 시는 사울과 요 나단의 죽음을 애도하는 시다. 이 시를 '활 노래(the song of the bow)' 라 한다.

"이스라엘아
너의 영광이 산 위에서 죽임을 당하였도다
오호라 두 용사가 엎드러졌도다
이 일은 가드에도 고하지 말며
아스글론 거리에도 전파하지 말지어다
블레셋 사람의 딸들이 즐거워할까
할례받지 못한 자의 딸들이 개가를 부를까 염려로다

길보아 산들아
너희 위에 우로가 내리지 아니하며
제물 낼 밭도 없을지어다
거기서 두 용사의 방패가 버린바 됨이라
곧 사울의 방패가 기름 부음을 받지 않음같이 됨이로다
죽은 자의 피에서 용사의 기름에서
요나단의 활이 물러가지 아니하였으며
사울의 칼이 헛되이 돌아오지 아니하였도다

사울과 요나단이 생전에 사랑스럽고 아름다운 자러니
죽을 때에도 서로 떠나지 아니하였도다
저희는 독수리보다 빠르고 사자보다 강하였도다

이스라엘의 딸들아 사울을 슬퍼하여 울지어다
저가 붉은 옷으로 너희에게 화려하게 입혔고
금 노리개를 너희 옷에 채웠도다

오호라 두 용사가 전쟁 중에 엎드러졌도다
요나단이 너희 산 위에서 죽임을 당하였도다

내 형 요다난이여 내가 그대를 애통함은
그대는 내게 심히 아름다움이라
그대가 나를 사랑함이 기이하여
여인의 사랑보다 승하였도다
오호라 두 용사가 엎드려졌으며
싸우는 병기가 망하였도다."

이 활 노래는 오늘날에는 전해 오지 않는 야살의 책에 기록된 다
윗의 전쟁 시이다. 이 책은 이스라엘의 전쟁 및 고대 영웅의 기록을
시적으로 표현한 것으로 알려져 있다. 야살은 문자적으로 '의로운
자'라는 뜻을 가지고 있다.

이 시는 블레셋에 맞서 싸우다 길보아 산에서 죽은 사울과 그의
아들 요나단을 애통한 시다. 사울은 다윗의 장인이었지만 오히려 다
윗을 죽이려 했다. 다윗 때문에 자신의 왕위가 위태로웠기 때문이다.
사울에 관한 한 다윗에게는 애증이 교차할 수밖에 없다. 그럼에도
불구하고 다윗의 시 속에는 이런 표현이 없다. "그렇게 나를 괴롭히
더니" 하는 말도 없다. 오히려 사울의 방패가 기름 부음 받지 못한
자의 것처럼 된 것을 안타깝게 여긴다. 그는 끝까지 기름 부음 받은
자를 존중했다. 요나단은 다윗에게 이성 간의 사랑도 필적하지 못할
만큼 우애를 보여준 인물이다. 사울이 다윗을 죽이려 했을 때도 오
히려 다윗을 살렸다. 다윗도 요나단에 대한 사랑을 표현함으로써 서
로의 우애가 얼마나 컸는가를 보여준다. 나아가 다윗은 사울과 요나
단, 두 부자의 사랑스럽고 아름다운 모습을 기린다. 그토록 부자의
정이 깊더니 죽음까지 같이했다는 것이다. 죽은 자를 아름답게 기억

하는 것도 아름답다.

다윗은 사울과 요나단을 가리켜 '싸우는 병기'라 했다. 사울의 칼이나 요나단의 활이 헛되게 돌아온 적이 없지 않은가. 이스라엘에게 있어서 그들은 그만큼 귀한 존재였다. 그들이 죽게 되자 다윗은 그 죽음을 가드나 아스글론에 전하지 말도록 한다. 이곳은 블레셋 성읍들이다. 할례받지 못한 자의 딸들이 개가를 부를까 염려하는 마음에서다. 그러나 이스라엘의 딸들에게는 이 사실을 알려 울도록 했다. 이 시 속에서 우리는 이스라엘과 이 두 사람을 향한 다윗의 속 깊은 사랑과 눈물을 본다. 죽은 자를 끝까지 존중하고, 기름 부음 받은 자를 귀히 여기며, 슬플 때 함께 슬퍼할 줄 아는 사람, 이런 사람이 바로 하나님의 사람이다. 이 시에서 그 모습을 본다.

34. 사망의 법과 생명의 법

악(evil)과 죄(sin)는 다르다. 악은 철학적인 개념이자 비개인적인 의미를 담고 있다. 행위보다는 형이상학적 원칙이 적용된다. 이에 반해 죄는 신학적인 개념이자 개인이 관여되어 있다. 죄는 신학적으로 볼 때 하나님의 기준에 미치지 못하는 것이요 죄에는 그것을 지은 개인, 곧 죄인이 있다. 창세기 3장에서 11장은 개인적 행위와 연관된 죄의 성격을 담고 있다.

하나님이 창조하실 때 인간은 하나님의 형상을 따라 선하고 영적인 존재로 창조되었다. 이 창조된 인간은 에덴에서 한 가지 조건 아래 살 수 있었다. 동산 중앙에 있는 선악과 열매를 먹지 않는 것. 하나님은 왜 이 열매를 먹지 않도록 하셨을까. 그것은 인간이 악을 알 때 그 유혹에서 벗어나지 못한다는 것을 너무나 잘 알고 있었기 때문이리라. 그러나 하나님이 준 조건을 이탈함으로써 죄가 들어오고, 인간과 하나님 사이에 불화를 가져왔다. 그것이 바로 원죄다.

히브리어로 보면 죄엔 여러 형태가 있다. 페샤(pesha)는 반란이나 거역, 아본(avon)은 타락, 아샴(asham)은 죄 있음, 그리고 사칼(sakal)은 공만 들인 바보짓(folly)이다. 죄는 하나님에 대한 반역이다. 죄는 거룩함과 상반된다. 하나님 앞에서 바보짓만 한 것이다. 죄는 지옥의 존재 이유가 된다. 죄가 없었다면 십자가도 구원도 필요 없었을 것이다.

로마서 1장에 인간의 여러 죄들이 열거되어 있다. 우상숭배에서 문란한 성도덕까지. 동성애도 언급된다. 물론 횡령, 공해, 부도수표, 부정식품, 노동법 위반, 탈세 등 화이트칼라의 신생범죄까지는 언급되지 않는다. 이런 것은 산업화에 따른 경제관계의 비인격화된 모습들이다. 그래도 사기와 탐욕이 그에 해당되지 않을까. 죄를 범하면 으레 체형이 가해진다. 그런데 요즘은 재산형(capital punishment)도 많다. 벌금으로 형을 대신하는 것이다. 이로 인해 죄에 대한 두려움도 없어지지 않을까. 돈이면 다 해결된다는 생각에.

성경적으로 볼 때 죄는 믿음으로 좇아 하지 아니한 모든 것이 해당된다(롬14:23). 그리고 죄는 각자의 몫이다. "아비는 그 자식들을 인하여 죽임을 당치 않을 것이요 자식들은 그 아비를 인하여 죽임을 당치 않을 것이라. 각 사람은 자기 죄에 죽임을 당할 것이니라."(신24:16)

"한 사람으로 말미암아 죄가 세상에 들어오고 죄로 말미암아 사망이 들어왔나니 이같이 모든 사람이 죄를 지었으므로 사망이 모든 사람에게 이르렀느니라."(롬5:12) 여기서 '들어오고'는 희랍어로 '에이세르코마이(iserkomai)'이다. 이것은 '쳐들어왔다'는 뜻이다. 죄가 쳐들어오는 것과 마찬가지로 사망이 쳐들어온다. 죄의 결과는 그만큼 빠르고 무섭다. 한 사람의 죄로 인해 그 죄가 모든 사람에게 이른다. 인류가 아담의 범죄에 동참하게 되는 것이다. 아담의 죄의 본성이 우리에게 전가된다. 부모의 죄성도 그대로 유전되는 것이다. "내 속 곧 내 육신에 선한 것이 거하지 아니하는 줄을 아노니"(롬7:18) 내 속에 선한 것이 없다고 말하는 것은 죄의 유전자를 가지고 있기 때문이다. 죄의 마지막은 사망이다. 죄의 삯은 사망이다(롬6:23).

그런데 성경을 보면 사망에 이르지 않는 죄(immortal sin)도 있다. 잘못이 없어서가 아니다. 그것은 회개와 용서가 있기 때문이다. "모든 불의가 죄로되 사망에 이르지 아니하는 죄도 있도다(요일5:17). 죄가 율법이 있기 전에도 세상에 있었으나 율법이 없을 때는 죄를 죄로 여기지 아니했다(롬5:13). 율법이 주어진 이후 죄가 무엇인지 심각하게 깨닫게 되었다. 더 이상 죄를 짓지 않기 위해 노력한다. 그럼에도 불구하고 우리 안에 죄성이 남아 있어 그 올무를 벗어나기 어렵다. 심지어 바울마저도 외친다. "마음으로는 하나님의 법을, 육신으로는 죄의 법을 섬기니 이 사망의 몸에서 누가 나를 건져내랴." (롬7:24, 25)

바울은 그 해답이 예수 그리스도 안에 있다고 말한다. "이제 그리스도 예수 안에 있는 자에게는 결코 정죄함이 없나니 이는 그리스도 예수 안에 있는 생명의 성령의 법이 죄와 사망의 법에서 너를 해방하였음이라."(롬8:1, 2) 예수님은 광야의 놋뱀이 들린 것같이 나도 십자가에 매달려 들려야 한다 하셨다. 그것을 본 광야의 백성이 산 것처럼 우리도 십자가의 예수를 바라봐야 살 수 있다. 빌리 그래햄은 말한다. "심판을 면할 수 있는 방법은 예수님 등 뒤에 숨는 것이다. 늘 예수 안에 피하라."

- "여호와여 나를 불쌍히 여기소서. 내가 주께 범죄하였아오니 내 영혼을 고치소서."(시41:4)

- "너희는 모든 죄악을 버리고 마음과 영을 새롭게 하라 너희는 어찌하여 죽고자 하느냐 죽는 자의 죽는 것은 내가 기뻐하지 아니하노니 너희는 스스로 돌이키고 살지니라(turn and live)." (겔18:31 - 32)

- "만일 우리가 우리 죄를 자백하면 저는 미쁘시고 의로우사 우리 죄를 사하시며 모든 불의에서 우리를 깨끗게 하실 것이요."(요일1:9)

하나님은 언제나 자기 백성이 회개하고 돌아오는 것을 기뻐하신다. 그러나 우리가 유념해야 할 부분이 있다. 죄에도 용서받을 수 없는 죄가 있다는 사실이다. 그것은 바로 성령 훼방 죄다. 성령을 훼방하면 사하심을 얻지 못하고 영원한 죄에 처하게 된다(마12:31;막3:29). "누구든지 말로 성령을 거역하면 이 세상과 오는 세상에도 사하심을 얻지 못하리라."(마12:32;눅12;10) 하나님은 처음부터 말씀하지 않으셨는가. "너는 너의 하나님 여호와의 이름을 망령되이 일컫지 말라."(신5:11) 주의 일을 막지 말자. 우리가 더 이상 사망의 법이 아니라 생명의 법 아래 있음을 기뻐하고 감사하자.

35. 염려로부터의 자유

선교선 둘로스호 단장 최종상 목사는 자신의 책 『기도로 움직이는 배, 둘로스』에서 자동문 이론을 내세웠다. 멀리서 보면 자동문은 닫혀 있다. 그러나 문이 닫혀 있어도 계속 걸어가야 한다. 문 앞에 이르면 그 문이 자동적으로 열리게 되어 있기 때문이다. 그러나 닫혀 있는 문을 멀리서만 보고 그 자리에서 문이 닫혀 있다고 서 있기만 하면 문은 절대로 열리지 않는다. 믿음도 마찬가지. 우리는 불확실성이라는 닫힌 문을 향해 믿음으로 걸어가야 할 때가 많다.

그가 왜 자동문 이론을 제시했을까? 그것은 둘로스호 단장으로서 겪었던 여러 가지 신앙적 체험 때문일 것이다. 그가 수도 없이 체험한 것은 "그러므로 염려하여 이르기를 무엇을 먹을까 마실까 입을까 하지 말라."(마6:31)는 것이었다. 기도하는 법을 배운 것이다. 하나님 앞에 나가면 문은 열리게 되어 있다. 그렇다. 탕자도 절망 속에서 아버지를 생각하고 아버지를 찾아 나섰다. 아버지는 아들이 온다는 소식을 듣고 뛰쳐나왔다. 두 팔 벌리며. 하나님 아버지의 팔은 자동문이다. 우리가 다가설 때 열리는.

염려. 인간은 그것으로부터 벗어날 수 없다. 그럼에도 불구하고 주님은 그것으로부터 자유하라고 하신다. 벗어날 수 없는 데도 벗어나라 하신 것은 그에 대한 보장이 있기 때문이다. "이는 다 이방인들이 구하는 것이라. 너희 천부께서 이 모든 것이 너희에게 있어야 할 줄을 아시느니라. 너희는 먼저 그의 나라와 그의 의를 구하라. 그리하면 이 모든 것을 너희에게 더하시리라."(마6:32, 33) 그리스도인에게는 구해야 할 순서가 다르다는 것이다. 먼저 구해야 할 것은 그 나라와 그의 의, 그러면 그것은 더 이상 문제될 수 없다는 말씀이다.

본토 친척 아비의 집을 떠난 아브라함은 어떠했을까? 아브라함이 부름을 받은 것은 바벨탑이 무너진 후 인간의 언어가 혼잡되어 흩어진 지 얼마 되지 않은 후다. 당시는 우상 종교의 암흑시대요 크게 부패한 시대였다. 아브라함의 공향 우르(Ur)는 빛 또는 불이라는 뜻으로, 어떤 이는 불을 숭배하는 우상종교 의식에서 생겨난 이름이라 주장한다. 노아를 불러 방주를 짓게 하시던 하나님이 아브라함을 불러 하나님의 나라를 건설케 하시려 한 것이다. 우르를 떠난 그는 직접 지시하는 땅 가나안으로 가지 않고 중간 지점인 하란에서 망설였다. 아비 데라 때문이었다. 데라가 죽자 그는 그 땅으로 갔다. 그는 갈 바를 알지 못했다. 염려가 많았을 것이다. 그러나 믿음으로 출발했다.

가나안에 도착하자 그를 기다린 것은 무서운 기근이었다. 그는 가나안에 머물지 못하고 애굽으로 내려갔다. 하나님의 특별한 보호가 아니었다면 그는 거기서 아내를 잃었든지 자기의 생명을 잃을 **뻔했**다. 하나님은 그를 보호하여 풍성한 재물과 함께 가나안으로 돌아오게 하셨다. 바로가 그에게 많은 물질을 주었기 때문이다.

재산이 많아지자 아브라함의 목자와 롯의 목자가 다투는 시련이 찾아왔다. 조카이지만 아들이나 다름없는 롯에게 아브라함은 선택권을 주었다. 롯은 탐심을 내어 물이 풍부한 소알 지역을 택했고, 아브라함은 열악한 지역을 택했다. 그래도 불만하지 않았다. 롯이 떠난 직후 하나님은 아브라함에게 온 가나안을 그에게 주겠노라 약속하셨다. 이 모든 과정을 보면 그 나라의 삶을 살면 하나님이 어떻게 먹이고 보호하시는가를 알 수 있다. 일은 거기서 끝나지 않았다. 롯이 동맹군의 포로가 되었을 때 아브라함은 동맹군을 격파하고 롯을 구해 냈다. 롯이 포로가 되었던 것은 그에 대한 일종의 경고였다. 이 일 후 소돔 왕이 전리품을 갖도록 했지만 그는 거절했다. 소돔 왕 때문에 부자가 되었다는 말을 듣고 싶지 않았기 때문이다.

아브라함의 생애사를 보면 그도 염려했음을 알 수 있다. 애굽에 내려간 것이 그 예다. 그러나 아브라함의 염려를 없애고, 더욱 하나님의 사람으로 만들어 가신 분은 하나님이셨다. 무엇보다 가나안에 내려온 그를 통해 하나님의 일을 이루고자 하셨고, 그 과정에서 부를 허락하셨다. 하나님께는 그 나라와 그 의가 언제나 먼저다. 먹고 마시는 문제는 부차적으로 해결해 주신다. 그리스도인의 염려는 세상 것에 있지 않다. 우리가 주님의 편에 서고 그 나라의 일을 열심히 한다면, 즉 하나님 앞에 나가면 염려는 문밖으로 나간다.

그렇다면 지금 우리에게 필요한 것은 삶의 태도를 바꾸는 것이 아닐까. 자기만을 생각하며 염려하는 삶에서 하나님과 이웃을 위하는 삶으로 삶의 태도를 바꾼다면 늘 염려하던 우리의 모습이 바뀔 것이다. 영적인 자세가 바로 세워지면 우리 생각도 달라질 것이다. 무디는 살면서 자기의 신앙이 어떻게 변했는가를 다음과 같이 말해 주었다.

- 전에는 축복받는 것이 내 소원이었지만 지금은 주님 자신이 내 소원이다.
- 전에는 내가 감정중심이었지만 지금은 그의 말씀이 내 중심이다.
- 전에는 내가 쉬지 않고 달라고만 하였지만 지금은 쉬지 않고 감사와 찬송한다.
- 전에는 내가 주님을 사용하려고 하였지만 지금은 그분이 나를 사용하실 것을 내가 원하게 되었다.

그도 전에 받고만 싶어 하는 자기중심의 삶의 태도를 가졌다. 염려가 삶의 키워드였다. 그러나 신앙이 바로 선 뒤부터는 키워드가 달라졌다. 주님 중심의 신앙, 그 예수를 통해 이웃을 사랑하는 신앙으로 바꿔지게 되었다. 삶의 언어도 달라졌다. 염려보다 주님, 곧 그 나라와 그 의를 먼저 구하게 되었다. 변화를 위해 우리에게 필요한 것은 무엇보다 주님이다. 그 주님은 오늘도 말씀하신다. "공중의 새를 보라 심지도 않고 거두지도 않고 창고에 모아들이지도 아니하되 너희 천부께서 기르시나니 너희는 이것들보다 귀하지 아니하냐. 너희 중에 누가 염려함으로 그 키를 한 자나 더할 수 있느냐."(마6:26, 27) 이제 염려일랑 놓으라는 말씀이다. 삶의 우선순위를 바꾸자. 그러면 우리는 조금씩 그것으로부터 자유할 수 있을 것이다. 그것이 우리 삶의 모든 것이 아니기에.

36. 즐거이 부르는 소리와 통곡하는 소리

에스라 3장은 "예루살렘에 전을 건축하라."는 고레스의 조서에 따라 유대 땅으로 돌아온 이스라엘 자손들이 7월에 예루살렘에 모인 것으로 시작된다. 당시 5만여 명이 돌아왔다. 때는 바벨론에서 돌아온 지 3개월이 지난 다음. 유대력에 있어서 7월은 현재 9, 10월에 해당하는 것으로 대단히 중요한 달이다. 7월의 첫날은 새해의 첫날이자 나팔절이며, 10일은 대속죄일(욤 키푸르), 15-21일은 초막절이다. 이 중요한 시기에 유대 모든 사람들이 함께 모였다는 것은, 모임 자체만으로도 평소와 다른 감흥과 기쁨이 있었을 것이다. 더욱이 70년 만의 귀환이니 어찌 감흥이 없으랴.

다 일어나 하나님의 단을 만들고 번제를 드리며(2, 3절)

스룹바벨 등 귀환 지도자들은 예루살렘 성에서 일을 시작하기 전

매우 중요한 일을 하기로 결심한다. 그것은 무엇보다 먼저 해야 할 일로, 성전을 짓기 전 하나님께 제단을 쌓고, 번제를 드려야겠다는 것이다. 포로 기간 중 한 번도 제대로 드릴 수 없었던 제사가 아니던가. 그들은 제단을 쌓고 번제를 드렸다. 규례대로 초막절을 지키며 번제를 드렸다. 각을 뜨고 모든 것을 태움으로써 하나님이 흠향하시는 제사를 기쁨으로 드린 것이다.

그들의 제단 쌓기와 번제 드리기는 우리가 이 땅에 살면서 삶의 우선순위가 무엇이어야 하는가를 잘 보여준다. 제단과 번제의 회복은 하나님을 향한 그들의 믿음이 회복되었음을 의미한다. 이것은 하나님이 얼마나 기다렸던 일인가.

그러나 그들이 제단을 쌓고 번제를 드릴 때 주변 상황은 안전한 것이 아니었다. 3절은 그 상황을 극명하게 소개한다. "무리가 열국 백성을 두려워하여." 열국 백성은 그들 주변의 여러 민족들을 가리킨다. 그들은 주변 민족의 질시와 감찰, 그리고 공격에 대한 두려움이 존재했다. 그래도 하나님께 나갔다. 열국 백성에 대한 두려움이 여호와를 더 의지하게 만든 것이다. 그들은 주변상황의 어려움에도 불구하고 먼저 제단을 쌓고 번제를 드렸다. 상황이 어려울수록 더 하나님께 나아가고자 하는 믿음이 귀하다.

이 상황에 대한 다른 해석도 있다. 즉 그동안 하나님의 제단을 소홀히 하고 이방 관습에 물들어 있던 죄를 다시는 반복하지 않기 위해 두려운 마음으로 참된 제단을 만들었을 것이라는 주장이다. 다시는 이방의 관습에 물들지 않겠다는 각오 또한 얼마나 귀한가. 우리에게도 이런 믿음의 회복이 필요하다.

여호와의 전 지대를 놓을 때 찬송하고(10, 11절)

예루살렘에 귀환한 지 다음 해 봄, 곧 이년 2월에 그동안 꿈꿔오던 성전 건축을 시작하게 되었다. 얼마나 기다렸던 일인가. 그런데 그 일은 찬송으로 시작되었다.

건축하는 사람들이 전의 지대를 놓을 때 제사장들은 예복을 입고 나팔을 불었다. 그리고 레위인들은 제금을 들고 서서 하나님을 향해 찬양하기 시작했다. 서로 찬송으로 화답하며 큰 소리로 여호와를 찬양했다. "주는 지선하시므로 그 인자하심이 이스라엘에게 영원하시도다."(11절) 성전이 완공되지 않았음에도 불구하고, 그들은 먼저 하나님을 찬양했다. 이것은 성전을 완공하고 헌당할 때 하나님께 감사하는 것과는 차원이 다르다. 이제 겨우 전의 지대를 놓았지만 성전을 다 이루게 하시고, 영광받으실 분은 오직 하나님이심을 확실히 한 것이다. 찬송은 우리가 하나님을 적극적으로 인정하고, 앞으로 모든 일에 하나님을 의지한다는 선언이다. 이 선언이 하나님을 기쁘시게 한다.

즐거이 부르는 소리와 통곡하는 소리(12, 13절)

성전 지대를 놓을 때, 즉 성전 기공식 예배에서 찬양의 소리가 높을 때 이곳저곳에서 즐거이 부르는 소리와 통곡하는 소리가 났다.

두 소리가 혼합되었지만 백성들은 그것이 기쁨으로 부르는 찬송인지 통곡하는 소리인지 구별할 수 없었다.

대성통곡의 소리는 주로 옛 성전의 모습을 보았던 노인들이 낸 것이다. 이것에는 두 가지 의미가 있다. 하나는 노인들이 성전이 재건되는 모습을 보고 감격해 울었다는 것이고, 다른 하나는 이전의 솔로몬 성전과 비교할 때 그 규모가 너무 작고 초라하여 울었다는 것이다. 이 두 주장은 모두 합당한 것으로 평가되고 있다.

귀환한 백성들의 삶도 비천한데 그들이 지어야 할 성전도 초라하다 생각하니 눈물이 아니 나올 수 없다. 그러나 성전의 크기가 더 이상 문제되랴. 그들의 마음속에 하나님을 향한 소망이 크고, 새로워진 것이 더 중요하지 아니한가. 하나님은 그 마음을, 그 노래를, 그 통곡소리를 기뻐 받으실 것이다.

37. 혹시 도피성으로 가는 길 아시나요?

출애굽기 21장과 여호수아 20장에 도피성에 관한 내용이 소개된다. 도피성은 죄인들에게 기쁜 소식이다. 자신들이 피할 수 있는 곳이기 때문이다. 따라서 도피성은 예수님의 몸 된 교회를 연상케 한다. 그곳에서 주님의 용서와 사랑을 만날 수 있기 때문이다.

고대 이스라엘은 '이는 이로, 눈은 눈으로'라는 탈리오의 법칙에 따라 복수를 용인하는 사회였다. 고의적인 행위였다면 당연히 벌을 받아야 한다. 하지만 우발적인 사고로 문제가 생겼을 경우 이 법칙을 적용하는 데는 한계가 있을 수 있다. 따라서 하나님은 율법을 통해 이 피의 복수 법에서 벗어날 수 있는 방법으로 도피성, 곧 피난처를 두도록 하셨다.

도피성은 이스라엘 백성의 거주지 중심부에 자리 잡았다. 도피처를 필요로 하는 사람들이 모두 성전으로 피할 수 없기 때문에 레위인이 사는 도시들 가운데 여섯 곳을 택해 도피성으로 삼았다. 요단 동편에 셋(르우벤 지파를 위한 베셀, 갓 지파를 위한 길르앗 라못, 므낫세 지파를 위한 바산 골란), 요단 서편에 셋(갈릴리에 있는 가데스, 에브라임 산지의 세겜, 유다 산지의 기럇 아르바, 곧 헤브론)이다. 이곳은 모두가 쉽게 갈 수 있다는 이점이 있다.

도피성은 누구나 이용할 수 있다. 이스라엘 백성이나 외국인이나 여행객이나 이용이 가능하다. 이것은 모든 인간을 동등하게 대우하는 것을 보여준다. 도피성의 문은 언제나 열려 있다. 한 사람도 피할 기회, 곧 구원의 기회를 놓치지 않는다.

일단 도피성에 오면 성문 어귀에서 성읍의 권위자들에게 자기의 사고를 고한다. 그 다음 회중들 앞에 선다. 회중은 그 살인자와 희생자 사이에 어떤 적의가 있었는지 살핀다. 고의성이 없는 과실치사라면 그는 도피성의 보호를 받는다. 도피성에는 항상 양식이 있어, 영적인 문제뿐 아니라 육적인 문제를 동시에 해결할 수 있다. 이 성에서 체재가 허락되면 살 길이 열린다. 여기서 살다 대제사장이 죽으면 자신의 고향으로 돌아갈 수 있다. 대사면의 길이 열리는 것이다.

다윗의 아들 아도니야가 스스로 왕위를 취하려다 도피성으로 피해 솔로몬으로부터 용서를 받았다. 그런데 다윗의 군장 요압이 아도니야를 좇다 아도니야가 죽자 두려움 가운데 제단 뿔을 잡고 피한다. 요압은 솔로몬의 군장 브나야에 의해 주살당하게 된다. 이처럼 도피성은 용서와 보호의 성으로 인정받고 있음을 알 수 있다. 죄 지은 사람은 도피성에 들어와야 살 수 있다. 도피성만이 구원의 길잡이 된다.

과거와 같이 도피성이 없는 현대인은 어디로 피해야 할까? 그곳은 오직 한 곳 주님이시다. 주님 외에 다른 도피처는 없다.

- "여호와께 피함이 사람을 신뢰하는 것보다 나으며"(시편118:8)
- "여호와여 나를 내 원수들에게서 건지소서 내가 주께 피하여 숨었나이다."(시143:9)
- "여호와여 내가 주께 피하오니 나로 영원히 부끄럽게 마시고 주의 의로 나를 건지소서."(시편31:1)

교회는 삶의 중심에서 모든 사람을 대상으로 사랑과 용서의 복음을 선포하는 곳이다. 교회는 주님을 온몸으로 전파함으로써 영적으로나 육적으로 인간들을 구원해 주는 현대의 도피성이 되어야 한다. 주님은 오늘도 자기를 향해 오는 자들을 향해 팔을 벌리시며, 기쁨으로 안아주신다. 마치 집으로 돌아온 탕자를 안아주는 아버지처럼. 아직도 도피성을 모른다면 그곳을 알려주어야 할 책임이 우리에게 있다. "혹시 도피성으로 가는 길 아시나요?"

38. 이제 그 너른 품에 안길 때

"내가 그 길을 보았은즉 그를 고쳐줄 것이라 그를 인도하여 그와 그의 슬퍼하는 자에게 위로를 다시 얻게 하리라."(사57:18)

이 말씀을 읽을 때면 하나님의 마음을 알게 된다. 자식에 대한 부모의 마음이다. 하나님은 잘못된 이스라엘의 모습을 보시고 고치고자 하신다. 지금 우리에 대한 하나님의 마음은 어떠하실까? 이사야 57장 14절에서 21절의 말씀에 들어가 보자.

겸손한 자와 함께하시는 하나님(14-15절)

하나님은 바로 깨닫고 회개하여 겸손한 마음을 가진 사람과 함께하신다. 자기를 앞세우는 자, 하나님보다 다른 것을 의뢰하는 자는 함께할 수 없으신 것이다. 영원히 계시고 거룩하신 하나님은 완악한 우리에게 겸허하게 하고 회개할 수 있는 양심을 불러일으켜 주신다. 그리고 겸손한 자, 회개하는 자에게 찾아오시어 자기 백성으로 삼으시고 그 앞에 놓인 장애물을 제거하여 그 가는 길을 평탄케 하신다. 우리를 그만큼 사랑하시기 때문이다.

"너를 낮추시며 너를 시험하사 마침내 네게 복을 주려 하심이었느니라."(신8:16) 하나님은 광야의 이스라엘 백성을 낮추셨다. 하나님이 그들을 낮추심은 종국적으로 그들에게 복을 주시기 위함이었다. 하나님이 오늘의 우리를 낮추고 겸손하게 하시는 것은 우리를 영적으로 살리시기 위함이다. 주님은 우리를 광야의 길에서 '낮추심으로' 겸손의 삶을 살도록 하신다. 겸손의 삶을 통해 우리를 하나님의 작품으로 만들고자 하신다. 우리는 그 하나님의 마음을 알고 주님 앞에 더 겸손하고 낮아져야 하겠다.

고치시는 하나님(16 – 18절)

하나님은 이스라엘의 죄악을 보고 노하셨다. 회개하기는커녕 오히려 나빠진 탓이다. 마음이 그만큼 완악해졌기 때문이다. 하나님은 잘못된 길에 들어선 영혼을 보고 아파하셨다. 하나님은 계속 분노하시기보다는 결국 고쳐주기로 작정하셨다. "내가 그를 고쳐줄 것이라." 얼마나 놀라운 선언인가. 하나님만이 우리를 고칠 수 있는 분이시기 때문이다. 우리의 죄악만 보고 분노하셨다면 우리는 이미 죽었을 것이다. 그러나 주님은 우리에게 회개하는 양심을 주시고 지금도 우리를 고치신다. 우리를 바른길로 인도하시고 위로를 주시는 분은 오직 주님이시다. 잃었던 위로를 그는 다시 회복시켜 주신다.

고침을 받았다면 이제 우리의 생각도 행동도 달라져야 한다. 하지 말아야 할 것을 한 것만 죄가 아니다. 해야 할 것을 하지 않는 것도 죄다. 과거에 내가 주님께 보여준 그 길이 합당한 것이 아니었다면 이제부터 내가 보여줄 그 길은 달라야 한다. 하나님이 우리를 책망하실 때는 우리가 물질에 눈이 어두울 때, 우상숭배에 빠질 때, 그리고 세상과 짝하여 하나님을 멀리할 때이다. 적어도 이 길에서 벗어나야 고침을 받았다 할 수 있다. 하나님은 높고 거룩한 곳에 거하신다(15절). 이 하나님을 만나려면 하나님의 기준에는 도달하지 못한다 해도 세상 기준보다는 높고 거룩한 삶을 살려고 노력해야 한다. 순례자의 삶을 사는 것이다. 그때 하나님은 우리의 모습을 귀히 보시고, 기꺼이 만나주신다.

평강을 주시는 하나님(19-21절)

하나님이 우리에게 주시고자 하는 것은 평안과 희망이다(렘29:11). 하나님은 우리가 주님이 주시는 평안 속에 살기를 원하고 계신다. 세상 평안이 아니라 하늘의 평안이다. 하나님은 자신의 사랑스런 피조물 모두에게 이 평안을 주고자 하신다. '먼데 있는 자에게든지 가까운 데 있는 자에게든지'는 바로 이런 뜻이 담겨 있다. 하나님은 우리의 악한 마음을 고치고 우리에게 평강주시기를 바라신다. 어두움 속에는 하늘의 평강이 없다. 그것을 아시는 하나님은 오늘도 우리를 악에서 구원하고자 하신다. 이것을 통해 우리를 향한 주님의 사랑이 얼마나 큰가를 본다.

하나님은 나에게 수치와 파멸을 가져다주거나 파괴시키는 분이 아니다. 하나님은 나를 파멸에서 구원하시고 하늘의 평안을 주시는 분이다. 나우웬은 선택이 차이를 결정한다고 말한다. 이제 우리 남은 생애에 대해 선택이 남아 있다. 파멸을 택할 것인가, 평안을 택할 것인가. 선택을 잘못하면 수치와 파멸이 기다릴 뿐이다. "악인에게는 평강이 없다."(21절) 하시지 않는가. 주님은 오늘도 우리의 악함을 고치신다. 그리고 언제나 주님이 주시는 평안에 살기를 바라신다. 이제 그 너른 품에 안길 때다.

39. 오직 내 안에 그리스도께서 사신 것이라

화가 렘브란트는 십자가에 달리신 예수의 모습을 그렸다. 십자가 매달라며 소리치는 군중 속에 자기의 얼굴을 그려 넣고 이렇게 썼다. "이 군중 속에 내가 있습니다. 하나님이여. 내가 그리스도를 못 박았습니다. 이 무리와 한 패가 되었습니다. 그리고 대성통곡을 했노라." 십자가는 우리를 용서하고 구원하시기 위한 것이다. 그 십자가를 생각한다면 우리 가슴을 치지 않을 수 없다.

바울은 갈라디아서에서 이렇게 고백한다. "내가 그리스도와 함께 못 박혔나니 그런즉 이제는 내가 산 것이 아니요 오직 내 안에 그리스도께서 사신 것이라 이제 내가 육체 가운데 사는 것은 나를 사랑하사 나를 위하여 자기 몸을 버리신 하나님의 아들을 믿는 믿음 안에서 사는 것이라."(갈2:20) 이 고백은 많은 사람들에게 변화를 일으켰다. 그리스도를 못 박던 사람이 그리스도와 함께 못 박힌 사람으로 만든 것이다. 이런 사람들은 내 안에 더 이상 과거의 내가 아니라 그리스도가 살고 있다고 말한다. 자기 몸을 버리신 하나님 아들을 믿는 믿음 안에서 사는 것은 자기를 송두리째 주신 믿음 안에서 사는 것이다. 이 십자가를 믿는다면 주님이 나를 위해 죽으셨다는 것을 내 자신의 고백으로 믿고 회개하며, 십자가의 주님을 사랑하며, 이제 그분을 위해 헌신의 자리로 나가야 한다. 이것이 하나님께 영광을 돌리는 길이다.

18세기는 역사적으로나 사상적으로 터닝 포인트이다. 계몽주의와 함께 산업혁명이 일어났고, 신학적으로도 이에 맞선 경건주의 운동이 강하게 일어났다. 경건주의 한복판에는 모라비안 공동체의 지주가 되는 진젠도르프 백작이 있다. 그는 세계에 선교의 불길을 일으킨 신앙인이기도 하다.

그가 역사적으로나 신앙적으로 이렇듯 위대한 인물이 되기에 이른 것은 뒤셀도르프 화랑에서 만난 예수님 때문이다. 그는 화랑에서 십자가에 달린 그리스도의 모습을 그린 도메니코 페티(Domenico Feti)의 작품 '이 사람을 보라'(Ecce Homo)를 보았다. 그 그림 밑에는 다음과 같은 글이 쓰여 있었다. "나는 너를 위해 이 일을 했으나 너는 나를 위해 무엇을 했느냐?" 이 말씀이 그의 가슴을 아프게 했다. 그의 삶이 달라졌다. 하나님의 사람으로 헌신한 그는 하나님의 말씀을 알지 못하는 세계 각 곳에 젊은 선교사들을 보내기 시작했다. 십자가가 진젠도르프를 변화시킨 것이다.

미국에 '갈보리 2장 20절 수양관'이 있다. 갈보리 2장 20절은 앞서 언급한 말씀과 같이 나는 죽고 십자가를 바라보라는 말씀이다. 이 장절이 바로 수양관 명칭이다. 사람들은 이곳에서 십자가를 깊이 묵상한다. 묵상도 중요하다. 그러나 더 중요한 것은 헌신의 자리로 나가는 것이다. 이 말씀과 같이 자기 몸을 버리신 주님처럼 우리도 자기 몸을 버릴 수 있는 자리로 나가는 것이고, 하나님의 아들을 믿는 믿음 안에서 사는 것이다. 행동으로 나가는 것이다.

지금 우리는 어떤 삶을 살고 있는가. 그리스도인이라 함에도 불구하고 아직도 주님을 향해 욕하고 돌을 던지는 군중 소리 뒤에 숨어 있지 않는가. 어떻게 되는가 보자며. 세상은 지금 하나님이 없는 삶을 지향하고 있다. 우리가 해야 하는 것은 주님이 우리를 위해 자신을 내어주신 십자가를 생각하며 우리도 그 자리로 나가는 것이다. 헌신의 자리다. 모든 힘을 다해 주님을 섬기고, 이웃을 섬긴다. 오직 내 안에 그리스도께서 사시기 때문이다. 섬김의 자리가 우리의 자리다. 우리가 최고의 섬김을 드릴 때 주님은 그 헌신을 기쁨으로 받으실 것이고, 그 향기가 세상을 아름답게 변화시킬 것이다.

40. 그리스도의 제자가 된다는 것

드류 조(Drew Cho), 그는 한국에서 9년, 일본에서 9년, 그리고 미국에서 9년을 살아온 젊은 형제다. 천여 교인이 있는 한국 교회에서 목회하시던 아버지가 일본의 복음화를 위해 식구를 데리고 갑자기 현해탄을 건넜다. 사람들은 평안한 목회지를 찾아 떠났을 것이라 생각했지만 실은 고난의 연속이었다. 한국에선 35평 너른 집에서 넉넉하게 살았지만 일본에서는 15평에서 좁게 살아야 했고, 드류 자신은 방이 없어 거실에서 생활했다. 일본 학생들은 그를 한국인이라며 괴롭혔다. 아버지는 20여 명의 교인을 데리고 목회를 하셨다. 아버지는 식구 모두 일본어가 유창할 때까지 집 안에서 일본어만 쓰게 하고, 한국 음식 대신 일본 음식으로 바꿨다. 그 모든 과정 하나하나가 힘들었다. 그런 그가 지금은 미국에서 신학교를 졸업하고 좋은 목회자가 되기 위해 이 땅에서 수련을 쌓고 있다.

그는 누가복음 14장 25절에서 33절의 말씀을 읽고 "내가 하나님의 뜻을 살아드릴 수 있는가?"라는 제목으로 말씀을 전했다. 익히 아는 말씀이지만 그의 삶의 과정에서 진한 향기가 묻어나는 것을 느낄 수 있었다. 말씀은 크게 26절, 27절, 그리고 33절, 세 부분으로 나눠진다.

"무릇 내게 오는 자가 자기 부모와 처자와 형제와 자매와 및 자기 목숨까지 미워하지 아니하면 능히 나의 제자가 되지 못하고"(눅

14:26) 미워한다(misei)는 말은 사랑하지 말고 증오하고 적개심을 품으라는 말이 아니다. 다른 것보다 덜 사랑하라는 의미의 말씀이다. 부모나 처자, 자기 생명은 미워할 대상이 아니다. 그럼에도 이 단어를 사용했을까. 그것은 그들보다 더 주님을 사랑해야 한다는 것을 말해 준다. 가정도 중요하지만 그보다 주님의 제자로서의 삶을 더 중히 여기라는 말씀이다. 예수님을 우리 삶에 최우선 순위에 놓아야 한다는 것이다. 이 말씀을 접하면서 주님이 베드로에게 물으신 물음이 생각났다. "네가 이 사람들보다 나를 더 사랑하느냐?" 베드로와 함께한 제자들은 미움의 대상이 아니다. 사랑의 대상이다. 그러나 주님은 계속 물으신다. "이것들보다 나를 더 사랑하느냐?"

"누구든지 자기 십자가를 지고 나를 좇지 않는 자도 능히 나의 제자가 되지 못하리라."(눅14:27) 예수님 당시 자기 십자가를 진 사람은 자기가 매달릴 십자가를 지고 형장으로 가는 자이다. 사형언도를 받은 자. 그러므로 자기 십자가를 지고 주님을 좇는 것은 주님과 함께 죽음의 자리까지도(even to the point of death) 가겠다는 각오와 결의가 되어 있어야 한다는 것을 의미한다. 죽음의 순간까지도 주님을 따르겠다는 결의다. 따르다가 조금 힘들면 그만두는 것은 자기 십자가를 지는 것이 아니다. 주님의 제자라면 쉽게 "힘들어서 못하겠네요."라는 말을 하지 않아야 한다.

"너희 중에 누구든지 자기의 모든 소유를 버리지 아니하면 능히 내 제자가 되지 못하리라."(눅14:33) 주님을 위해 모든 것을 버린다. 내가 사랑하는 모든 것에 대해 '이젠 끝(Good Bye)'이라고 말할 수 있어야 한다. 물질도, 명예도, 그물도, 취미도. 주님은 부자 청년을 향해 가진 것을 다 팔아 가난한 자에게 주고 그리고 나를 따르라 하셨다. 그러나 그는 그렇게 하지 못했다. 우리는 작은 것은 포기할 수 있다. 그러나 큰 것은 포기할 수 없다. 50달러는 포기할 수 있지만 5백만 달러는 포기할 수 없다. 그러나 참제자는 그것까지 포기할 수 있어야 한다.

지금도 그의 말이 귓가에 쟁쟁하다. "구원은 값없이(free) 얻을 수 있다. 그러나 그리스도인이 된다는 것은 비싼 값을 치러야(costly) 한다. 은혜는 값없이 얻을 수 있다. 그러나 주님을 따르는 데는 비싼 값을 치러야 한다."

자기 십자가를 지는 것은 결코 쉽지 않다. 그러나 우리가 받는 고난을 통해, 하나님께 영광을 돌릴 수 있다는 것을 기억하라. 드류의 눈이 빛난다. 그는 말씀을 통해 주님에 대한 헌신을 다짐하고 또 다짐했을 것이다. 이젠 그 말씀을 들은 자들의 삶이 달라져야 할 차례다. 주님을 위한 것이라면 어떤 고난과 고통이 따른다 해도. 주님의 제자가 되는 것, 이 땅에서 그리스도인으로 사는 것은 그만큼 힘든 일이다. 그러나 그 모두 영광스러운 일이다.

41. 예수님의 초대 법칙

이태준이 1932년에 쓴 소설 『천사의 분노』에 나오는 크리스마스

이야기다. P부인은 크리스마스를 앞두고 서울 거리 골목골목을 헤매고 다녔다. 친지들에게 보낼 선물을 준비하기 위해 세일 행사 중인 백화점을 찾은 것이 아니다. 크리스마스 저녁 집으로 초대할 불쌍한 거지를 찾고 있었다. "거실과 식당을 트고, 난로에 불을 따뜻하게 피우고, 좋은 그림을 걸고, 크리스마스트리를 만들어 세우고, 뜨끈한 국과 밥을 장만하고, 포근한 융으로 만든 속옷 한 벌씩 주고." 천사가 따로 없다.

막상 거리로 나서니, 불쌍한 사람이 너무 많았다. 거지도 가지가지였다. 한센씨병환자나 모르핀 중독자를 만났을 때는 아무리 불쌍해도 자기 집으로 오란 말이 나오지 않았다. P부인은 거지 중에서 비교적 몸이 깨끗한 사람을 붙들고 이야기했다. "몇 밤만 자면 크리스마스인데, 그날 저녁 골목 저쪽 벽돌집에 이 표를 가지고 오세요." 거지에게 건네준 표에는 '자선 표'라는 도장이 찍혀 있었다.

크리스마스 저녁이 되자 P부인 집 앞에는 절름발이, 곰배팔이, 소경 등 각양각색의 거지들이 기웃거리기 시작했다. P부인은 약속한 7시가 되자 문을 열었다. 거지들은 여러 달, 여러 해 혹은 생전 처음 더운 물에 비누세수를 해 보았다. 속옷 한 벌씩 얻어 입고, 눈부신 식탁에 둘러앉아 기름진 흰 이밥과 갈비 곰국을 게걸스럽게 먹었다. 사진사를 불러 사진까지 찍었다. 거지들은 흐느껴 울며 연방 허리를 굽실거리며 고마움을 표했다. 거지들이 돌아간 후 P부인은 하나님께 감사의 기도를 올렸다. 이렇게 기쁘고 의미 있게 크리스마스를 보내기는 처음이라고 감격의 눈물까지 흘렸다.

이튿날 아침, P부인의 가슴 속에는 뜻하지 않은 분노의 불길이 폭발했다. 자기 몸뚱이처럼 끔찍이 아끼는 자동차 안에서 어젯밤 왔던 거지 중 가장 보기 흉한 늙은 거지가 얼어 죽은 탓이다. 천사의 분노다.

우리는 여러 사람들로부터 대접을 받으며 살아간다. 대접을 받을 땐 한편 기쁘기도 하지만 다른 한편 다시 갚을 것을 생각한다. 받았으니 주어야 한다는 상대성의 법칙이 우리네 초대 법칙이다. 마치 빚을 갚은 것처럼. 한쪽에선 대접을 했는데, 다른 쪽에선 전혀 대접할 생각을 하지 않는다면 욕먹기 십상이다.

그런데 예수님의 초대법칙은 정반대다. 사람을 초대할 때부터 그 대상이 다르다. 갚을 길 없는 자가 그 상대다. 갚을 길이 없기 때문에 대접을 해도 대접받을 것을 기대하지도 않는다. 누가복음 14장을 보자.

> "네가 점심이나 저녁이나 베풀거든 벗이나 형제나 친척이나 부한 이웃을 청하지 말라. 두렵건대 그 사람들이 너를 도로 청하여 네게 갚음이 될까 하라. 잔치를 배설하거든 차라리 가난한 자들과 병신들과 저는 자들과 소경들을 청하라. 그리하면 저희가 갚을 것이 없는 고로 네게 복이 되리니 이는 의인들의 부활 시에 네가 갚음을 받겠음이니라."(눅14:12-14)

그렇다고 예수님이 친구나 친지, 그리고 이웃을 초대해 음식을 나누지 말라는 것은 아니다. 예수님이 여기서 강조하고자 하는 것이 있다.

첫째, 인간은 모두 다 귀한 존재라는 것이다. 우리 주변에는 친구나 친지도 있고, 사회적으로 소외된 사람이나 장애자도 있다. 어떤 이들에게는 가까이하고, 어떤 들에게는 멀리한다. 주님은 우리의 생각을 고치고 "가난한 자, 병신, 저는 자, 소경들을 청하라." 하신다. 우리가 피하고자 하는 사람들이라 할지라도 그들 모두 하나님 앞에서는 다 귀한 존재라는 것이다. 주님은 그들 가운데 한 사람이라도 물질적인 가난 때문에, 육체적인 장애 때문에 사회적으로 차별받으며 불행한 삶을 살아가는 것을 바라지 않으신다. 우리 모두 주 안에서 존중받아야 할 인격체이기 때문이다.

둘째, 우리 모두 이해관계를 떠나 섬기며 살아야 한다는 것이다. 세상의 초대방식은 이해관계에 묶여 있다. "받았으니 마땅히 갚아야 한다." 주고받는 계산이 명확하다. 그러나 주님은 이해관계를 떠나라 하신다. 더욱이 그것이 사회적으로 차별받는 사람과의 관계라면. 주님은 우리 모두 타산 관계를 떠나 서로 존중하며 물질적으로 서로 나누고 도와가며 살아갈 것을 강조하신다. 물질이 있는 자가 가난한 사람을 위해 그것을 내놓는다면 우리 사회는 얼마나 더 훈훈해질까. 이 땅에 사는 한 우리는 공동 운명체이다.

끝으로, 믿는 자는 세상에서 갚음 받기보다 하나님 나라에서 갚음 받는 것을 기뻐하라는 것이다. 주님은 이에 대한 보상이 있을 것을 말씀하신다. 그러나 그 보상은 세상에서 갚음을 받고 그로 인해 칭송을 받는 것이 아니다. 세상 사람들이 기억해 주지 않는다 해도 하나님 나라에서 받게 될 그 은밀한 보상을 기뻐하라는 것이다. 하나님이 기억하시고, 의인들이 부활할 때 이 일들로 인해 말씀하시면 얼마나 기쁨이 넘치겠는가.

예수님은 우리가 비록 이 세상에 살지만 세상 방식이 아니라 하나님 나라의 방식대로 살아야 할 것을 말씀하신다. 신약의 성도들은 "마라나타", 곧 "주 예수여 오시옵소서." 하며 재림의 신앙을 고수하면서도 하늘만 쳐다보지 않았다. 그들은 가난한 자와 병든 자를 열심히 돌보았다.

IMF사태 때 한국의 수많은 교회들이 음식봉사를 했다. 지금도 '밥퍼' 공동체는 거리의 사람들에게 먹을 것을 제공한다. 옷이 없는 사람들에게 점퍼 봉사도 한다. 여러 형태로 어려움에 처한 이웃에 다가간다. 이 모두는 어떤 대가를 바란 것이 아니다. 그저 그리스도의 사랑을 전한 것뿐이다. 대가와 인정을 받기 위해서였다면 그것은 처음부터 잘못된 것이다. 세상방식을 뛰어넘는 주님의 방식이 확산될 때 이 세상은 어제보다 더 밝고 삶의 의미도 달라질 것이다.

42. 지팡이, 신, 한 벌 옷의 기적

가난하고 병든 이들을 위해 평생을 살아온 마더 테레사는 빈자의 어머니요 병든 자의 천사였다. 그는 종교와 인종을 초월해 사랑을 폈다. 아무 희망이 없는 도시처럼 버려진 캘커타에 희망을 심어주었고, 그 안에 사는 가난하고 병든 이들에게 그리스도의 사랑을 몸으로 보여주었다.

인도의 캘커타에 있는 테레사 수녀의 수도원에는 어느 방에도 가구가 없다. 수녀들의 재산이라고는 양동이 한 개와 인도 옷인 샤리 두 벌씩밖에 없기 때문이다. 양동이는 샤리를 세탁하기 위해 필요하다. 그 외에는 아무것도 필요하다고 여기지 않는다.

이것은 테레사 수녀의 가르침을 따른 것이다. 그렇게 함으로써 자기가 가장 강해질 수 있는 것이라는 것이 테레사 수녀의 말이다. 그에 따르면 부자가 기부를 많이 하는 것도 가난한 사람을 위한다기보다 기부를 함으로써 자신들의 마음이 흐뭇해지기 때문이다. 그만큼 몸이 가벼워지고 자유스러워진다는 것이다.

1948년, 테레사는 지방 관리들에게 요청해 한 건물을 빌려 '사랑의 선교회'를 시작했다. 단돈 5루피로 캘커타의 슬럼가에 사랑의 씨앗을 심기 시작한 것이다. 뜻을 같이하는 제자들이 순식간에 몰려들었다. 야외학교를 열어 가난한 아이들을 가르치던 테레사는 내친 김에 캘커타의 빈민들과 평생을 같이하기로 작정했다. 이 사랑의 씨앗은 반세기도 안 되어 세계 95개국 2백여 도시에 445개 구호기관을 운영하는 거목으로 자라났다. 이천오백 명의 수녀와 수천 명의 자원봉사자들은 고아, 나환자, 무의탁노인 등 수많은 사람들이 그 그늘 아래서 새 삶을 꾸려가도록 돕고 있다.

인도 델리에 세운 고아원은 딸이라는 이유로 버림받은 수십 명의 아이들이 수용되어 있다. 외국방문객이 찾아와 기부금을 내려고 하면 수녀들은 거절한다. 돈 내는 대신 아이들을 안아주고 아이들에게 젖을 먹이는 사랑을 베풀라고 권유한다. 시크교도들이 음식과 옷을 가져오고 외교관 부인들이 찾아와 봉사하는 식으로 고아원은 운영된다. 교황 바오로 6세가 1963년 인도를 방문했을 때 리무진 승용차를 주었다. 그러나 테레사는 이 차를 처분해 나환자 구호소 설립에 사용했다. 1979년 그는 그토록 사양했던 노벨 평화상 수상을 허락했다. 그 대신 연회를 열지 말고 그 비용을 가난한 자를 위해 사용해야 한다는 조건을 달았다. 19만 달러 상금은 고스란히 나환자 구호소 건립기금으로 들어갔다. 뿐만 아니라 자신을 대접하려는 사람에겐 "나를 대접하는 데 쓰이는 마음을 차라리 수도원을 위하는 데 써 달라." 했다. 당시 언론은 그를 가리켜 일체의 비판과 비방에서 해방된 인물이라 했다.

예수님이 제자 칠십 인을 파송하면서 말씀하셨다. "지팡이 외에는 양식이나 주머니나 전대의 돈이나 아무것도 가지지 말며 신만 신고 두 벌 옷도 입지 말라."(마6:8, 9) 지팡이, 신, 한 벌 옷만 가지고 떠나라는 말씀이다. 저들이 선교를 마치고 감격하며 돌아왔다. 그때 다시 주님이 물으신다. "내가 너희를 전대와 주머니와 신도 없이 보내었을 때에 부족한 것이 있더냐 가로되 없었나이다."(눅22:35) 이 말씀을 보면서 주의 일을 할 때 너무 준비 많이 하고자 하는 것이 부질없는 일일 수 있다는 생각이 든다. 중요한 것은 일하는 것이 아니겠는가.

테레사는 언제 물건을 많이 준비하고 일했던가. 일하니까 하나님께서 도움의 손을 펴시지 않으셨는가. 테레사는 주님의 말씀에 따라 지팡이와 신발과 옷 한 벌만 가지고 나선 주님의 딸이다. 기적은 주님이 일으키신다.

43. 그리스도의 자취 따르기

존 번연은 초등학교밖에 다니지 못했다. 그는 결혼한 뒤 아내의 감화를 받아 기독교인이 되었고, 독실한 신앙인이 되었다. 그는 여러 곳을 다니며 전도에 힘썼다. 하지만 그는 무단히 설교를 했다는 죄목으로 12년 동안 감옥살이를 했다. 얼마나 억울할까.

그러나 그는 결코 절망하지 않았다. 오히려 감옥에서 그리스도인으로서 어떻게 살아가야 하는가를 생각하며 책을 썼다. 이 책이 바로 『천로역정』이다. 이 책은 영문학 중에서도 걸 작품으로 인정받고 있으며, 출간된 지 300년이 지난 지금에도 전 세계 독자들에게 감명과 교훈을 주고 있다. 성경을 제외하고는 가장 많은 언어로 번역되었고 가장 많이 읽혀진 책이 되었다. 그는 감옥에 갇혀 있었지만 오히려 그 장벽을 딛고 일어서서 불멸의 작품을 만들어 냈다.

헬렌 로즈비어(Helen Roseveare), 그는 케임브리지 대학 출신의 여성 의료 선교사였다. 그는 존경받던 콘월(Cornwall) 가문에서 태어나 케임브리지 대학 1학년 때 회심했다. 숙부들과 이모가 선교사로 활동하고 있어 자연스럽게 선교사로 헌신하게 되었다. 그는 1953년 세계복음화십자군(Worldwide Evangelization Crusade, WEC)의 선교사가 되어 콩고로 갔다.

헬렌 로즈비어

    의료선교의 필요성을 절실히 느낀 그녀는 동료들의 반대에도 불구하고 병원 및 훈련학교를 세우고, 혼신을 다해 일했다. 그러나 1964년 콩고는 최악의 혼란기를 겪었다. 반군들로 인해 유혈내전사태가 일어난 것이다. 많은 선교사들이 콩고를 떠났다. 그러나 그녀는 자신을 위해 최고의 희생을 치르신 주님을 위하여 어떤 희생도 기꺼이 치러야 한다고 믿고 떠나지 않았다. 누군가 그를 독살하려고 했지만 키우던 개가 그 음식을 먹는 바람에 실패했다. 그럼에도 불구하고 그는 잔류 의도를 꺾지 않았다. 여성 선교사들과 의료진들이 종종 반군에 의해 강간을 당했음에도 그녀는 떠나지 않았다. 자신의 집에 있는 모든 물건이 약탈당했을 때에도 그녀는 떠나지 않았다. 그러나 1964년 8월 15일 토요일, 그는 결국 반군들에게 잡혀 고문과 강간을 당했다. 온갖 굴욕을 당했다. 간신히 살아남은 그녀는 그 나라를 떠나지 않을 수 없었다.

    한때 그는 주님을 향해 이런 질문을 하기도 했다. "주님, 도대체 당신은 나에게 이런 권한이 있기나 하는 것입니까?" 그러나 기도하는 가운데 느꼈다. 주님이 십자가에서 당한 수치와 고난을 생각하면 자신이 당한 것은 비교가 되지 않는다는 것을. 그는 어떤 희생을 치르더라도 남은 삶을 콩고의 구원을 위해 바치리라 다짐했다. 콩고가 안정되자 그는 다시 그 나라로 들어갔다. 수치와 고난도 그리스도를 증거하는 일에는 전혀 장애가 되지 못한다.

예수님은 말씀하신다. "의를 위하여 핍박을 받은 자는 복이 있나니 천국이 저희 것임이요 나를 인하여 너희를 욕하고 핍박하고 거짓으로 너희를 거스려 모든 악한 말을 할 때에는 너희에게 복이 있나니 기뻐하고 즐거워하라. 하늘에서 너희 상이 큼이라 너희 전에 있던 선지자들을 이같이 핍박하였느니라."(마5:10-12)

베드로는 말한다. "애매히 고난을 받아도 하나님을 생각함으로 슬픔을 참으면 이는 아름다우나 죄가 있어 매를 맞고 참으면 무슨 칭찬이 있으리오. 오직 선을 행함으로 고난을 받고 참으면 이는 하나님 앞에 아름다우니라. 이를 위하여 너희가 부르심을 입었으니 그리스도도 너희를 위하여 고난을 받으사 너희에게 본을 끼쳐 그 자취를 따라오게 하려 하셨느니라."(벧전2:19-21)

🍀 44. 비는 눈물을 이기지 못하고

오정현 목사가 2007년 6월 연변과기대 졸업식에 참석해 경험한 감격을 사랑의 교회 주보(7월 8일자) '사랑의 목장'에 '비는 눈물을 이기지 못하고, 환경은 열정을 이기지 못합니다.'라는 제목으로 옮겨 놓았다.

개인적으론 연변과기대에 대한 사랑으로 이 대학에 관한 기사나 글을 보면 관심이 많다. 그런데 오 목사의 이 글을 읽을 때 진한 감동이 다가왔다. 나의 가슴은 뛰기 시작했고, 나도 모르게 여러 사람들에게 이 글을 읽어보라고 권하게 되었다. 다음은 그의 글이다. 이 감동과 감격이 지워지지 않기를 바란다.

"장대같이 쏟아지는 비가 소리 없이 흐르는 눈물을 이기지 못할 때가 있습니다. 얼마 전에 재단이사장의 자격으로 연변과기대를 졸업하는 학생들을 격려하기 위해서 졸업식에 참석하였습니다. 졸업식 아침에 짙은 구름이 끼었고 간간히 비가 내렸지만, 학교 측은 강당이 협소한 관계로 운동장에서 졸업식을 거행하기로 결정하였습니다. 졸업식이 시작되면서 가랑비는 바람이 섞인 세찬 비로 바뀌었지만, 졸업생들은 정해진 자리에 앉았고 식은 정해진 순서대로 이어졌습니다. 빗줄기가 굵어지자 보다 못한 학부형들은 졸업생들에게 우산을 주었고, 학생들은 우산을 받아 쓴 채로 참석하였습니다.

식이 중반에 이르러 총장이 축사를 하기 위해서 단 앞에 서자 희한한 일이 벌어졌습니다. 졸업생들은 누구 한 사람 말하지 않았지만 이심전심으로 자신들이 들고 있던 우산을 접어서 내려놓기 시작했습니다. 이후로 저를 비롯한 내빈들의 축사와 격려사가 이어졌고 식이 다 끝날 때까지 비바람 속에서도 학생들은 우산 없이 자리를 지켰습니다. 그 광경을 본 학부형들과 내빈들의 눈시울이 뜨거워졌고, 마음 깊이 우러난 감동이 소리 없이 장내를 덮었습니다. 6월 말이었지만 가을비처럼 차가웠던 연변의 세찬 빗줄기도 스승을 향한 뜨거운 사랑과 존경, 그리고 학교에 대한 벅찬 자긍심에서 흐르는 눈물을 이기지 못하였습니다.

무엇이 차가운 비바람 속에서도 기꺼이 학생들의 우산을 접게 하였을까 생각하였습니다. 그 비밀의 열쇠는 교수들의 복음에 사로잡힌 엄청난 열정과 헌신에서 찾을 수 있습니다. 교수들이 그처럼 헌신과 열정에 사로잡힌 것이 학교 측의 어떤 후한 대접이나 감탄할 만한 복지후생에 있다고는 생각지 마시기를 바랍니다. 13개국에서 온 교수들은 학교로부터 한 푼의 급료도 받지 않습니다. 후원자들이 보낸 도움의 손길에 의지해 생활할 뿐입니다. 그들이 살고 있는 거처는 한국처럼 풍요롭고 안정된 것이 아닙니다. 지금 연변의 생활상이 우리나라의 70년대 수준임을 안다면 교수들의 생활 형편을 충분히 짐작할 수가 있습니다.

학생들의 차가운 지성과 얼어붙은 마음을 녹이는 것은 그들을 가르치는 교수들의 헌신적인 수고와 눈물어린 기도입니다. 자신들과 동고동락하면서 가감 없이 보여주는 뜨거운 사랑이 그들로 하여금 복음의 실체를 만지도록 하고, 사랑의 복음을 받아들이게 하는 것입니다. 이것은 열악한 환경이 복음에 사로잡힌 열정을 결코 이기지 못하는 것을 생생하게 보여주고 있습니다."

연변과기대는 결코 물질적으로 풍족한 대학이 아니다. 그럼에도 불구하고 정신적으로, 영적으로 풍요함을 누리는 것은 어려움 속에서 서로 사랑하고 신뢰하며 꿈을 키워온 때문이다. 그 사랑 속에는 주님을 향한 사랑이 깊게 배어 있다. 교직원은 이 사랑을 학교에서 실천하고, 졸업생은 사회에 나가서 실천한다. 그래서 "해는 오늘도 연변과기대를 위해서 뜬다."고 말할 정도다.

하나님의 사람은 하나님을 사랑한다. 하나님을 사랑하기 때문에 주님의 일이라면 감사함으로 다가간다. 불편함까지 사랑한다. 주님의 사랑을 안다면 당신도 기꺼이 비바람 앞에 설 것이다.

🍀 45. 성문에서 칭찬받을 여인

"누가 현숙한 여인을 찾아 얻겠느냐
그 값은 진주보다 더 하니라
그런 자의 남편의 마음은 그를 믿나니
산업이 핍절치 아니하겠으며
그런 자는 살아 있는 동안에
그 남편에게 선을 행하고 악을 행치 아니하느니라
그는 양털과 삼을 구하여 부지런히 손으로 일하며
상고의 배와 같아서 먼데서 양식을 가져오며
밤이 새기 전에 일어나서 그 집사람에게 식물을 나눠주며 [— —]
그 손으로 번 것을 가지고 포도원을 심으며
힘으로 허리를 묶으며 그 팔을 강하게 하며 [— —]
그는 간곤한 자에게 손을 펴며 궁핍한 자를 위하여 손을 내밀며 [— —]
그 남편은 그 땅의 장로와 더불어 성문에 앉으며 [— —]
능력과 존귀로 옷을 삼고 후일을 웃으며
입을 열어 지혜를 베풀며
그 혀로 인애의 법을 말하며 그 집안일을 보살피고

게을리 얻은 양식을 먹지 아니하나니
그 자식들은 일어나 사례하며
그 남편 칭찬하기를 덕행 있는 여자가 많으나
그대는 여러 여자보다 뛰어난다 하느니라
고운 것도 거짓되고 아름다운 것도 헛되나
오직 여호와를 경외하는 여자는 칭찬을 받을 것이라
그 손의 열매가 그에게로 돌아갈 것이요
그 행한 일을 인하여 성문에서 칭찬을 받으리라"(잠31:10-31)

이 시는 르무엘 왕이 쓴 시로 그의 어머니가 훈계한 내용 가운데 현숙한 아내(excellent wife)에 대한 것이다. 르무엘은 '하나님에게 속한 자'라는 뜻을 가지고 있으며 그에 대한 여러 추측이 있지만 솔로몬 왕의 별칭이 아닌가 생각되고 있다.

이 시는 현숙한 여인의 아름다움, 부지런함, 남편이 보다 힘 있는 지위로 올라갈 수 있도록 노력하는 아내의 모습을 보여주고 있다. '현숙한 여인'은 히브리어로 '에사트 하일'로 '덕이 있는 여인, 능력이 있는 여인, 훌륭한 여인' 등 여러 뜻을 담고 있다. '능력과 존귀로 옷을 삼고'에서 그 모습이 드러난다. 그는 육체적으로 건강하고, 도덕적으로 순전하며, 가정에 충실한 여인이다. 허리를 묶는다는 것은 언제나 준비하는 모습을 보여준다(벧전1:13).

그는 집안을 열심히 꾸려 나갈 뿐 아니라 가난한 자를 돕고 능력과 존귀로 옷을 입으며 앞일을 지혜롭게 대처해 나가는 여인이다. 부지런하고, 봉사도 많이 하며, 미래지향적 대처 능력도 뛰어나다. 이로 인해 현숙한 여인은 자식들로부터도 인정을 받고, 남편으로부터도 신뢰를 받는다.

이 여인이 칭찬받을 수 있는 이런 덕목들 하나하나 모두 귀하다. 하지만 그 무엇보다 현숙한 아내라 칭찬받을 수 있는 덕목 중 덕목은 여호와를 경외하는 것이다. "덕행 있는 여자가 많으나 그대는 여러 여자보다 뛰어난다 하느니라. 고운 것도 거짓되고 아름다운 것도 헛되나 오직 여호와를 경외하는 여자는 칭찬을 받을 것이라." 영적인 덕목이 그 어느 것보다 귀하다는 것이다. 이 시는 사실 이 선언으로 끝을 맺는다.

현숙한 여인의 수고는 결코 헛되지 않다. 수고의 열매가 그에게로 돌아갈 것이기 때문이다. 행한 일에 대한 인정이 따른다. 성문은 공적 업무를 수행하는 광장으로 사용된 곳이다(신15:7). 그러므로 이 여인이 성문에서 칭찬을 받는다는 것은 많은 사람들 앞에서 공식적으로 인정을 받는다는 것을 의미한다.

끝으로 한 가지 더 말할 것이 있다. 이 시는 히브리 알파벳 22자를 순서적으로 각 행의 첫 글자를 삼았다. 언어적 배려가 이 시에 담겨 있다. 그만큼 이 시는 정교하게 만들어졌고, 의미가 있음을 보여준다. 현숙한 여인이 아닌가. 칭찬받아 마땅한 여인이 아닌가. 이 어려운 시기에 현숙한 여인이 더 많아지기를 바라마지 않는다. 현숙함이 어찌 여성에게만 해당되겠는가.

46. 절제할 때마다 빛나는 당신의 인격

케냐가 6년 동안 비가 오지 않아 물 갈증에 시달리고 있다는 다큐멘터리를 보았다. 신문에서도 이 문제를 심각하게 보도하였다. 마사이족은 물을 찾아 가축을 이끌고 이곳저곳 헤매고 다녔다. 사람들은 가축이 마시는 흙탕물을 그대로 마셨다. 한 NGO단체는 물탱크에 물을 담아 기근을 겪고 있는 동네를 찾아가 물을 공급했다. 사람들은 너무나 오랜만인 듯 벌컥벌컥 물을 마셔댔다. 물을 받지 못한 사람은 지난 4일 동안 물을 마시지 못했다며 "제발 1리터의 물이라도 달라"고 애원했다. 다큐멘터리를 보고 난 후 아내는 물 절약에 나섰다. 물 한 모금을 위해 투쟁하는 케냐 사람의 목마름과 아픔을 잊을 수 없기 때문이다. 한국도 곧 물 부족국가가 될 것이라 한다. 이젠 물을 물 쓰듯 한다는 것도 옛말이 될 듯하다. 절약이 답일 수밖에 없다.

모스크바의 물가가 90년부터 2년 사이에 10배 이상 뛰자 경영의 어려움에 처한 모스크바 대학이 92년부터 외국학생들로부터 등록금을 받기로 결정했다. 여유가 있는 나라순으로 차등을 두기로 하고 여러 방법으로 조사를 했다. 여론조사도 했다.

그 결과 92년 가을학기부터 미국 유학생이 가장 많이 내게 되었다. 두 번째로 등록금을 많이 내게 된 나라는 일본이 아니라 한국 유학생들이었다. 액수는 1년에 5천 달러로 우리네 대학등록금의 갑절이나 된다. 모스크바 대학의 정교수 월급이 20달러를 넘지 못한 때였다. 그 이유는 한국 유학생들의 씀씀이와 생활수준이 일본인 학생들보다 높다는 것이었다. 그래서 모스크바 대학 등록금을 올리게 된 것은 한국인 학생 때문이라는 비난을 받았다. 무절제에 대한 비난이다.

절제는 성령의 열매 가운데 하나이다. 바울은 절제의 삶을 강조한다. "이기기를 다투는 자마다 모든 일에 절제하나니 저희는 썩을 면류관을 얻고자 하되 우리는 썩지 아니할 것을 얻고자 하노라."(고전 9:25) 절제하는 성도가 바른 삶을 산다는 말이다.

아무리 절제하려 해도 안 된다면 주님을 의지하는 것이 가장 좋다. 아리스토텔레스는 자기통제를 위해 이성의 힘을 이용하도록 호소했다. 그러나 우리가 가진 이성에는 한계가 있다. 절제나 자기통제는 인간의 이성으로 되는 것이 아니라 위로부터 부어주시는 성령의 능력으로만 가능하다. 이 능력을 얻기 위해 우리는 중단 없는 기도와 노력이 필요하다.

"너희는 성령을 좇아 행하라. 그리하면 육체의 욕심을 이루지 아니하리라."(갈5:16) 그리스도인이 된다 해도 우리가 이 땅에 사는 한 욕구를 아예 없앨 수는 없다. 있는 것이 오히려 자연스럽다. 그러나 문제는 때로 과도하게 나타나는 그것을 우리가 어떻게 제어할 수 있느냐 하는 것이다. 그런 순간마다 자기 자신보다 성령님의 힘을 의지하는 것이 바람직하다. 성령님은 우리를 육체대로 살지 않도록 하시기 때문이다.

"너희 안에서 행하시는 이는 하나님이시니 자기의 기쁘신 뜻을 위하여 너희로 소원을 두고 행하게 하시나니"(빌2:13) 우리 안에 역사하시는 하나님은 우리가 그분의 말씀을 순종하고 그분이 원하시는 바를 행하도록 도우신다.

수도꼭지는 물을 쓰기 위해서도 필요하지만 잠그기 위해서 필요하다. 수도꼭지에는 오히려 잠금장치가 더 중요하다. 그 장치가 기능하지 않으면 더 이상 꼭지 역할을 할 수 없기 때문이다. 우리 시대에는 절제해야 할 것들이 한두 가지가 아니다. 우리의 무절제가 지구를 아프게 하고, 자신뿐 아니라 이웃의 삶에 해를 준다. 절제하는 삶이 아름답다. 절약은 부를 낳고 절제는 인격을 낳는다.

47. 우리가 대속제물이 되어야 하는 이유

사단의 유혹을 받아 죄로 물든 아담과 하와는 자신의 부끄러움을 가리기 위해 무화과 나뭇잎으로 앞치마를 해 입었다. 하나님은 그 옷을 받아들일 수 없었다. 죄인이 스스로 만든 옷이 아니던가. 하나님은 동물을 잡아 피를 쏟고 그들에게 가죽옷을 만들어 주셨다(창 3:21). 나뭇잎이 아니라 왜 가죽옷일까?

학자들은 생각한다. 죽으리라 사형선고를 받은 그들을 대신할 수 있는 대속자가 마련되지 않으면 자기 죄 때문에 반드시 죽어야 했다. 그러므로 그 동물은 아담을 위해서 대신 죽은 대속물이었다는 것. 그 동물은 아담의 죄를 대신해 대속제물로 죽은 것이다. 대속물은 죄인이 그것으로 옷을 해 입기 전에 피를 흘리고, 반드시 죽어야 했다.

이 이야기는 가인의 제사와 아벨의 제사로 이어진다. 두 사람 모두 하나님께 제사를 드렸다. 가인의 제사는 받지 않으셨으나 아벨의 제사는 받으셨다.

가인은 땅의 소산물 가운데 좋은 것을 바쳤다. 그러나 하나님은 받지 않으셨다. 왜 받지 않으셨을까. 이것은 무화과 나뭇잎으로 자신을 다시 한 번 덮으려는 제사였기 때문이다. 나뭇잎으로 자신을 가린 것을 기뻐하지 않으신 것과 같은 맥락에 있다. 가인에게 제사의 진지성과 경건성이 없었던 것은 아니다. 그러나 하나님은 죽음과 피 흘림이 없는 곳에 대속이 있을 수 없기 때문에 받지 않으셨다.

아벨은 양들 가운데 첫 새끼 숫양을 잡아 피를 흘려 제사를 드렸다. 하나님은 하늘에서 불을 내려 제단의 희생제물을 살라버림으로 그 제물을 기꺼이 받으셨다. 숫양이 아벨의 위치를 대신 담당한 것이다. 숫양의 피가 그의 죄를 위한 속죄를 이루었다. 이 양은 우리를 위해 대속의 피를 흘리신 그리스도의 모형이다.

아브라함이 이삭을 바치려 했을 때 그의 진정성을 아신 하나님께서 아브라함을 향해 "아브라함아, 아브라함아" 두 차례나 부르셨다. 눈을 들어 본즉 한 숫양이 뒤에 있는데 뿔이 수풀에 걸려 있었다. 아브라함이 가서 그 숫양을 가져다가 아들을 대신하여 번제로 드렸다(창22:13). 이삭은 반드시 죽어야 했지만 심판의 손이 그에게 떨어질 순간 숫양이 갑자기 나타나 이삭이 서야 할 자리를 대신하여 죽었고 이삭은 생명을 구했다. 이 숫양이 장차 오실 우리의 대속자 그리스도의 모형이다. 아브라함이 그 땅 이름을 여호와이레라 하였다. 이것은 여호와의 산에서 준비되리라라는 말씀이다. 여호와의 산은 바로 갈보리 십자가가 있는 모리아 산이다.

그림자와 같은 구약의 대속 사건은 신약에서 대단원의 막을 내린다. 예수 그리스도께서 죄인을 위해 손수 대속자가 되시려고 이 세상에 오셨기 때문이다. 모든 인간은 정죄를 받았다. 아무 소망도 없이, 절망적인 죽음의 선고를 받은 자들이었다. 그런데 예수님이 우리 죽음의 자리를 대신 담당하기 위해 이 땅에 오신 것이다. 그는 갈보리 십자가 위에서 죄인의 자리를 취하시고 죽으심으로 그를 믿는 죄인들이 하나님 아버지 집에서 그분의 자리를 대신 받게 하셨다. 대속제물 예수 그리스도, 그분의 피 흘림이 없었다면 우리가 과연 구원받은 존재가 될 수 있었을까.

이제 구원받은 성도는 이 세상을 위해 다시금 대속제물이 되어야 한다. 세상을 구원하기 위해서다. 제물은 죽어야 한다. 교만하고 자고하고 이기적인 내가 아니라 주님의 종들로서 세상을 위해 자신을 희생할 수 있어야 한다. 우리가 희생한 만큼 이 세상은 정화될 것이다. 그리스도의 피로써. 우리가 세상을 위해 자신을 내어놓을 때 주님의 평화가 임할 것이다. 하늘의 평화가. 이것이 바로 이 땅에서 우리가 대속제물이 되어야 하는 이유다.

48. 우리가 늘 성령의 인도하심을 받아야 하는 이유

거듭난 후 성령을 따르는 자가 갖는 세 가지 대적은 세상, 사단, 그리고 육신이다. 그것들은 우리로 하여금 영적인 삶에서 멀어지게 한다.

세상은 우리의 외적인 적으로 늘 우리를 정복해 주님으로부터 떼어놓고자 한다. 그러나 주님은 말씀하신다. "이것을 너희에게 이르는 것은 너희로 내 안에서 평안을 누리게 하려 함이라. 세상에서는 너희가 환난을 당하나 담대하라 내가 세상을 이기었노라."(요16:33) 주님을 신뢰하는 자, 그 이름을 믿는 자는 결국 세상을 이길 수밖에 없다.

사단은 하나님을 대적하는 존재로 그도 우리를 주님으로부터 격리시키고자 한다. 하나님의 백성을 참소하고 넘어뜨린다. 욥의 경우가 대표적이다. 그러나 우리가 주님을 끝까지 신뢰하는 한 이 문제도 극복할 수 있다.

육신은 우리 안에 있는 적을 말한다. 우리의 심령을 게으르게 하고 주님으로부터 멀어지게 한다. 그러나 우리 안에 내재하시는 성령님의 지배를 받는 한 이 문제도 해결할 수 있다.

시편 기자는 말한다. "여호와여 나는 진실로 주의 종이요 주의 여종의 아들 곧 주의 종이라 주께서 나의 결박을 푸셨나이다."(시 116:16) 우리의 결박을 푸실 분은 오직 주님이심을 고백한다.

이러한 믿음은 확실하지만 육신이 연약한 우리는 자주 넘어진다. 거듭나지 못한 상태라면 그 흔들림은 심할 것이다. 그럴수록 성령을 사모할 필요가 있다.

바울은 갈라디아서를 통해 성령을 좇아 행하라 가르친다.

- "내가 이르노니 너희는 성령을 좇아 행하라. 그리하면 육체의 욕심을 이루지 아니하리라."(갈5:16)
- "육체의 소욕은 성령을 거스르고 성령의 소욕은 육체를 거스르나니 이 둘이 서로 대적함으로 너희의 원하는 것을 하지 못하게 하려 함이니라."(갈5:17)
- "그리스도께서 우리로 자유케 하려고 자유를 주셨으니 그러므로 굳세게 서서 다시는 종의 멍에를 매지 말라."(갈5:1) 여기서 종은 죄의 종, 속박 속에 있는 영혼을 말한다.
- "너희가 자유를 위하여 부르심을 입었으나 그 자유로 육체의 기회를 삼지 말고 오직 사랑으로 서로 종노릇하라."(갈5:13)

여기서 우리는 매일 '나'와 싸워야 하는 육체의 인간임을 깨닫게 된다. 바울은 로마서에서도 같은 교훈을 한다.

- "너희 육신이 연약하므로 내가 사람의 예대로 말하노니 전에 너희가 너희 지체를 부정과 불법에 드려 불법에 이른 것같이 이제는 너희 지체를 의에게 종으로 드려 거룩함에 이르라."(롬6:19)
- "내 속 곧 내 육신에 선한 것이 거하지 아니하는 줄을 아노니 원함은 내게 있으나 선을 행하는 것은 없노라."(롬7:18) 선을 행하고자 하는 마음은 있지만 그렇게 되지 않는다는 말이다.

바울은 고백한다. "오호라 나는 곤고한 사람이로다. 이 사망의 몸에서 누가 나를 건져 내랴."(롬7:24) 그것에서 나를 건져 낼 자는 오직 주님이시다.

- "오직 주 예수 그리스도로 말미암아 하나님께 감사하리로다. 그런즉 내 자신이 마음으로는 하나님의 법을, 육신으로는 죄의 법을 섬기노라."(롬7:25)
- "오직 주 예수 그리스도로 옷 입고 정욕을 위하여 육신의 일을 도모하지 말라."(롬13:14)

베드로는 우리로 하여금 다시금 죄의 종이 되지 말라 한다. "만일 저희가 우리 주되신 구주 예수 그리스도를 앎으로 세상의 더러움을 피한 후에 다시 그중에 얽매이고 지면 그 나중 형편이 처음보다 더 심하리니"(벧후2:20) 씻은 돼지가 다시 더러운 구덩이에 도로 눕는 것 같은 우를 범하지 말라는 것이다. 그리스도로 옷 입은 우리가 언제나 성령님의 인도하심을 받아야 하는 이유가 여기에 있다. 우리는 늘 연약하기에.

🍀 49. 메아 쿨파

금년은 프랑스 사회학자 에밀 뒤르케임 탄생 150주년이 되는 해

다. 한국사회이론학회에서는 그를 기념하여 특집을 냈다. 열두 분의 논문을 엮어 제목을 달았는데 그만 특집 제목이 '에밀 뒤르켐 150주년 탄생기념'으로 나오고 말았다. 뒤르케임이 뒤르켐으로 바뀐 것이다.

학회의 총무인 숙명여대의 이황직 교수가 먼저 자신의 책임이라며 사죄의 글을 학회 회원들에게 올렸다. 그런데 하루가 지나지 않아 경북대의 김광기 교수의 이메일이 떴다. 편집이사로서 책임이 자기에게 있다며 오히려 자신을 나무래 달라는 것이었다.

두 이메일을 받고 나서 오히려 느낀 것은 철자 하나의 잘못보다 모두가 "제 탓이에요."라고 말하는 두 교수의 아름다운 마음씨였다. 박영신 교수를 만나 이런저런 얘기를 하다 이 일을 두고 의견을 나누게 되었는데, 모두 두 분의 마음씨 때문에 아주 훈훈해짐을 느꼈다. 우리가 어떻게 말을 하느냐에 따라 그것이 추하기도 하고 아름답기도 하다. 두 교수는 아름다움을 보여주었다. 이들의 따뜻한 배려가 회원들의 가슴에서 결코 지워지지 않을 것이다.

"제 탓이에요." "It's my fault." "메아 쿨파(mea culpa)." 이 말은 하나님 나라의 언어다. 이 땅에서는 그 반대의 말이 오히려 많기 때문이다. 어떤 일이 일어났을 때 그것을 남의 탓으로 돌려 불평하고 화를 내고 공격하는 것이 우리네 습성이 아니던가. 그런데 오히려 그것을 자기 탓으로 돌리는 모습은 보는 모두에게 깊은 감동을 자아낸다. 그리고 그동안 숨어 있던 우리의 도덕심과 삶의 향기가 살아나는 것을 느낀다.

우리는 남 탓하기에 익숙하다. 그래서 얻은 것이 무엇인가. 그로 인해 우리의 관계는 더 메말라 가지 않는가. 자기 눈의 들보는 보지 못하고 남의 눈의 티를 보며 말하는 것은 악하다. 주님은 말씀하신다. "너는 네 눈 속에 있는 들보를 보지 못하면서 어찌하여 형제에게 말하기를 형제여 나로 네 눈 속에 있는 티를 빼게 하라 할 수 있느냐. 외식하는 자여 먼저 네 눈 속에서 들보를 빼라. 그 후에야 네가 밝히 보고 형제의 눈 속에 있는 티를 빼리라."(눅6:42)

비록 상대방이 잘못을 했다 해도 그것이 나로 인해 그리되었다는 마음을 가질 때 우리는 서로 따스한 마음과 사랑을 느낄 수 있다. 한동안 교회에서 메아 쿨파 운동을 전개한 일이 있었다. 이 말은 '제 탓입니다.'의 라틴어 표현이다. 어떤 결과에 대해 남을 탓하기 전에 먼저 나를 돌아보자는 것이다.

메아 쿨파가 주님과 어떤 관계가 있을까? 그 모범이 주님이 아니실까. 우리가 당연히 져야 할 죄 짐을 대신 지셨기 때문이다.

노아시대에 하나님은 인간을 창조한 것에 대해 후회하셨다. 인간이 너무나 악했기 때문이다. 하나님은 결국 인간을 홍수로 심판하셨다. 인간도 죽고 땅도 파괴되었다. 하지만 그 심판이 하나님을 만족시킬 순 없었다. 하나님은 선언하신다. "내가 다시는 사람으로 인하여 땅을 저주하지 아니하리니 이는 사람의 마음의 계획하는 바가 어려서부터 악함이라."(창8:21) 그 심판으로도 인간의 악함이 제거되지 않는다는 것을 아신 것이다.

결국 하나님은 독생자 예수를 이 땅에 보내 우리를 위해 피를 흘리게 하신다. 주님은 붙잡히시기 전 제자들과 성찬을 나누며 말씀하신다. "너희가 다 이것을 마시라. 이것은 죄 사함을 얻게 하려고 많은 사람을 위하여 흘리는바 나의 피 곧 언약의 피니라."(마26:27,

28) 바로 이 말씀이 "메아 쿨파"라고 하시는 것은 아닐까. 오히려 우리 탓인데.

우리가 하나님 앞에 죄를 지었지만 주님은 오히려 "메아 쿨파" 하시며 십자가를 지고 피를 흘리셨다. 아무 죄도 없으신 주님이 우리 대신 수모를 당하고, 죽으신 것이다. 자식이 잘못했음에도 불구하고 자기의 잘못이라고 말하는 부모처럼. 그러니 "제 탓이요." 하면 우리를 향한 주님의 그 깊은 사랑이 어찌 느껴지지 않겠는가. 이제 우리도 서로 "제 탓입니다."로 사랑의 기운을 나눠야 할 것이다. "제 탓입니다." 얼마나 아름다운 말인가.

50. 구약의 하나님과 신약의 하나님

구약의 하나님과 신약의 하나님이 다를 수 있을까? 어떤 이는 구약의 하나님은 두려움을 주는 하나님이심에 반해 신약의 하나님은 그렇지 않다고 말하기도 한다. 정말 그럴까. 이번 묵상은 이런 물음에서 출발해 본다.

구약에서는 하나님의 주요 명칭으로 여섯 가지가 있다. 엘, 엘로힘, 엘욘, 아도나이, 샤다이 또는 엘-샤다이, 그리고 야훼 또는 야훼 체바오트다.

엘(El)은 '울'(Ul)에서 온 것으로, '처음(first), 주(Lord), 강하신 (strong), 능력 있는(mighty)'이란 뜻을 가지고 있다. 능력의 하나님은 창조의 하나님이심을 드러낸다.

엘로힘(Elohim)은 '엘로아흐(Eloah)'의 복수 형태로 '울' 또는 '알라흐(alah)'에서 나왔다. 알라흐는 두려움의 대상(object of fear), 높으신 분을 뜻한다. 엘로아흐는 시에서 주로 사용된다. 엘로힘은 일반적으로 복수로 사용하는데 이것은 능력의 강함과 완전함을 상징한다.

엘욘(Elyon)은 높으신(high, exalted) 하나님, 초월의(transcendent) 하나님을 뜻한다. 알라흐에서 나온 것으로 본다.

아도나이(Adonai)는 통치하시는 하나님이다. '둔(dun, din)' 또는 '아단(adan)'에서 나온 것으로 통치, 지배(judge, rule)라는 뜻을 가지고 있다. 하나님을 전능하신 통치자로, 인간을 종으로 표현할 때 사용한다.

샤다이(Shaddai)와 엘샤다이(El-Shaddai)는 아브라함의 하나님이라 할 때 많이 사용되었다. 샤다이는 '샤다드(Shadad)'에서 나온 것으로 강력하다는(powerful) 뜻을 가지고 있다. 하늘과 땅의 모든 권세를 가지신 분이다. 축복과 위로의 근원이 되신다. '샤드(Shad)'는 주 (Lord)라는 뜻을 가지고 있다.

야훼(Yahweh)의 어원과 뜻은 정확히 알 수 없다. 그러나 존재(to be)의 뜻을 가진 히브리 동사 '하야흐(hayah)'에서 나온 것으로 보기도 한다. 출애굽기 3장 14절에 "스스로 있는 자"(I am that I am 또는 I shall be what I shall be)라 하셨다. 이것은 하나님의 불변성, 곧 그의 본질적 존재성의 불변성 또는 자기 백성과의 관계에 있어서의 불변성과 확실성. 언약 이행에 대한 하나님의 신실하심을 드러내는 것으로 이해한다. 이것은 이스라엘의 하나님 외에 다른 신은 없다는 확신으로 이어진다. '야흐(Yah)'나 '야후(Yahu)'는 야훼를 줄여쓴 말이다. 이스라엘 사람들은 "여호와의 이름을 훼방하면(names) 그를 반드시 죽일지니"(레24:16)의 말씀에 따라 성경을 읽을 때 야훼 대신 아도나이나 엘로힘으로 바꿔 읽는 습관이 있다. 야훼 체바오트는 '만군(hosts)의 여호와'라는 뜻이다. 하나님께서 만물의 창조자이시고 만군의 통치자 되심을 나타내는 명칭이다. 이 많은 창조물에 대해 하나님은 명령권을 가지고 계신다. 만군의 여호와는 가끔 천사들과 관련해 언급된다. 천사들로 둘러싸인 영광의 왕이시다. 만군의 여호와는 신약에서 '만군의 주'(롬9:29;약5:4)로 표시된다.

신약에서 하나님의 주요 명칭은 데오스, 큐리오스, 파테르이다.

데오스(Theos)는 구약에서 엘, 엘로힘, 엘욘, 샤다이, 엘-샤다이와 같은 뜻으로 사용된다. 예를 들어 'Hupsistos Theos'는 엘로힘과 같고, 'Pantokrator, Theos Pantokrator'는 샤다이 또는 엘-샤다이에 해당된다.

큐리오스(Kurios)는 야훼, 아도나이와 같다. 큐리오스는 능력이나 힘을 뜻하는 큐로스(kuros)에서 나왔다.

파테르(Pater)는 아버지라는 뜻이다. 혹시 이 때문에 구약의 하나님이 신약의 하나님과 다르다 생각하면 오산이다. 이것은 구약에서도 나타나기 때문이다. 구약에서는 하나님과 이스라엘의 관계를 나타낼 때 이 단어를 사용했고(신32:6;시103:13;사63:16;64:8;렘3:4, 19;31:9;말1:6;2:10), 이스라엘은 하나님의 아들로 불렸다(출4:22;신

14:1;32:19;사1:2;렘31:20;호1:10;11:1). 신약에서 아버지는 창조자를 나타낼 때(고전8:6;엡3;15;히12:9;약1:18), 삼위의 첫 번째 인격으로서, 그리고 모든 성도를 자기의 영적 자녀로 말할 때 이 명칭을 사용했다.

지금까지 구약에서의 하나님의 명칭과 신약에서의 하나님의 명칭을 살펴보았다. 그 결과 한마디로 구약의 하나님과 신약의 하나님은 동일하시다는 것이다. 구약과 신약이 다른 것이 아니다. 전에도 계시고, 이제도 계시고, 앞으로도 영원히 계실 하나님이시다. 그분은 알파와 오메가요 처음과 나중이며 시작과 끝이시다. 그분은 변함이 없으시며, 우리의 찬양을 받으시기에 합당하신 분이시다. 오직 그분께 영광을.

51. 아브라함의 하나님, 이삭의 하나님, 야곱의 하나님

하나님은 자신을 가리켜 '아브라함의 하나님, 이삭의 하나님, 야곱의 하나님'이라 하셨다. 여기에는 특별한 의미가 있다. 성경 신학에서는 그들과 맺어진 언약을 중시한다. 히브리서 기자는 하나님을 향한 그들의 믿음을 귀하게 본다.

구약을 보면 조상의 하나님이 강조되는 것을 볼 수 있다. 야곱과 라반이 언약을 할 때 라반은 말한다. "아브라함의 하나님, 나홀의 하나님, 그들의 조상의 하나님은 우리 사이에 판단하옵소서." 이에 대해 야곱은 그의 아버지 이삭이 경외하는 이를 가리켜 맹세하였다(창 31:53). 각기 자기 조상의 중시하는 하나님을 그들도 경외하고, 그를 가리켜 맹세한 것이다.

모세가 하나님 뵙기를 두려워하자 하나님은 말씀하신다. "나는 네 조상의 하나님이니 아브라함의 하나님, 이삭의 하나님, 야곱의 하나님이니라."(출3:6) 모세의 지팡이가 뱀이 되는 사건을 통해서도 하나님은 말씀하신다. "이는 그들에게 그들의 조상의 하나님 곧 아브라함의 하나님, 이삭의 하나님, 야곱의 하나님 여호와가 네게 나타난 줄을 믿게 하려 함이라."(출4:5) 하나님께서 자신을 '조상의 하나님'이라 한 것은 그들과의 강한 연대감이 있음을 드러낸다. 그 연대감에는 하나님이 그들에게 약속한 언약과 그들이 하나님께 보여준 믿음이 담겨 있다.

히브리서 11장을 보자. 아브라함의 경우 그를 부르신 것과 순종, 이삭을 드리라는 명령과 그에 대한 순종, 그리고 당대에서는 언약의 이루심을 보지 못했지만 먼 훗날에 이루어질 약속을 바라보는 신앙을 귀하게 보았다. 이것은 하나님께서 왜 아브라함의 하나님이 되셨는가를 보여주는 근거다.

- "믿음으로 아브라함은 부르심을 받았을 때에 순종하여 장래 기업으로 받을 땅에 나갈 새 갈 바를 알지 못하고 나갔으며 [－－] 시험을 받을 때에 믿음으로 이삭을 드렸으니 저는 약속을 받은 자로되 그 독생자를 드렸느니라. [－－] 저가 하나님이 능히 죽은 자 가운데서 다시 살리실 줄로 생각한지라."(히11:8, 17, 19)

● "이 사람들은 다 믿음을 따라 죽었으며 약속을 받지 못하였으되 그것들을 멀리서 보고 환영하며 또 땅에서는 외국인과 나그네로라 증거하였으니 [--] 저희가 이제는 더 나은 본향을 사모하니 곧 하늘에 있는 것이라. 그러므로 하나님이 저희 하나님이라 일컬음 받으심을 부끄러워 아니하시고 저희를 위하여 한 성을 예비하셨느니라."(히11:13, 16)

이삭의 경우 아브라함에 비해 아주 짧게 언급된다. 아브라함이 그를 제물로 드리려 했을 때 그가 순종한 것, 그리고 믿음으로 자녀를 축복한 것이다. "믿음으로 이삭은 장차 오는 일에 대하여 야곱과 에서에게 축복하였으며"(히11:20) 야곱은 많은 축복을 받았지만 이에 비해 에서가 받은 축복은 보잘것없었다. 본래 그는 에서를 사랑했다. 하지만 한번 축복한 축복을 거둬들이지 않았다. 울부짖는 에서를 보며 얼마나 가슴이 아팠을까. 그러나 그 모두에는 하나님의 뜻이 담겨 있으리라 보았다. 여기서 우리는 하나님을 향한 이삭의 믿음을 본다.

야곱은 가정적이고 조용했지만 자기에게 이익이 된다면 잘못도 불사한 인물이었다. 그는 아버지 이삭을 속이고 축복을 받아냄으로써 형 에서의 분노를 자아냈다. 하지만 그의 속임수는 끝까지 가지 못했다. 하나님은 속임수에 관한 한 그보다 한 수 위인 라반을 붙여줌으로써 어려움을 겪게 하셨다. 자기의 꾀가 더 이상 통하지 않는다는 것을 알게 된 것은 그가 얍복 강가에서 하나님의 사자와 씨름할 때였다. 하나님은 그로 하여금 더 이상 자신의 꾀를 의지하지 않게 하시고, 하나님을 의지하게 만드셨다. 그는 체험 있는 신앙인으로 거듭났다. 히브리서 기자는 나이든 야곱을 이렇게 묘사한다. "믿음으로 야곱은 죽을 때에 요셉의 각 아들에게 축복하고 그 지팡이 머리에 의지하여 경배하였으며"(히11:21) 야곱의 삶이 이렇게 한 절로 요약된다. '그 지팡이 머리에 의지하여 경배하였으며'는 그가 더 이상 자신을 의지하지 않고 오직 하나님을 의지하는 인물이 되었음을 보여준다. 그의 삶 전체가 변한 것이다. 하나님은 변화한 야곱을 사랑하셨고, 야곱의 하나님이 되셨다.

  '아브라함의 하나님, 이삭의 하나님, 야곱의 하나님.' 이 하나님은 믿음의 조상들이 섬겨온 하나님이다. 우리도 그들이 경외해 온 하나님을 한결같이 섬긴다. 그러나 조상의 하나님이라는 말 속에는 그들이 하나님과의 관계에서 경험하고 체험한 고백들이 녹아들어 있다. 하나님은 그들의 믿음과 경배를 받으셨고, 변화한 모습을 기뻐하셨다. 과거의 야곱이 아니라 변화된 야곱의 하나님이 되신 것이다. 예수님은 하나님을 가리켜 '죽은 자의 하나님이 아니라 산 자의 하나님'(막12:27‘눅20:38)이라 하셨다. 믿음으로 산 자들, 영적으로 산 자들의 하나님이신 것이다. 우리도 하나님과의 관계에서 살아 있는 역사, 그분을 맛보고 체험하는 역사, 그리고 변화하는 역사가 일어나야 한다. 그래야 그 하나님이 나의 하나님이심을 온몸으로 느낄 수 있을 것이다.

52. 사라를 웃게 하신 하나님

　롯이 동맹군의 포로가 되고, 아브라함이 자기 사병을 동원해 그를 구원했던 사건이 난 후 하나님은 아브라함에게 자손의 번성을 약속하셨다. 하나님이 그에게 물질의 번성을 약속하신 이후 두 번째 약속이었다. 자손의 번성은 단지 그의 육적인 후손이 많아지리라는 것보다 영적인 후손이 많아지리라는 뜻을 담고 있다. 하나님이 자손들이라 하지 않고 자손이라 한 것은 한 사람, 곧 예수 그리스도를 가리킨다(갈3:16). 이는 땅의 티끌 같은 육신의 후손이 아니라 그리스도로 말미암아 하늘의 별과 같이 빛날 아브라함의 영적 후손들이다.

　그러나 그 약속을 받은 지 10년이 지났지만 아브라함에게는 아들이 없었다. 그는 사라의 권고로 당시의 풍습을 따라 첩 하갈을 취해 이스마엘을 얻었다. 이것은 하나님의 거룩한 약속을 바라보며 참고 견디어야 했음에도 불구하고 그렇지 못했다는 점에서 큰 실수였다. 이것은 분명 하나님의 방법이 아니었다. 인간은 이처럼 조급하다.

　이스마엘을 낳은 후 13년 동안 하나님은 아브라함과 교통을 끊었다. 긴 침묵의 기간을 둔 것이다. 이스마엘이 성년이 되는 나이 13세에, 그리고 아브라함의 나이 99세에 하나님은 이스마엘을 아브라함에게서 떠나게 했다. 이것은 그가 성년이 되었음을 의미하는 것으로, 결코 그를 버린 것이 아니었다. 또한 아브라함의 나이 99세는 백 세를 바라보는 것으로, 육적으로는 사라의 태가 말라 죽은 것같이 인식되는 시기이기도 하다. 하나님은 자신의 능력과 영광을 나타내기 위해 그때를 기다리셨다. 그리고 아브라함 부부로 하여금 인간적으로 더 이상 어찌할 수 없다는 것을 철저히 깨닫게 하셨다. 이 깨달음을 통해 온전히 하나님만 의지하게 하고, 그때를 기다리면서 그들에게 은혜 베풀기를 바라셨다. 그러므로 그 13년은 헛된 공백이 아니라 그때를 기다림이요 영적 회복의 기간이었다.

이 시기가 지나고 하루는 하나님의 사자들이 그의 집을 방문했을 때 곧 아들이 있을 것이라는 말을 들었다. 그 말에 사라는 웃었다. 단산된 지경에서 이 일이 어찌 가능하다는 말인가. 그 웃음에는 불신앙적인 면도 있었다. 하지만 기대도 저버리지 않았다. 하나님이 하신다면. 히브리서 기자는 말한다. "믿음으로 사라 자신도 나이 늙어 단산하였으나 잉태하는 힘을 얻었으니 이는 약속하신 이를 미쁘신 줄 앎이라."(히11:11) 믿음이 있었다는 말이다.

사라는 하나님이 정하신 때에 이삭을 낳았다(창21:2). 그는 기쁨을 억제하지 못해 웃으며 말했다. "하나님이 나로 웃게 하시니 듣는 자가 다 나와 함께 웃으리로다."(창21:6) 감사와 감격이 웃음으로 표현된 것이다. 이 웃음이 상징이 되어 아들의 이름도 '이삭'이라 했다. 이삭은 웃음이라는 뜻이다.

이 웃음과 함께 온 가족에 기쁨이 충만했다는 것을 나타내는 말씀이 소개된다. "사라가 자식들을 젖 먹이겠다고 누가 아브라함에게 말하였으리요마는 [ㅡㅡ] 내가 아들을 낳았도다."(창21:7) 여기서 자식들이라 복수를 사용한 것은 지방 풍속을 따른 것으로 보인다. 풍습에 따르면 새 어머니가 동네 아이들에게 한 번씩 돌아가며 젖을 빨게 함으로써 참으로 아기를 낳은 어머니라는 것을 증명해 보인다고 한다. 사라가 젖 먹이는 모습, 그것을 보며 웃어대는 사람들. 얼마나 기쁨이 넘치는 장면이 아닌가.

아브라함과 이삭에 이어 수많은 믿음의 사람들이 태어났다. 복의 근원이 된 것이다. 히브리서는 계속해서 언급한다.

"이러므로 죽은 자와 방불한 한 사람으로 말미암아 하늘에 허다한 별과 또 해변의 무수한 모래와 같이 많이 생육하였느니라. 이 사람들은 다 믿음을 따라 죽었으며 약속을 받지 못하였으되 그것들을 멀리서 보고 환영하며 또 땅에서는 외국인과 나그네로라 증거하였으니 이같이 말하는 자들은 본향 찾는 것을 나타냄이라."(히11:12-14)

아브라함은 네 자손이 하늘에 허다한 별과 해변의 무수한 모래와 같을 것이라 했다. 그 허다한 별과 무수한 모래 속에 당신이 있다. 아브라함은 단지 이삭 하나를 보았지만 그는 그를 통해 이뤄질 하나님의 원대한 구원 계획을 보았다. 그리고 기뻐했다. 사라도 하나님의 나라에서 그 많은 믿음의 사람들을 보며 웃을 것이다. 사라로 웃게 하신 이는 바로 우리 하나님이시다. 역사와 세계를 꿰뚫으며 역사하시는 그 놀랍고, 기쁜 장면 속에 당신이 있다. 오늘도 본향을 찾아가는 하나님의 사람으로. 얼마나 감사한 일인가.

53. 욥의 신앙고백

"내가 알기에는 나의 구속자가 살아계시니 후일에 그가 땅 위에 서실 것이라. 나의 이 가죽, 이것이 썩은 후에 내가 육체 밖에서 하나님을 보리라. 내가 친히 그를 보리니 내 눈으로 그를 보기를 외인(another)처럼 하지 않을 것이라. 내 마음이 초급하구나."(욥19:25－27)

욥기 가운데 가장 핵심이 되는 이 신앙고백은 그의 부활 신앙의 정수이다. 그는 살아계신 하나님이 그가 죽은 후에라도 자기를 변호해 주실 것을 기대하면서 자신의 고난을 미래의 눈으로 바라보았다. 그는 인간적인 구원자보다 신적인 구원자, 곧 이스라엘의 고엘(goel)을 기대했다. 고엘은 자기 백성을 보호하고 구원하는 하나님을 말한다. 하나님이 법적 보호자 역할을 한다.

'땅 위에'라는 말은 '지상에' 또는 '욥의 무덤에'로 바꾸어 해석될 수 있다. '육체 밖에서'라는 말은 그가 부활할 때 받을 몸을 기대하는 경우와 육체를 입지 못한 상태에서 고엘의 변호를 기대한다는 두 가지 경우로 생각할 수 있다. 눈으로 구속자 보기를 갈망하고 있기 때문에 전자의 경우가 더 합당할 것이다. 내 마음이 초급하다(faint)는 것은 이 같은 생각이 나를 압도하고 있다는 것을 뜻한다. 이 신앙고백은 사람이 죽으면 어찌 다시 살리이까(욥14:14)에 대한 답변이 된다.

바벨론 신화에 이시탈(Ishtar)은 저 세상으로 죽음의 길을 여행하는 여신이다. 이에 반해 탐무즈는 채소신으로 겨울에는 죽고 봄마다 살아난다. 당시 사람들은 인간이 죽지만 봄에 다시 피어오르는 생명체처럼 다시 부활할 것을 믿었다.

이에 비해 이스라엘 민족은 부활신앙을 가지고 있었다. 그들은 의로운 자는 죽음 가운데 영원히 버림받지 않는다는 믿음을 가지고 있었다. "사망 중에서는 주를 기억함이 없사오니 음부에서 주께 감사할 자 누구리이까."(시6:5) "주의 죽은 자들은 살아나고 우리의 시체들은 일어나리이다. 티끌에 거하는 자들아 너희는 깨어 노래하라."(사26:19) 그들은 다시 살아 하나님을 찬송할 자들이다. 그들은 메시아가 가져올 영원한 왕국에 대한 소망을 이같이 나타냈다. 이 신앙은 여러 곳에서 나타난다.

- "내 영혼을 음부에 버리지 아니하시며 주의 거룩한 자로 썩지 않게 하실 것임이니이다. 주께서 생명의 길로 내게 보이시리니 주의 앞에는 기쁨이 충만하고 주의 우편에는 영원한 즐거움이 있나이다."(시16:10, 11)
- "만군의 여호와께서 이 산에서 [ㅡㅡ] 사망을 영원히 멸하실 것이라. 주 여호와께서 모든 얼굴에서 눈물을 씻기시며"(사25:6-9)

시편 16편 10절의 말씀은 메시아의 죽음과 부활을 예언한 것으로 베드로는 이 예언이 예수님의 부활로 성취되었음을 입증(행2:25-36)했다. 이사야 25장의 이 산은 시온산에서의 예수님의 부활을 의미한다. 사망이 이김의 삼킨바 되리라고 기록된 말씀이 응한 것이다(고전15:54).

부활은 누구에게나 있다. 믿는 자뿐 아니라 믿지 않는 자에게도 부활은 있다. 그러나 그 부활의 결과는 다르다. "땅의 티끌 가운데서 자는 자 중에 많이 깨어 영생을 얻는 자도 있겠고 치욕을 받아서 무궁히 부끄러움을 입을 자도 있을 것이며"(단12:2) 의로운 자와 악한 자 모두 부활하지만 의로운 자는 영생의 부활이, 악한 자는 심판의 부활이 있게 된다는 말이다. 죽은 자의 부활이 없다면 종말의 심판도 있을 수 없다.

바울은 그리스도를 만난 후 부활에 대한 소망을 피력하는 가운데 세상을 떠나면 그리스도와 함께 있게 되고(빌1:23), 그래서 죽음 앞에서도 기뻐할 수 있다(빌2:17)고 고백한다.

생명과 주검은 하나님이 주장하신다. 우리의 모든 것은 그의 주권 아래 있다. 한나는 기도하는 가운데 고백한다. "하나님은 죽이기도 하시고 살리기도 하시며 음부에 내리게도 하시고 올리기도 하시는도다(삼상2:6)." 유다 왕 여호사밧이 아람왕의 편지를 받고 "내가 어찌 하나님이관대 능히 사람을 죽이며 살릴 수 있으랴."(왕하5:7) 말한다. 그것은 하나님의 영역이라는 것이다. 주님은 말씀하신다. "내가 죽이기도 하며 살리기도 하며 상하게도 하며 낫게도 하나니 내 손에서 능히 건질 자 없도다."(신32:39) 부활도 하나님께 속해 있다.

중요한 것은 부활 신앙이 우리가 이 땅에 살 때에, 그리고 주님의 일을 할 때 더욱 힘을 발휘한다는 것이다. 부활사건으로 제자들은 더욱 대담해졌다. 예수를 들어 부활의 도를 전하는 것을 싫어한 유대 종교지도자들은 제자들을 잡아 옥에 가두었다. 그러자 베드로가 담대히 말했다. "하나님이 죽은 자 가운데서 살리신 예수 그리스도의 이름으로 이 사람이 건강하게 되어 너희 앞에 섰느니라."(행4:10)

달라졌다는 말이다. 바울도 아덴에서 예수와 그 몸의 부활을 전했다. 욥도 부활신앙 때문에 고통을 이길 수 있었다. 부활을 아는 사람은 용기를 잃지 않는다. 미래에 대한 소망이 있기 때문이다. 당신은 오늘도 이 소망을 안고 사는가.

54. 작은 팸플릿의 위력

2007년 8월 3일 포항공대 본관 대회의실에서 평양과기대 설립 준비 학사위원회가 열렸다. 박찬모 총장이 9월 퇴임을 앞두고 마련한 회의였다. 박 총장은 평양과기대 설립 공동대표를 맡고 있기도 하지만 전자통신학부 설립 학부장으로서의 역할도 맡으셨다. 말로만 듣던 포항공대를 보니 아름답기도 하거니와 자랑스러운 느낌도 들었다.

회의를 마치고 돌아오는 길에 포항공대 장수영 교수가 고속터미널까지 데려다 주었다. 차 속에서 여러 이야기를 하는 가운데 연변과기대 교수이자 현재 평양과기대 설립 부총장 역할을 충실히 담당하고 있는 정진호 교수 이야기를 했다.

그분이 보스턴에 있을 때 정 교수와 여럿이 성경공부를 하고 있었다. 어느 날 보스턴에서 한인 유학생을 위한 코스타(KOSTA)가 열린다는 팸플릿을 받았지만 본인은 그것에 별 관심이 없어 무심코 그것을 정 교수에게 주었다는 것이다. 그런데 정 교수는 그것을 보고 코스타에 참석하게 되었고, 그곳에서 연변과기대를 설립 중이었던 김진경 총장을 만나 헌신하게 되었다는 것이다. 물론 하나님의 인도하심이 있었겠지만 그 작은 팸플릿의 위력을 깨달았다고 했다. 장 교수 본인은 이제야 봉사의 중요성을 깨닫고 몽골의 대학에 가서 돕는 일을 시작했다고 한다. 하나님이 부르실 때는 다 때가 있다는 것을 다시금 느꼈다.

이 얘기를 들으니 갑자기 인도의 전도 이야기가 생각났다. 인도의 성자 썬다싱이 어느 역전에서 전도지를 나눠주고 있었다. 그런데 한 승객이 전도지를 받자마자 반으로 찢어 창밖으로 던지는 것이었다. 우리 전도자도 이런 일을 당하곤 한다. 그런 땐 황당하고 주변의 따가운 시선에 숨고 싶을 것이다. 그 모습에 썬다싱도 당황하지 않을 수 없었다. 한마디 해 주고 싶었지만 참았다. 그러나 역사는 다른 데서 일어났다.

마침 한 청년이 인생을 비관하여 차에 자신의 몸을 던질까 생각하며 얼굴을 돌리는 순간 날아온 종이쪽지가 그의 얼굴에 붙은 것이었다. 청년은 그 쪽지를 읽어보았다. 그 속에는 생명의 떡, 생명의 양식에 대해 소개하고 있었다. 생명의 양식이 무슨 말인지 몰라 수소문한 끝에 기독교에서 하는 말이라는 이야기를 듣고 교회를 찾아가게 되었다. 그 후 생명의 양식에 접한 그는 그리스도를 영접한 후 훌륭한 그리스도인이 되었다.

무심코 전해 준 한 장의 종이. 무심코 전해 준 한 장의 전도지. 그곳에서도 하나님의 능력이 나타난다는 사실. 얼마나 놀라운 일인

가. 이땐 디모데에게 준 바울의 말씀이 생각난다. "너는 말씀을 전파하라. 때를 얻든지 못 얻든지 항상 힘쓰라."(딤후4:2) 전도할 때 용기를 잃어서는 안 될 이유가 될 것이다.

전도 쪽지 하나 전하는 것, 그것은 작은 일이다. 그러나 그것에 하나님의 능력과 뜻이 나타나면 효력은 상상을 초월한다. 허드슨 테일러는 "작은 일도 작은 일이 아니다. 작은 일에 정성을 쏟으면 큰 일이 된다."고 했는데, 그는 과연 이 하늘의 비밀을 알았을까. 마더 테레사도 말했다. "나는 큰일을 하지 않는다. 나는 작은 일을 한다. 나는 그 작은 일을 큰 사랑으로 한다. 그 작은 일이 큰일이 되었다." 하나님의 사람들이 하는 일은 늘 이런 고백이 따른다.

하나님은 한 사람의 회심, 한 사람의 회개, 한 사람의 돌아옴을 기뻐하신다. 한 사람이 회개하면 천국에서는 잔치가 벌어진다. 그 한 생명이 중요하기 때문이다. 그 산 생명이 앞으로 주님의 일을 하게 될지 아무도 모른다. 하나님의 일은 바로 이 한 사람으로부터, 또 작은 일에서 시작된다.

작은 것이 큰 것으로 변하는 이 기적은 성령님의 도움 없이는 안 된다. 빌리 그래햄은 고백했다. "과거엔 정성을 다하면 된다고 생각했습니다. 이제는 나 자신의 힘을 빼버리고 전도하기로 결심했습니다. 성령에 맡기고 전도합니다." 하나님의 일은 성령님이 하신다. 나는 그저 도구일 뿐이다. 복음도 성령님이 전하신다. 나는 그저 한 작은 도구일 뿐이다. 테레사는 자신을 가리켜 '하나님이 쓰신 작은 몽당연필'이라 했다. 그 작은 연필로도 큰일을 하지 않았던가. 그가 한 것이 아니다. 하나님이 하셨다. 그러니 감사할 것밖에 없다.

55. 내면의 성숙과 만날 때

"하나님이 큰 구원으로 당신들의 생명을 보존하고 당신들의 후손을 세상에 두시려고 나를 당신들 앞서 보내셨나니 그런즉 나를 이리로 보낸 자는 당신들이 아니요 하나님이시라 하나님이 나로 바로의 아비를 삼으시며 그 온 집의 주를 삼으시며 애굽 온 땅의 치리자로 삼으셨나이다."(창45:7, 8)

이 말씀은 자기를 판 형제들 앞에서 자신이 요셉임을 밝히는 대목이다. 인간적으로 볼 때 자기를 판 형제들을 용서할 수 없었을 것이다. 그런데 그는 그 모든 일에 하나님의 뜻이 있었음을 알았고, 이제 형제들을 용서하며 오히려 형제들을 설득하고 있다. 그 지체 높은 애굽 총리가 요셉임을 알았을 때 형제들의 가슴은 철렁 내려앉았을 것이다. 이젠 죽었구나. 그러나 요셉의 이 한마디로 그들은 살았다. 지옥에 떨어진 자신들이 구원을 받은 느낌이었을 것이다. 우리는 여기서 요셉의 좌절이 아니라 믿음으로 일어선 모습을 본다.

믿음은 삶의 용기를 요구한다. 좌절이 아니라 일어설 것을 말하고, 고난을 극복하도록 한다. 하나님은 고난을 통해 삶에 진정한 용기가 무엇인가를 보여주고 그 용기를 가지고 살도록 교훈하신다. 하나님은 믿음의 눈을 가지고 우리의 고난스런 삶을 기쁨의 삶으로 만드는 자를 사랑하신다.

알라바마주 엔터프라이즈시의 재판소 앞에 돌탑 비석이 서있다.

이 비석에 다음과 같은 글이 쓰여 있다.

"우리는 목화를 갉아먹었던 벌레에 깊은 감사를 표한다. 이 벌레는 우리에게 번영의 계기를 주었고, 하면 된다는 신념을 심어주었다. 목화벌레들이여, 다시 한 번 그대들의 노고에 감사를 드린다."

이곳은 원래 목화산업이 주를 이루었다. 그러나 1895년 목화벌레가 극성을 부려 기근은 물론 실직사태가 일게 되었다. 이곳 사람들은 이러한 고통에도 불구하고 다시 도전하여 목화 대신 콩, 감자, 옥수수 등을 심었다. 그리하여 지금은 세계적인 땅콩 생산지가 되었다. 고통이 오히려 성공의 길을 열어준 것이다.

한 집사님이 손목 하나를 잘리는 사고를 당했다. 교회 목사님은 어떻게 위로할지 모르는 가운데 병원을 방문했다. "하나님은 왜 그렇게 신실한 사람의 손목까지 잃게 하실까?" 원망하며. 병실에 들어서자 집사님은 예상외로 환하게 맞았다. 그러면서 이렇게 말하는 것이었다. "목사님 저를 위로하려 하지 마세요. 저는 오히려 감사하고 있습니다. 저는 지금까지 두 손이 있다는 것에 대해 한 번도 감사하다고 생각해 본 적이 없었습니다. 그러나 한 손을 잃은 사고를 당한 후 손이 얼마나 중하다는 것을 새삼 깨닫게 되었습니다. 하나님은 두 손을 다 가져갈 수 있었지만 저에게 한 손을 남겨 두셨습니다. 하나님께 감사할 것밖에 없습니다." 보통 사람 같으면 원망부터 했을 것이다. "하필이면 왜 나냐?"고 할 것이다. 그러나 집사님은 이 사건을 통해 믿음의 눈을 가지게 되었다.

신앙은 부정적으로 사고하게 만드는 것이 아니라 긍정적으로 사고하게 만든다. 긍정적인 사람은 장애를 좌절로 받는 것이 아니라 오히려 그것을 딛고 올라설 발판으로 만든다. 이런 사람이 진짜 성숙한 사람이다. 우리에게 필요한 것은 믿음의 눈이다. 그 눈을 가지면 삶이 아름답게 보인다. 그 눈을 가지고 참고 힘 있게 살아가는 사람에게는 보통 사람이 가지지 못하는 용기가 있다. 그 용기가 아름답다. 우리 속에 그런 사람이 많아져야 한다. 믿음으로 사람들의 용기가. 그 용기가 내면의 성숙과 만날 때 감사가 넘치게 된다. 그 모습은 보는 이로 하여금 감동으로 다가온다.

56. 순종의 원칙과 양육의 원칙

하나님은 인간을 지으신 다음 생육하고 번성하라(창1:28) 하셨다. 이것은 인간을 향한 하나님의 축복이기도 하다. 사람이 자녀를 낳고 자녀로부터 존경을 받으며, 그 자녀를 하나님의 뜻에 맞게 양육하는 것은 보람된 일이다. 성경은 크리스천 가정에 두 원칙, 순종의 원칙과 양육의 원칙이 필요함을 강조한다.

부모에 대한 자녀의 관계는 순종의 원칙이 적용된다. 십계명 중 제5계명은 "네 부모를 공경하라."는 엄한 명령이다. 부모와 자식의 관계는 종적이다. 종적인 관계는 순종이 원칙이다. 그 원칙이 깨지면 가정의 위계질서가 서지 않는다. 가정에서의 자연스러운 순종이 하나님을 향한 순종으로 이어져야 한다.

순종을 잘하는 자녀에 대해 하나님은 약속을 하신다. "그리하면 너의 하나님 나 여호와가 네게 준 땅에서 네 생명이 길리라."(출 20:12) "그리하면 너의 하나님 여호와가 네게 준 땅에서 네가 생명이 길고 복을 누리리라."(신5:16) 부모공경이 장수와 연결됨을 알 수 있다. 바울은 계명과 연관해 다음과 같이 교인들에게 가르쳤다. "자녀들아 너희 부모를 주 안에서 순종하라. 이것이 옳으니라. 네 아버지와 어머니를 공경하라. 이것이 약속 있는 첫 계명이니 이는 네가 잘되고 땅에서 장수하리라."(엡6:1-3)

가정에는 순종만 존재하는 것이 아니다. 부모는 자녀에 대한 교육, 특히 영적 교육에 대한 책임이 있다. 자녀에 대한 부모의 역할에서 양육의 원칙이 적용되는 것이다. 하나님은 이스라엘 백성들에게 하나님의 말씀을 마음에 새기고, 그 말씀을 네 자녀에게 부지런히 가르치라 하셨다. 집에 있든 길을 가든 눕든 일어나든 말씀을 강론하고, 손목과 미간과 문설주에 말씀을 두라 하셨다(신6:6-9). 이것은 "너와 네 아들과 네 손자로 평생에 하나님 여호와를 경외하며 네게 명한 모든 규례와 명령을 지키게 하기 위한 것이며 또 네 날을 장구케 하기 위한 것이라."(신6:2) 하나님을 경외하고 그 말씀을 지키게 하는 것은 부모순종 못지않게 중요하며, 이로써 '네 날을 장구케 하는' 복을 얻게 된다. 부모순종과 하나님 말씀순종이 따로 있지 않다.

아브라함 링컨은 켄터키의 가난한 집에서 태어났다. 아버지, 어머니는 노동자였다. 그 어머니는 성경을 링컨에게 읽어주고 자기도 읽

으면서 신앙을 심어주었다. 아홉 살 때 어머니가 죽으면서 "아버지
와 누나의 말을 잘 듣고 이웃을 사랑하고 하나님을 경외하라."는 유
언을 남겼다. 새로 들어온 어머니도 링컨을 신앙으로 키웠다. 위대한
사람이 될 만한 조건을 하나님은 한 가지도 링컨에게 주지 않았다.
다만 링컨에게 빈곤과 훌륭한 신앙의 어머니를 주었다. 이것이 링컨
을 위대하게 만든 유일한 조건이었다.

하나님은 부모에게 자녀를 주고, 교육할 수 있는 복을 주셨다. 그
러므로 먼저 하나님의 은혜에 감사하라. 그리고 자녀에게도 감사하
라. 그들이 있었으므로 행복이 무엇인가를 알게 되고, 하나님의 말씀
에 더 가까이 다가갈 수 있었으니까.

아이가 자람에 따라 아버지의 역할도 변해야 한다는 주장이 강하
다. 이 역할을 단계별로 3C로 표현한다. 1단계는 코치 같은 아버지
(coaching)다. 서서 명령만 하는 감독보다 함께 뛰고 땀 흘리며 격려
하는 코치 같은 아버지가 필요하다. 같이 뒹굴고, 시범을 보이며, 모
델이 되어야 한다. 2단계는 카운슬러 같은 아버지(counseling)다. 문
제가 생길 때 상담해 줄 수 있는 아버지다. 그리고 3단계는 친구 같
은 아버지(companion)다. 동반자, 친구가 되어 주어야 한다. 때로 소
프트한 면이 필요하다는 말이다.

양육할 때 주목할 말씀이 있다. "아비들아 너희 자녀를 노엽게 하
지 말고 오직 주의 교양과 훈계로 양육하라."(엡6:4) 주의 말씀으로
양육하되 자녀를 노엽게 하지 말라는 것이다. 부모가 노여움을 나타
내지 않고 바로 교육하기 위해서는 무엇보다 자녀를 인격적으로 대
할 필요가 있다. 자녀는 하나님의 영이 있는 인격적 존재이다. 그를

인격체로 대우하고 그의 자존심을 살려주어야 한다. 아이가 어리다고 인격이 없다고 생각하면 안 된다.

가정예배 시간에 들어가 보자. 이 시간은 아이들이 가장 야단을 많이 맞는 시간이다. "야. 왜 이렇게 늦어. 조심해서 앉아. 똑바로 앉아. 예배드리는 복장이 그게 뭐야. 성경은 왜 그리 못 찾는 거야. 이 말씀 좀 봐라. 꼭 널 두고 하신 말씀 같다. 기도해야지 손 모아." 이때 아이들 마음에 무엇이 남을까. 아마 예배는 어디론지 사라지고 나쁜 감정만 남지 않을까. 그 속에서 사랑의 하나님을 만나긴 쉽지 않을 것 같다.

자녀를 노엽게 하면 생각지 않은 것에서 문제를 야기할 수 있다. 여러 연구 결과에 따르면 히틀러와 무신론자들의 경우 어린 시절 부모가 자신들에게 함부로 대했던 상처가 폭발한 것이었다고 한다. 아빠가 '바빠'로, 그리고 '나빠'로 변해서는 안 된다.

R. E. 에머슨은 집을 가려다가 골목에서 동네아이들이 이야기하는 것을 보고 다른 길을 택했다. 아이를 방해하고 싶지 않았기 때문이다. 돌아서려는데 한 아이가 그의 아들에게 "누구를 가장 존경하느냐."고 물었다. 그의 귀가 곤추섰다. 누구라고 말하는 것에 관심이 있었기 때문이다. 그때 아들은 주저함이 없이 말했다. "그야 아버지지. 나는 아버지를 존경해. 나는 아버지 같은 사람이 될 거야." 이 말을 들은 에머슨은 몹시 기뻤다. 그러나 책임감도 따랐다. 그는 하나님께 기도했다. "주님. 아들의 순수한 마음을 잃지 않게 해 주십시오. 무엇보다 제가 참다운 아버지가 되게 해 주세요."

자녀는 시간이 지나면 저절로 크는 나무가 아니다. 관심과 사랑으로 양육되어야 할 하나님의 지체들이다. 가정에는 순종의 원칙과 양육의 원칙, 두 원칙이 바로 서야 한다. 우리는 그들을 부모의 욕심대로 키우는 것이 아니라 하나님의 사람으로 키워야 한다. 그러면 부모를 공경하라는 말을 하지 않아도 자연스럽게 부모를 공경하게 된다. 문제는 부모가 얼마나 하나님의 뜻을 자식에게 심어주느냐에 달려 있다. 우리가 생각에서나 행동에서 이 점을 주의한다면 가정은 크게 달라질 것이다.

57. 극상품 포도나무 극상품 포도열매

성경을 보면 포도나무에 관한 말이 여러 차례 나온다. 구약을 보면 포도나무는 이스라엘을 상징한다. 신약에서는 예수 그리스도를 상징한다. 상징의 대상이 다르지만 그 모두는 하나님과 연관된다는 점에서 성경적 의미는 매우 깊다.

먼저 구약을 보자. 요담의 비유 가운데 이스라엘은 감람나무, 무화과나무, 포도나무로 비유된다(삿9:7-15). 시편을 보면 주께서 한 포도나무를 애굽에서 가져왔다고 말한다(시80:8). 이스라엘을 포도나무로 비유한 것은 그 민족으로 하여금 좋은 열매를 맺기 바라는 마음이 담겨 있다.

그러나 기대와는 다른 결과 때문에 마음이 상한다. "나의 사랑하는 자에게 포도원이 있음이여 심히 기름진 산에로다. 땅을 파서 돌을 제하고 극상품 포도나무를 심었도다. [--] 좋은 포도 맺기를 기다렸거늘 들 포도를 맺힘은 어찜인고"(사5:1, 2, 4) "내가 너를 순전한 참종자 곧 귀한 포도나무로 심었거늘 내게 대하여 이방 포도나무의 악한 가지가 됨은 어찜이뇨."(렘2:21) 어찌 된 노릇인가. 호세아는 그 이유를 밝힌다. "이스라엘은 열매 맺는 무성한 포도나무라 그 열매가 많을수록 제단을 많게 하며 그 땅이 아름다울수록 주상을 아름답게 하도다."(호10:1) 열매를 많이 맺어 보기는 좋기는 하지만 실상 그 열매는 하나님이 바라시는 열매는 아니었다. 하나님을 섬기는 포도원을 만든 것이 아니라 이방 우상을 섬기는 포도원을 만들었기 때문이다.

이에 대한 하나님의 대처는 단호하다. 분노 중에 뽑히고, 불에 던져진다. "네 피의 어미는 물가에 심긴 나무 같아서 물이 많으므로 실과가 많고 가지가 무성하며 그 가지들은 견강하여 권세 잡은 자의 홀이 될 만한데 [--] 분노 중에 뽑혀서 땅에 던짐을 당하매 그 실과는 동풍에 마르고 그 견강한 가지들은 꺾이고 말라 불에 탔더니"(겔19:10, 11 12) "포도나무가 모든 나무보다 나은 것이 무엇이랴. [--] 불에 던질 화목이 될 뿐이라. [--] 포도나무를 불에 던질 화목이 되게 한 것같이 내가 예루살렘 거민도 그같이 할지라."(겔5:2, 4, 6)

그러나 하나님은 그들을 고치고자 하신다. 죄악을 제하고, 새롭게 창조하고자 하시는 것이다. "내가 내 종 순을 나게 하리라. [--] 이 땅의 죄악을 하루에 제하리라. [--] 그날에 너희가 각각 포도나

무와 무화과나무 아래로 서로 초대하리라."(슥3:8, 9, 10)

이 땅의 죄악을 하루에 제하기 위해 하나님이 보내신 순이 바로 예수 그리스도시다. 신약에서 예수 그리스도는 참포도나무요 우리는 그 가지로 묘사된다.

- "가지가 포도나무에 붙어 있지 아니하면 절로 과실을 맺을 수 없음같이 너희도 내 안에 있지 아니하면 그러하리라."(요15:4)
- "나는 포도나무요 너희는 가지니 저가 내 안에 내가 저 안에 있으면 이 사람은 과실을 많이 맺나니 나를 떠나서는 너희가 아무 것도 할 수 없음이라."(요15:5)

하나님은 언제나 자기 백성들이 그 나라의 삶을 살기 원하신다. 우리가 그 안에 있을 때 하나님은 우리의 영원한 보장이 되신다. 이 하나님의 마음을 이사야서는 다음과 같이 묘사하고 있다.

"그날에 너희는 아름다운 포도원을 두고 노래를 부를 지어다. 나 여호와는 포도원지기가 됨이여 때때로 물을 주며 밤낮으로 간수하여 아무든지 상해하지 못하게 하리로다. 나는 포도원에 대하여 노함이 없나니 질려와 형극이 나를 대적하여 싸운다 하자. 내가 그것을 밟고 모아 불사르리라. 그리하지 아니할 것 같으면 나의 힘을 의지하고 나와 화친하며 나로 더불어 화친할 것이니라."(사27:2-5)

포도원의 주인 되시는 하나님과 화친하자. 그는 우리를 이 땅에 심으시고, 그 나라의 백성답게 극상품 포도열매를 맺기 바라신다. 오늘도 우리의 삶에서 풍성히. 주 안에서. 우리는 하나님이 심으신 극상품 포도나무 아니던가.

58. 예수님의 엑서더스와 우리의 엑서더스

"주는 그리스도시요 하나님의 아들이십니다." 베드로의 그 유명한 신앙고백이 있은 뒤 8일 정도 지난 뒤 예수님은 베드로와 요한과 야고보를 데리고 산에 올라가셨다. 이 산은 그동안 전승에 따라 다볼산으로 여겨져 왔다. 그러나 변화산으로 출발하시던 지점인 가이샤라 빌립보에서 무려 70킬로미터나 떨어져 있어 최근에는 이곳에서 가까운 헬몬산이거나 그 산의 낮은 봉우리일 것으로 추정하고 있다.

예수님이 기도하실 때 얼굴과 옷이 변화되어 '해와 같이' 빛나게 되었다. 용모의 변화, 희게 광채 나는 옷. 인간의 이성으로는 도저히 상상하기 어려운 일이 불현듯 일어난 것이다. 각본에 있는 것도 아니다. 전혀 예측 불허의 사건이다. 그 속에서 하나님의 빛을 본다. 아니 하나님을 본다.

예수님의 모습만 변한 것이 아니다. 문득 두 사람이 나타나 주님과 대화를 나누었다. 이 두 사람은 모세와 엘리야였다. 놀라운 일이 아닐 수 없다. 왜 모세와 엘리야가 나타났을까? 이에 대해서는 예수님과 그분의 사역이 율법(모세)과 선지자들(엘리야)의 성취임을 입증하는 것이라는 주장이 있다.

중요한 것은 그들의 대화 내용이다. 그것은 예수님께서 예루살렘에서 별세하실 것에 관한 것이었다. 율법에 관한 신학적 토의도 아니고, 후계자 논의도 아니다. 오직 예수 그리스도의 죽음이 주제였다. 그의 죽으심과 부활과 승천, 이것은 인류를 향한 구원사건 아니던가.

우리는 이쯤에서 두 가지 점에 주목할 필요가 있다. 하나는 영광의 순간에 주님은 고난을 생각하셨다는 것이다. 하나님은 내가 택한 사람이라는 것을 확증(인침)하기 위해 모세로 하여금 기적을 행하게 하셨다. 변화산 사건도 예수님이 구속의 주이심을 확증한다. 때는 공생애 2년차로 예수님 전기 생애의 클라이맥스다. 변화산 사건 바로 전에 주님은 제자들에게 "인자가 많은 고난을 받고 장로들과 대제사장들과 서기관들에게 버린바 되어 죽임을 당하고 제삼일에 살아나야 하리라."(눅9:22) 말씀하셨다. 첫 번째 수난 예고다. 그리고 변화산의 대화에서도 그 고난을 말씀하신다. 후기 클라이맥스는 십자가와 부활이다. 갈보리 언덕이 클라이맥스다. 이 두 클라이맥스에 주님의 죽으심, 곧 고난이 자리한다는 점에서 우리에게 주는 의미가 크다.

다른 하나는 예수님의 예루살렘 별세가 우리에게 주는 의미다. 별세는 헬라어로 '엑서더스(exodus)', 곧 해방이라는 점에서 특이하다. 모세의 엑서더스는 애굽의 압제로부터의 해방이다. 하지만 예수님의 엑서더스는 인류를 죄로부터 해방시키기 위한 것이라는 점에서 다르다. 이것은 예수님의 죽음이 인류를 해방의 길로 인도하는 참된 구속 행위가 될 것을 암시한다. 예수님은 이처럼 우리의 미래 해방을 준비하셨다.

곤하여 졸고 있던 제자들이 예수님의 변화된 모습과 모세 그리고 엘리야의 모습까지 접하면서 잠이 확 달아났다. 모세와 엘리야가 대화를 끝내고 돌아가려 할 때 베드로가 나섰다. "주여 우리가 여기 있는 것이 좋사오니 우리가 초막 셋을 짓겠습니다." 근동의 사정을 감안할 때 초막을 짓겠다는 것은 최고로 섬기겠다는 뜻이다. 따가운 태양빛을 가리고 편안하게 모시겠다는 것이다.

그러나 베드로의 이 제안은 문제가 있다. 그 문제가 무엇일까. 초막 셋은 예수님, 모세, 엘리야를 위한 것이다. 세 분을 생각하는 것은 좋지만 예수님을 모세, 엘리야와 동등하게 보았다는 점에서 영적으로 문제가 있다. 예수님의 정체성에 대한 영안이 뜨이지 않았다는 증거다. 나아가 그는 "여기 있는 것이 좋사오니"라고 했다. 섬기겠다면서 현실에 안주한 것이다. 세 분의 주제였던 십자가 문제에는 전혀 관심을 두지 않고, 세 인물의 현재성에만 집중했다. 영광스러운 체험을 더 연장하고 싶은 것이다. 우리도 마찬가지다. 십자가의 고난은 피하고 현재에 안주하려 든다. 하나님의 일을 생각지 않고 안일한 현재에 안주하는 것이 우리의 문제다. 이에 대해 성경은 이렇게 기록한다. "자기의 하는 말을 자기도 알지 못하더라."(눅9:33)

여기서 우리는 우리 자신을 별세시킴으로써 예수님만 바라보는 해방이 요구된다. 새로운 엑서더스가 필요한 것이다. 베드로는 하나님의 음성을 듣게 된다. "이는 나의 아들 택함을 받은 자니 너희는 저의 말을 들으라." 예수님이 세례받으실 때도 하나님의 음성이 있었다. "이는 내 사랑하는 자요 내 기뻐하는 자라." 예수님의 정체성을 확고하게 가르쳐 주는 말씀이다. 그 소리가 그치자 다른 두 사람은 없고 오직 예수만 보였다. 우리의 경배대상은 오직 예수님 한 분뿐이다. 모세도 아니고 엘리야도 아니다. 세상도 아니다. 오직 예수님만 바라보고, 그분의 말씀에 순종하는 삶을 살아야 한다. 예수님보다 딴 것에 더 집중하고, 세상과 그 소리에 더 민감하다면 이제 그것들로부터 별세해야 한다. 이것이 지금 우리에게 필요한 엑서더스다.

주님의 말씀에 순종하는 삶을 산다면 현재의 고난이 아무리 크다 할지라도 그것을 참고 묵묵히 가야 한다. 십자가의 길은 험하다. 그러나 주님은 이 길을 가라 하신다. 왜냐하면 다른 길에서는 주님이 약속하신 영광을 기대할 수 없기 때문이다. 바울도 말하지 않았던가. "현재의 고난은 장차 우리에게 나타날 영광과 족히 비교할 수 없도다."(롬8:18) 우리 주님도 그 영광을 바라보며 십자가의 고난을 참으셨다.

교회력에서 설교는 예수님밖에 남지 않는다. 강림절 설교가 끝나면 사순절 설교가 시작되고, 사순절 설교가 끝나면 오순절 설교다. 그리고 오순절 설교 다음에는 대강절 설교다. 이것이 계속된다. 이것은 주는 그리스도시요 살아계신 하나님의 아들이심을 고백한 베드로의 신앙처럼 예수님이 나의 구주임을 보여준다. 주님만 바라보는 신앙이다. 이 길에서 우리는 주님을 만날 수 있다.

59. 빛나고 깨끗한 세마포

이스라엘 사람들은 여호와의 집에 예물을 드릴 때 깨끗한 그릇에 담아 드린다(사66:20). 그만큼 정성을 다한다. 우리 자신을 주님 앞에 드릴 때도 마찬가지다. 우리 안에 깨끗지 못한 부분이 있다면 철저히 씻고 닦을 것이다. 우리 스스로 씻고 닦는다고 해서 주님이 바라는 씻음이 될까.

죄의 경우는 다르다. 예수님의 피가 필요하다. "그 아들 예수의 피가 우리를 모든 죄에서 깨끗하게 하실 것이요"(요일1:7) 그 피가 있어야 깨끗함을 얻을 수 있다. 피로 씻은 옷이어야 깨끗함을 얻을 수 있다. "어린 양의 피에 그 옷을 씻어 희게 하였느니라."(계7:14)

죄의 용서함을 받은 다음에는 지속적으로 올바른 행실을 쌓는다. 구원을 위한 죄 사함은 일회적인 것이지만 성화는 지속적이다. 요한계시록에 따르면 어린 양의 혼인 잔치가 벌어진다. 그 잔치에는 어린 양의 예비된 신부가 등장한다. 그 신부는 일반적으로 교회로 인식되고 있으며, 빛나고 깨끗한 세마포를 입었다. 이 세마포는 성도들의 옳은 행실이다. "그에게 허락하사 빛나고 깨끗한 세마포를 입게 하셨은즉 이 세마포는 성도들의 옳은 행실이로다."(계19:8) 빛나고 깨끗한 세마포는 구원받은 성도들의 바른 행실을 통해 얻은 열매다. 그리스도의 신부인 교회는 언제나 성도들의 바른 믿음과 행실로 인해 빛이 난다. 천사는 말한다. "어린 양의 혼인잔치에 청함을 입은 자들이 복이 있도다."(계19:9)

세마포는 히브리어로 '쉐쉬'이고, 헬라어로 '신돈(sindon)'이다. 이것은 삼(linen)이다. 삼을 실로 뽑아 세마포나 가는 베옷을 만들었다. 구약에 자주 나오는 가늘게 꼰 베실은 바로 세마포다. 애굽인들의 세마포 기술을 익힌 이스라엘 장인들은 여러 색의 실들을 섞어 하나로 정교하게 짰다.

세마포 옷은 높은 신분을 상징하거나 부의 증거로 여겨졌다. 바로

가 요셉에게 세마포 옷을 입히고 금 사슬을 목에 걸게 한 것이 그 증거다(창41;42) 이스라엘 사람들은 그들의 시체를 세마포로 쌀 만큼 귀중하게 여겼다. 아리마대 요셉은 예수님의 시신을 세마포로 감쌌다. "요셉이 시체를 가져다가 깨끗한 세마포로 싸서"(마27:59) 그러나 영적으로 볼 때 세마포는 성소의 휘장이나 제사장의 옷 등 거룩한 용도로 사용되었다는 점에서 의미가 깊다.

세마포는 무엇보다 성막에 사용되었다. 이스라엘 자손들은 애굽에서 가져온 세마포를 가지고 성막의 앙장, 지성소와 성막을 구별하는 휘장, 성막 입구의 포장을 만들었다.

대제사장은 보통 양털로 만든 윗옷을 입지만 대속죄일이 되면 온통 세마포로 만든 옷을 입었다. 세마포 옷은 털이나 가죽 재료로 만든 옷들과 함께 입을 수 없었다. "거룩한 세마포 속옷을 입으며 세마포 속바지를 몸에 입고 세마포 띠를 띠며 세마포 관을 쓸지니 이것들은 거룩한 옷이라 물로 그의 몸을 씻고 입을 것이며"(레16:4)

제사장도 세마포 옷을 입었고, 이 옷은 거룩한 옷으로 구별되었다. "기름 부음을 받고 위임되어 자기의 아버지를 대신하여 제사장의 직분을 행하는 제사장은 속죄하되 세마포 옷 곧 거룩한 옷을 입고"(레16:32) 사무엘은 어렸을 때에 세마포 옷을 입고 여호와 앞에서 섬겼다(삼상2:18).

깨끗한 세마포, 흰 세마포 옷은 거룩함을 상징한다. 이것은 단지 옷만 깨끗함을 의미하지 않는다. 우리 삶이 그만큼 거룩해야 한다는 뜻이 담겨 있다. 하나님은 "내가 거룩하니 너희도 거룩하라."(레11:45) 하지 않으셨는가. 주님은 "사데에 그 옷을 더럽히지 아니한 자 몇

명이 네게 있어 흰 옷을 입고 나와 함께 다니리니 그들은 합당한 자인 연고라"(계3:4) 하셨다. 이것은 우리가 이 땅에 있으면서 어떤 삶을 살아야 하는가를 보여준다. 삼은 불이 잘 붙어 등불의 심지로 사용되기도 했다. '꺼져가는 등불'의 심지가 바로 삼이다. 우리 하나님은 상한 갈대를 꺾지 아니하고 꺼져가는 등불을 끄지 아니하는(사 42:43) 분이시다. 하지만 우리 믿음이 꺼져가는 심지처럼 되어서는 안 된다. 기름이 없는 등불을 주님이 기뻐하시겠는가. 활활 타 널리 빛을 비추는 심지가 되어야 한다. 주의 거룩함을 우리 몸으로 드러낼 때 우리의 세마포 옷은 더 빛나고 깨끗할 것이다.

60. 끈질긴 기도는 보좌를 움직인다

『바람과 함께 사라지다』 이 소설은 마가렛 미첼 여사의 역작이다. 기자였던 그녀가 다리 부상으로 기자 생활을 접고 1926년대 소설을 쓰기 시작해 7년 만에 완성한 것이다. 그런데 탈고하고도 이 책을 출판해 주는 곳이 없어 3년간 빛을 보지 못했다.

뉴욕의 유명한 출판사 맥밀란의 레이슨이 애틀랜타에 왔다는 소식을 듣고 그는 원고를 들고 찾아갔다. 그러나 면회조차 성사되지 못했다. 거절당한 것이다. 그것으로 포기할 미첼이 아니었다. 레이슨이

출장을 마치고 뉴욕으로 떠난다는 소식을 듣자 그녀는 다시 원고뭉치를 들고 역으로 향했다. 마침 기차가 움직이고 있었다. 그녀는 원고뭉치를 떠나가는 기차 창문을 통해 던져 넣었다. 레이슨은 원고를 받아 들긴 했지만 읽을 흥미를 느끼지 못해 좌석 선반 위에 올려놓았다.

서너 시간 후 차장이 전보 한 장을 받았다. 그것은 미첼이 원고를 제발 읽어달라는 전보였다. 그는 세 번이나 이 같은 전보를 받았다. 그녀의 끈질긴 성의에 감동을 받은 레이슨은 한 장만이라도 읽자며 원고뭉치를 풀었다. 그러나 한 장만 읽으려던 그의 생각은 달라졌고, 끝까지 읽게 되었다. 그 뒤 『바람과 함께 사라지다』는 바람과 함께 사라지지 않고 출간되었다.

미첼 여사의 집념은 이 소설의 주인공이 가진 집념과도 같다. 자기 모든 것을 쏟을 수 있는 일을 발견했을 때 이에 집념하는 자가 최대로 행복한 자임을 그린 것이다.

예수님이 기도의 방법을 가르치실 때 끈질긴 기도의 필요성을 말씀하셨다. 어떤 도시에 하나님을 두려워하지 않고 사람까지 무시하는 한 재판관이 있었는데 그곳에 한 과부가 번거롭게 찾아와 자신의 원한을 갚아 달라 했다. 처음에는 무시했지만 그 원한을 풀어주지 않으면 늘 와서 자신을 괴롭힐 것을 생각하고 마음을 고쳐먹는다. 예수님은 이 비유를 들으시고 말씀하신다.

"불의한 재판관의 말한 것을 들으라. 하물며 하나님께서 그 밤낮 부르짖는 택하신 자들의 원한을 풀어 주지 아니하시겠느냐. 저희에게 오래 참으시겠느냐. 내가 너희에게 이르노니 속히 그 원한을 풀어 주시리라. 그러나 인자가 올 때에 세상에서 믿음을 보겠느냐 하시니라."(눅18: 6-8)

말씀 중에 '부르짖는'이라는 말의 헬라어는 '보아오'다. 억압을 당하는 이들이 하나님께 울부짖는 것을 가리켜 이 단어가 사용되었다. 억압당하는 자들의 아픔을 아시는 하나님께서 그들의 기도를 들어줄 것임을 암시한다. 주님의 이 가르침은 항상 기도하고 낙망치 말아야 될 것에 대한 것이다. 항상 기도한다는 것은 중단 없이 계속하는 기도가 아니다. 끊겼다가도 다시 이어지는 기도이다. 잊지 않고 주님 앞에 나가는 것이다.

우리는 조그만 일에도 낙심하고 포기한다. 그러나 주님은 그 일이 옳은 것이라면, 마땅히 풀어야 할 것이라면 포기하지 말고 끈질기게 매달리라 하신다. 신학교 졸업식에서 어느 목사님이 축사를 했다. 여러 권면 가운데 "중도하차 하지 말라. 유종의 미를 거두라. 성직자의 길을 인내하고 가라." 했다. 주님의 일을 하면서도 조금만 막히고 어려우면 중도하차를 한다. 중도하차를 하면 처음부터 아니 감만 못하다. 그동안의 노력이 무로 돌아가기 때문이다. 뜻을 정했으면 끝까지 가라. 그러면 문이 열릴 것이다. 지금 닫혀 있다 하더라도 절망하지 말라. 문은 닫혔다가도 열리게 되어 있다. 열매를 원했다면 '부르짖 듯' 나아가라. 주님은 부르짖듯 나아가는 당신의 모습을 눈여겨보신다. 미첼은 전보 한 장 달랑 보내고 끝내지 않았다. 끈질긴 기도는 보좌를 움직인다.

61. 중보기도

어느 신학교에서 강의할 때 일이다. 하나님께서 나에게 주신 은사는 무엇일까? 학생들에게 은사 확인을 위해 도움이 되는 검사표가 도움이 될 것 같아 교무실에 인쇄를 부탁했다. 시간이 끝나도 인쇄물이 오지 않았다. 교무실에 가서야 인쇄물이 오지 않은 이유를 알았다. 학교 책임자가 그 표에 '중보기도'라는 단어 사용에 문제가 있다고 본 것이다. 총회에서 중보기도는 예수님만 할 수 있는 것으로 했기 때문에 일반 성도들이 이웃을 위해 기도하는 것을 중보기도라 할 수 없다는 이유였다.

이 일로 다른 목사님과 대화를 하면서 중보기도에 대한 의견을 나누었다. 어떤 목사님은 중보기도는 일반적으로 사용하는 말인데 그것을 문제 삼는 것은 지나치다 했고, 어떤 목사님은 총회 결정이니 따를 수밖에 없지 않느냐 했다. 지금도 많은 교회에서 중보기도라는 단어를 사용하고 있다. 그러나 이따금 교계신문이나 논문을 보면 중보기도는 예수님만 하실 수 있는 것임을 밝히고 있다.

예수님이 우리의 중보자이신 것은 사실이다.

- "누가 감히 죄가 있다고 판단하겠습니까? 죽으신 분은 그리스도 예수이십니다. 그분은 죽으셨을 뿐만 아니라, 다시 살아나 하나님의 오른편에 앉아 계시면서 우리를 위해 중보기도를 하고 계십니다."(롬8:34, 쉬운성경)
- "그러므로 예수께서는 자신을 통해서 하나님께 나아오는 사람들

을 온전히 구원하실 수 있습니다. 그는 항상 살아 계셔서 그들을 위해 중보기도를 하십니다."(히7:25, 우리말성경)

- "그는 새 언약의 중보(mediator)니 이는 첫 언약 때 범한 죄를 속하려고 죽으사 부르심을 입은 자로 하여금 영원한 기업의 약속을 얻게 하려 하심이니라."(히9:15)
- "그리스도께서는 참것의 그림자인 손으로 만든 성소에 들어가지 아니하시고 오직 참하늘에 들어가사 이제 우리를 위하여 하나님 앞에 나타나시고"(히9:24)

성령님도 우리를 위해 중보기도를 하신다.

- "이처럼 성령께서는 우리의 약함을 도와주십니다. 우리는 무엇을 기도해야 하는지도 모르지만, 성령께서는 말로 다 표현할 수 없는 간절함으로 우리를 위해 중보기도를 하십니다."(롬8:26, 쉬운성경)
- "사람의 마음을 꿰뚫어 보시는 하나님께서는 성령의 생각이 무엇인지를 아십니다. 그것은 성령께서 하나님의 뜻에 따라 성도들을 위해 중보기도를 하시기 때문입니다."(롬8:27, 쉬운성경)

문제는 성경의 여러 곳에서 이웃을 위한 우리의 기도를 중보기도로 사용하고 있다는 점이다. "그러자 왕이 하나님의 사람에게 말했습니다. '당신의 하나님 여호와께 은총을 빌어서 내 손이 되돌아오도록 나를 위해 중보기도해 주시오.' 하나님의 사람이 여호와께 간구했더니 왕의 손이 되돌아와 이전처럼 됐습니다."(열상13:6, 우리말

성경) 가장 대표적인 부분은 디모데전서 2장 1절의 말씀이다.

- "그러므로 무엇보다 내가 권하는 것은 모든 사람을 위해 간구와 기도와 중보의 기도(intercessions)와 감사를 하라는 것이다."(우리말성경)
- "첫째로 모든 사람을 위해 간구하며 기도하십시오. 다른 사람을 위해 중보기도하는 것을 잊지 말고, 감사하는 마음을 가지십시오."(쉬운성경)
- "그러므로 나는, 무엇보다도 먼저, 모든 사람을 위해서 하나님께 간구와 기도와 중보의 기도와 감사를 드리라고 그대에게 권합니다."(표준새번역)

다른 성경번역본(개역한글)에서는 이 부분을 도고(禱告)로 말하기도 한다. 도고는 '기도로 아뢴다'는 뜻으로 중보의 뜻이 뚜렷하게 드러나지 않는다. 하지만 이 단어가 중보기도를 대신할 용어로 강력하게 제시되어 왔다. 그러나 한편에서는 중보기도라는 단어 사용이 일반적이어서 그대로 사용할 것을 주장하기도 한다. 적절한 용어가 있다면 얼마나 좋을까. 그때까지는 참아야 할 것 같다. 선택에 어려움이 있기 때문이다. 따라서 우리가 중보기도라는 단어를 사용할 때 그것이 주님만이 하실 수 있는 것에 관한 것인지, 이웃을 위한 우리의 기도인지 분별할 필요가 있다. 중요한 것은 우리가 기도한다는 사실 아니겠는가. 시편 저자는 이렇게 기도한다. "나의 기도가 주 앞에 분향함과 같이 되며"(시141:2) 지금 당신의 기도가 주님 앞에 드려지는 향기가 되기를 원한다.

62. 전적으로 의탁하는 기도

조지 뮬러는 한마디로 기도의 사람이다. 기도응답을 받기 위해 그 나름대로 기도수칙을 가지고 있다. 그 가운데 첫 번째 수칙은 예수님을 의지하는 것이다. 주님이 우리를 위해 중보하시기 때문이다. 기도는 간청이다. 우리가 간청할 수 있는 유일한 근거는 우리 주 예수님의 중보사역을 전적으로 의지하는 것이다. 뮬러는 다음 말씀을 깊이 묵상하도록 한다.

- "너희가 내 이름으로 무엇을 구하든지 내가 그것을 행하겠으니 이는 아버지로 하여금 아들 안에서 영광을 받으시게 하려 함이라. 너희가 내 이름으로 무엇이든 구하면 내가 행하겠노라."(요 14:13, 14)
- "너희가 나를 선택한 것이 아니요 내가 너희를 선택하여 세웠나니 이는 너희로 하여금 가서 열매를 맺게 하고, 또 너희 열매가 남아 있게 하여 내 이름으로 아버지께 무엇을 구하든지 받게 하려 함이니라."(요15:16)

주님을 의탁해 기도할 때 주님은 들어주신다. 그러나 꼭 우리가 간구한 대로 이루어주실까? 그럴 수도 있다. 하지만 항상 그런 것은 아니다. 주님은 우리의 간구를 뛰어넘는 계획을 가지고 계시고, 우리를 통해서 자신의 뜻을 이뤄가고자 하시기 때문이다. 더욱이 그 계획과 뜻은 사람에 따라 달라질 수 있다. 어떤 이에게는 그대로 이루어질 수도 있지만 다른 이에게는 응답되지 않을 수 있다. 오히려 간구와는 전혀 반대의 상황에 처할 수 있다. 그런 상황이 오면 대부분 실망한다. 심지어 주님이 자신을 버린 것이 아닌지 극단적으로 생각하기도 한다.

그러나 성숙한 성도는 그런 상황에 처한다 해도 주님의 선하신 뜻을 생각하며, 더 주님의 길을 모색한다. 이것이 바로 주님을 향한 전적 의탁의 기도 자세다. 우리의 기도를 중보자이신 예수님께 맡기는 것은 우리의 작은 기도도 그분의 뜻에 따라 이뤄지도록 하는 것이다. 이런 기도로 나아갈 때 우리의 신앙은 더 성숙하게 된다.

다음은 뉴욕의 신체장애자 회관에 적힌 시이다. 제목은 '나는 부탁했다'이며 작자는 미상이다. 이 시는 작자가 얼마나 성숙한 신앙을 가지고 있는가를 보여준다.

> 나는 하나님에게 나를 강하게 만들어 달라고 부탁했다.
> 내가 원하는 모든 것 이룰 수 있도록.
> 하지만 하나님은 나를 약하게 만들었다.
> 겸손해지는 법을 배우도록.
>
> 나는 하나님에게 건강을 부탁했다.
> 더 큰일을 할 수 있도록.
> 하지만 하나님은 내게 허약함을 주었다.
> 더 의미 있는 일을 하도록.
>
> 나는 부자가 되게 해달라고 부탁했다.
> 행복할 수 있도록.

하지만 나는 가난했다.
지혜로운 사람이 되도록.

나는 재능을 달라고 부탁했다.
그래서 사람들의 찬사를 받을 수 있도록.
하지만 나는 열등감을 선물 받았다.
하나님의 필요성을 느끼도록.

나는 하나님에게 모든 것을 부탁했다.
삶을 누릴 수 있도록.
하지만 하나님은 내게 삶을 선물했다.
모든 것을 누릴 수 있도록.

나는 내게 부탁한 것을 하나도 받지 못했지만
내게 필요한 모든 것을 선물 받았다.
나는 작은 존재임에도 불구하고
하나님은 내게 무언의 기도를 다 들어주셨다.

모든 사람들 중에서
나는 가장 축복받은 자이다.

간구한 것을 하나도 받지 못했다 할지라도 주님을 전적으로 신뢰하는 믿음, 이 믿음이 우리의 눈을 뜨게 만든다. 예수님도 아버지께 전적으로 의탁하셨다. "내 뜻대로 마옵시고 아버지의 뜻대로 하옵소서." 우리로 기도하게 하옵소서. 전적으로 주님께 의탁하게 하소서. 그러나 그 의탁이 나를 새롭게 하는 것이 되게 하소서.

63. 하나님을 향한 열정이 소진될 때

우연히 연변과기대 정진호 교수의 소개로 김우현 감독을 만나게 되었다. 평양과기대 학사 관계로 정 교수를 자주 만난다. 그날은 회의를 마친 뒤 서울대 이은주 교수와 함께 저녁 식사를 하게 되었는데 정 교수가 김 감독을 부른 것이다. 만난 곳은 내방역 근처 보리밥집. 김 감독은 장애우 한 분과 함께 왔다. 정 교수는 그분이 길에서 장사를 하는데 평양과기대를 위해 5백만 원이나 헌금을 했단다. 고개가 절로 숙여졌다.

식사를 하면서 김 감독으로부터 여러 이야기를 들었다. 내가 궁금한 것은 김 감독이 어떻게 해서 성령의 사람이 되었는가 하는 것이었다. 젊어서 많이 방황도 하고, 신앙적으로 다원주의에 빠져보기도 했지만 성령님의 이끄심이 무엇보다 오늘의 자신을 만들었다고 했다. 요즈음은 하나님을 바라봄에 대해 깊은 묵상을 한다 했다.

정 교수는 서울에 올 때마다 김우현 감독을 만난다고 했다. 왜냐하면 김 감독을 만나 하나님을 향한 마음을 온전히 다잡고 싶기 때문이다. 일에 바쁘다 보면 놓치기 쉬운 하나님, 그 하나님을 향한 열정과 순수성을 다시금 바로 세우기 위함이다. 이 시대에 하나님을 향해 올곧게 가고, 성령님의 이끄심을 받고자 하는 사람이 있다는 것이 행복하다. 그날 내방역 보리밥은 꿀맛이었다.

성경에서 서로를 신앙적으로 격려하고 이끌어주는 인물로 바나바를 찾을 수 있다. 바나바를 가리켜 격려하는 혀(encouraging tongue)를 가진 인물이라 한다. 지쳤을 때 따뜻하게 격려하고 위로하며 더 힘을 내도록 했기 때문이다. 바나바는 원래 '권위자(勸慰者),' 곧 격려자(encourager)라는 뜻을 가지고 있다. 그는 이름값을 제대로 하는 사람임에 틀림없다.

바나바는 초신자 격려에 뛰어났다. 그는 다소에 있는 바울을 격려하여 안디옥에 데려왔다. "바나바가 사울을 다소에 가서 안디옥에 데리고 와서(행11:25, 26)." 바나바는 바울을 신뢰하고 배려했다. 그 신뢰와 배려로 인해 바울은 예수를 변증하는 큰 인물로 성장할 수 있었다. 바나바는 자신의 부족한 점을 인정하고 이것을 채울 수 있는 바울을 모셔와 안디옥에서 팀 목회를 했다. 안디옥교회의 성장 바탕에는 이 두 사람의 역할이 크다. 그곳 교인들이 세상 사람들로부터 '그리스도인'이라는 칭호를 받은 것도, 그만큼 인정을 받았음을 보여준다.

우리나라에서는 팀 목회를 찾아보기 어렵지만 초창기 영락교회의 경우 한경직, 강신명 두 목사를 위임목사로 모시고 출발했었다. 한국 교회는 자신만의 성을 쌓는 권위주의적 목회를 하는 것이 아니라 함께 힘을 모아 주님을 위한 교회로 거듭나야 한다.

바나바는 바울만 격려한 것이 아니다. 선교여행 중 중도하차한 조카 마가를 끝까지 책임지고 사역자로 키울 만큼 포용력도 크고 넉넉한 마음가짐을 가졌다. 실패한 마가를 격려해 다시 일어나게 한 것이다. 그 후 마가는 마가복음을 기록하였다.

존 그루넷이 설교를 하면서 밴쿠버 이야기를 꺼냈다. 교회 청년들 가운데 이상한 인물이 있었는데, 그를 나무라지 않고 격려하며 친구가 되어 주었더니 오랜 세월이 지난 지금도 서로 소통하게 되더라는 것이다. 격려에는 험담이나 비평의 말이 필요하지 않다. 오히려 그들의 단점을 끌어안고, 이해하며, 신앙적으로 격려하고 성장할 수 있도록 돕는다. 미국의 건초그룹 회원들도 기도하는 가운데 서로 격려하며 하나님의 비전을 키운 결과 수많은 선교사를 배출하게 되었다. 하나님을 향한 당신의 열정이 소진될 때 주님의 사람들을 만나라. 주위에 낙심한 자가 있으면 서로 격려하자. 격려하면 사람을 살리고, 주님을 배우며, 주의 일에 더욱 헌신하게 된다.

64. 사랑의 하나님, 사랑하게 하시는 하나님

하나님은 우리를 사랑하신다. 옛날부터 지금까지, 그리고 앞으로도 계속. 그 하나님은 우리를 죄에서 자유하게 하시려고 인간의 몸을 입으시고 오셨다. 오신 예수 그리스도는 이 땅에서 그 사랑의 깊고 오묘하심을 드러내셨고, 성령님은 오늘도 우리로 하여금 그 사랑의 열매를 맺도록 하신다. 기독교는 사랑에서 시작하고 사랑으로 맺는다. 먼저 하나님의 사랑이 어떤가를 보자.

• "아버지께서 창세전부터 나(예수님)를 사랑하시므로 [- -] 이는 나를 사랑하신 사랑이 저희 안에 있고 나도 저희 안에 있게 하

려 함이니이다."(요17:24, 26)

- "내가 무궁한 사랑으로 너(이스라엘)를 사랑하는 고로 인자함으로 너를 인도하였다."(렘31:3)
- "이스라엘의 어렸을 때에 내가 사랑하여 내 아들을 애굽에서 불러내었거늘 [――] 바알들에게 제사하며 우상 앞에서 분향하였느니라. [――] 내가 에브라임에게 걸음을 가르치고 내 팔로 안을지라도 내가 저희를 고치는 줄을 저희가 알지 못하였도다. 내가 사람의 줄 곧 사랑의 줄로 저희를 이끌었고"(호11:1―4)
- "우리가 아직 죄인 되었을 때 그리스도께서 우리를 위하여 죽으심으로 하나님께서 우리에게 대한 자기의 사랑을 확증하셨느니라."(롬5:8)
- "우리가 하나님을 사랑한 것이 아니요 오직 하나님이 우리를 사랑하사 우리 죄를 위하여 화목제로 그 아들을 보내셨음이라." (요일4:10)

예수님은 그 사랑을 입증하셨다. 또한 그 사랑이 우리로 사랑의 자리에 나가게 한다.

- "사람이 친구를 위해 목숨을 버리면 이에서 더 큰 사랑이 없나니"(요15:13)
- "우리가 아직 죄인 되었을 때 그리스도께서 우리를 위해 죽으셨다. 우리가 원수 되었을 때에 그 아들의 죽으심으로 말미암아 하나님으로 더불어 화목되었느니라."(롬5:8, 10)
- "그리스도의 사랑이 우리를 강권하시는도다."(고후5:14)

성령은 오늘도 우리를 사랑 안에 살게 하신다.

- "우리에게 주신 성령으로 말미암아 하나님의 사랑이 우리 마음에 부은바 됨이니"(롬5:5)
- "내가 주 예수 그리스도로 말미암고 성령의 사랑으로 말미암아 너희를 권하노니"(롬15:30)
- "오직 성령의 열매는 사랑과 희락과 화평과 오래 참음과 자비와 양선과 충성과 온유와 절제니"(갈5:22, 23)

하나님의 사랑은 이것으로 끝나지 않는다. 우리로 하여금 그 사랑을 살게 하신다.

- "너희가 부르심을 입은 부름에 합당하게 하여 모든 겸손과 온유로 하고 오래 참음으로 사랑 가운데서 서로 용납하고 평안의 매는 줄로 성령의 하나 되게 하신 것을 힘써 지키라."(엡4:1 – 3)
- "사랑하지 아니하는 자는 하나님을 알지 못하나니"(요일4:8)
- "다만 하나님을 사랑하는 것이 너희 속에 없음을 알았노라."(요 5:42)
- "내가 내게 있는 모든 것으로 구제하고 또 내 몸을 불사르게 내어줄지라도 사랑이 없으면 내게 아무 유익이 없느니라."(고전13:3)
- "믿음, 소망, 사랑 이 세 가지는 항상 있을 것인데 그중에 제일은 사랑이라."(고전13:13)
- "무엇보다도 열심히 서로 사랑할지니 사랑은 허다한 죄를 덮느니라."(벧전4:8)

65. 표현되지 않은 사랑은 사랑이 아니다

아버지학교에 다닌 김지형 교수가 학교에서 배웠다면서 한마디 했다. "표현되지 않는 사랑은 사랑이 아니다!" 그 말을 들은 아내가 내 옆구리를 꾹꾹 찌른다. 사랑은 표현되어야 사랑의 값어치를 한다는 것을 다시금 깨닫는 순간이었다.

한국 남성은 사랑 표현에 인색하다. "그걸 꼭 표현해야 하나요?" "마음이 더 중요하지요." "제 사랑은 변함이 없습니다." 이런저런 말로 자신의 행동을 합리화해 보지만 그것이 아내의 마음에 들 리 없다.

주님은 우리에게 사랑하라 가르친다. 주님은 병든 자, 가난한 자, 억압당하는 자를 향해 사랑의 표현을 아끼지 아니하셨고, 어린 아이들을 안아주셨다. 때로는 눈물을 보이기도 하셨다. 심지어 원수까지 사랑하라 하셨다. "너희는 원수를 사랑하고 선대하며 아무것도 바라지 말고 빌리라(빌려주라). 그리하면 너희 상이 클 것이요 또 지극히 높으신 이의 아들이 되리니 그는 은혜를 모르는 자와 악한 자에게도 인자로우시니라."(눅6:35) 우리를 강권하는 그리스도의 신령한 사랑은 우리로 이웃에게 사랑을 베풀도록 지도해 준다. "히틀러의 사랑이 나를 강권하고 있다." 말할 사람은 없을 것이다.

바울은 사랑하는 자가 어떤 태도를 가져야 할 것을 말한다. "하나님의 택하신 거룩하고 사랑하신 자처럼 긍휼과 자비와 겸손과 온유와 오래 참음을 옷 입으라."(골3:12) 사랑이 가져야 할 속성이 있다는 것이다. 그는 또 사랑의 수고(살전1:3)에 대해서 말한다. 사랑 표현도 다 수고가 따르는 것 아니겠는가.

2006년 7월 연변과기대에서 평양과기대 개교를 위한 제4차 학사회의가 열렸다. 11일간 연변과기대에 있으면서 거의 매일 회의를 하느라 정신이 없었다. 회의도 고문이라는 것을 그때 알았다. 하지만 틈을 내어 서울에 있는 아내에게 이메일을 보내곤 했다. 그런데 어느 날 아내에게 보낸 이메일이 매우 짧았다. 단 두 줄.

아내로부터 답신이 왔다. "우리 사랑이 두 줄밖에 되지 않나요?" 아내는 그러면서 스무 줄도 넘게 글을 보내왔다. 그 글을 읽으면서 미안한 마음도 들었다. 그렇다고 아내에 대한 나의 사랑이 어찌 두 줄뿐이랴. 나도 평소보다 더 길게 답을 보냈다.

북에서 여섯 분이 학사회의에 참가했는데 사실 회의 분위기는 매우 딱딱했다. 내가 발표할 차례가 와서 모두에 이메일 이야기를 했더니 북의 대표는 물론이고 장내가 잠시 웃음바다가 되었다. 회의가 끝나고 아내에게 그 이야기를 했더니 답이 왔다. "당신도 농담할 줄 아시네요." 이래서 우리의 사랑 표현은 좀 길어졌다.

표현되지 않은 사랑이라고 해서 사랑이 아니라 말할 순 없다. 그러나 표현되지 않은 사랑은 사랑이 아니라고 한 것은 표현에 인색했던 삶에 대한 반성을 촉구하는 말이리라.

'사랑은 동사다'라는 말이 있다. 그만큼 적극적인 움직임이 필요하다는 말이다. 하나님은 이스라엘 민족을 향해 서로 한 식구처럼 생각하고 사랑하라 가르치셨다. 그 보기로 이자를 받지 말라 하셨다. 이자는 '물어뜯다'는 뜻을 가지고 있다. 그만큼 사랑이 없다는 말이

다. 또한 저당 잡힌 옷은 돌려주라 하셨다. 해 지기 전에 갖다 주라
는 말씀이다. 추워서 잠을 잘 자지 못할까 봐 그러신 것이다. 물론
다음 날 다시 가져갈 수 있다. 사랑은 이만큼 상대에 대한 배려와
이해가 필요한 동사다. 이 또한 표현이 아닌가.

그렇다면 이 세상에 가장 크게 표현된 사랑은 무엇일까? 그것은
바로 우리를 위해 피를 흘리신 주님의 십자가 사랑이다. 우리 모두
그 사랑에 감동하는 것은 그 사랑이 깊고 크기 때문이다. 이젠 우리
가 그 사랑을 갚을 차례다.

주님은 베드로를 향해 물으신다. "요한의 아들 시몬아 네가 이 사
람들보다 나를 더 사랑하느냐."(요21:15) 주님은 우리에게도 사랑의
표현을 요구하신다. 베드로는 교인들에게 이렇게 말한다. "너희가 예
수를 보지 못하였으나 사랑하는도다."(벧전1:8) 주님을 향한 저들의
사랑이 그만큼 표현되었다는 증거다. 오늘 주님을 향한 당신의 사랑
은 얼마나 표현되었는가.

66. 아담의 노래

"이는 내 뼈 중의 뼈요
내 살 중의 살이라

이것을 남자에게서 취하였은즉
여자라 칭하리라."(창2:23)

영어로 읽어 보면 더 실감이 날까.

"This is now bone of my bones
And flesh of my flesh
She shall be called woman
Because she was taken out of man."

아담의 노래다. 마틴 루터도 아내에게 편지를 쓸 때 이 문장을 인용했다. "내 뼈 중의 뼈요 내 살 중의 살인 당신에게." 아내를 향한 남편의 사랑 표현 가운데 가장 유명한 것으로 손꼽힌다. 시인 아담의 시적 표현 능력이 어떤가를 단적으로 보여준다. 아담의 노래에 대해 하와는 어떻게 응답했을지 궁금하다.

아담의 노래는 여인의 창조에 관한 인류 최초의 시다. 히브리어로 여자는 이싸(ishshah)이며 남자는 이쉬(ish)이다. 이 언어상의 유사성은 여자가 남자로부터 유래되었음을 암시해 준다. 고린도전서 11장 8절에서는 "남자가 여자에게서 난 것이 아니요 여자가 남자에게서 났음"을 재확인시켜 주고 있다. 우리 모든 사람들에겐 어머니가 있다. 그래서 모든 남성은 여성으로부터 왔다고 생각한다. 그런데 이 말씀은 우리의 생각을 뒤집는다.

뼈는 한 몸으로서의 남자와 여자를 상징하고 있으며 골육(창29:14)

을 상징하기도 한다. 남녀창조의 목적은 서로 돕기 위해서(창2:18), 연합하여 한 몸을 이루기 위해서(창2:23－25), 자녀를 생산하기 위해서(창4:1), 그리고 서로 사랑하기 위해서(잠5:17－19)라고 가르친다.

아내가 친구 아들 결혼식에 다녀왔다. 마침 성당에서 결혼식을 올렸는데, 그곳에서 주례를 맡은 신부가 신혼부부를 위해 다음과 같은 당부로 주례사를 했다.

첫째, 서로 보물로 여기라. 상대방을 지배하려 들지 말자. 상대방을 서로 보물로 알고 닦아준다. 보물은 닦아줄수록 빛이 난다.

둘째, 낮은 음 자리로. 사랑할 때 목소리를 낮추지 않았는가. 높은 음 자리를 피하고 낮은 목소리로 속삭이라. 말없이 껴안아주라.

셋째, 함께 기도하라. 하나님을 사랑하고 가정을 위해 함께 기도하라. 기쁨과 아픔도 함께 나누라.

다산 정약용이 결혼 60주년 회혼을 맞아 시를 썼다. "(결혼)육십 평생 바람개비 세월이 눈앞을 스쳐 지나가는데 무르익은 복숭아 봄빛이 마치 신혼 때 같아라." 다산의 시도 아담 못지않다. 부부는 이렇듯 아름답다.

베드로는 아내에 대해서 이렇게 하라고 말한다. "귀히 여기라."(벧전3:7) 그답게 직설적이다. 그러나 여성의 지위가 낮게 평가되던 시대에 베드로의 이 말은 매우 놀라운 선언이다. 당신은 아내를 내 뼈 중의 뼈요 살 중의 살로 귀히 여기고 있는가.

67. 주의 장막에 유할 자, 주의 성산에 거할 자

"여호와여 주의 장막에 유할 자 누구오며
주의 성산에 거할 자 누구오니이까
정직하게 행하며
공의를 일삼으며
그 마음에 진실을 말하며
그 혀로 참소치 아니하고
그 벗에게 행악지 아니하며
그 이웃을 훼방치 아니하며
그 눈은 망령된 자를 멸시하며
여호와를 두려워하는 자를 존대하며
그 마음에 서원한 것은 해로울지라도 변치 아니하며
변리도 대금치 아니하며
뇌물을 받고 무죄한 자를 해치 아니하는 자니
이런 일을 행하는 자는 영영히 요동치 아니하리이다"(시15:1-5)

시편 15편은 다윗이 쓴 것으로 하나님이 시온 백성(citizen of zion)에게 요구하는 것이 무엇인가, 다시 말해 하나님의 자녀가 되려면 어떻게 행동해야 하는가를 11가지에 걸쳐 나열하고 있다.

다윗은 시온 백성을 주의 장막에 유할 자, 그리고 주의 성산에 거할 자로 표현하였다. 장막은 하나님이 땅 위에 거하시는 곳을 가리키며 후에는 성전으로 표기되었다. 그가 시온 백성이라면 이런 삶을 살아야 한다는 것은 다음과 같다.

- 정직하게 행한다. 정직과 성실(integrity)로 길을 걷는 삶을 산다.
- 공의(righteousness)를 일삼는다. 의롭게 살려고 노력한다.
- 그 마음에 진실(truth)을 말한다. 마음에 진실을 담고, 그것을 드러내며 산다.
- 그 혀로 참소치 아니한다. 이웃을 중상모략(slander)하지 않는다.
- 친구에게 악(evil)을 행하지 않는다.
- 이웃을 훼방하지 않는다. 이웃을 거슬러 죄를 뒤집어씌우는 행동(reproach)을 하지 않는다.
- 그 눈은 망령된 자(reprobate)를 멸시한다. 망령된 자는 하나님 보시기에 사악하고 불량한 자이다. 이렇듯 하나님으로부터 버림받을 만큼 악을 행하는 사람을 가까이하지 않는다.
- 여호와를 두려워하는 자(those who fear the Lord)를 존대한다. 믿음으로 살려는 사람들을 존중한다.
- 서원한 것(swears)은 갚는다. 그로 인해 자신이 불이익을 당할지라도 바꾸지 않는다. 약속을 성실하게 지킨다.
- 변리(interest)로 돈을 빌려주지 않는다. 당시 히브리인의 경우 그 이웃에게 돈을 빌려주고 이자를 받는 것을 율법으로 금했다(출 22:25;레25:36-37). 율법을 지키는 그들에게는 당연한 지침이기도 하다. 현대인에게는 적용이 어려울 수 있다. 이 경우 과도한 이자 부과 행위를 금하는 것이 바람직하다.
- 뇌물(bribe)을 받고 무죄한 자를 해치지 않는다. 죄가 없는데도 뇌물을 받고 죄인으로 만드는 일이 있어서는 안 된다.

다윗은 이 11가지 사항을 잘 지키면 영영히 요동치 아니할 것(never be shaken)이라 했다. 결코 흔들림 없는 삶을 살 것이라는 말이다. 이 같은 행위들은 하나님을 믿고 살아가는 삶에서 길러진다. 오늘도 이런 마음과 행동으로 주의 성산에 거하며 사는지 조용히 살펴볼 일이다.

68. 네 하나님이 어디 있느냐

신문을 읽으니 런던 시내버스에 "신은 아마도 없을 것이다. 이제 걱정을 멈추고 인생을 즐겨라."(There's probably no God, Now stop worrying and enjoy your life)라는 광고판 문구가 보인다. 그 광고를 실은 버스 앞에 『만들어진 신』의 저자 리처드 도킨스(R. Dawkins)가 주머니에 손을 넣고 의기양양하게 서 있었다. 영국 무신론자들의 모임인 영국인본주의자 협회가 영국 전역을 운행하는 버스 가운데 800대에 이 광고판을 설치했고, 앞으로 모금이 더 되는 대로 지하철에 광고판 천여 개도 설치할 계획이라고 한다. 도킨스는 원래 '신은 없다'는 단정적인 문구를 원했다. 하지만 단정적인 주장을 피해야 한다는 영국의 광고 가이드라인에 따라 '아마도'라는 표현을 사용하게 되었다.

이 무신론 광고의 아이디어를 처음 제안한 사람은 극작가 애리앤 쉬린(Sherine)이다. 그녀는 인터넷을 뒤지다 "신을 믿지 않는 사람들은 영원히 고통 속에서 지내라"는 문구를 보고, 무신론 광고를 내야겠다는 결심을 하게 되었다는 것이다.

이 광고에 대한 반응도 각가지다. 어떤 사람은 "끔찍한 광고다, 내 눈으로 그런 광고를 보고 싶지 않다."는 부정적인 반응이 있는가 하면, "진정한 언론 자유를 보는 것 같다."는 긍정적인 반응도 있다. 영국 감리교회는 사람들이 이 광고를 보면서 하나님을 생각하게 될 것이고, 하나님에 대해 얘기할 기회를 주기 때문에 무신론 광고라 할지라도 환영한다는 입장이다. 한국에서 어느 교단이 이런 반응을 했다면 과연 어떤 평가를 받을지 궁금하다. 스페인 마드리드 기독교계 한 신문은 버스광고를 실었다. "신은 존재한다. 예수와 더불어 당신의 인생을 즐겨라."

1960년대엔 신학계마저 "신은 죽었다."는 사신신학이 풍미한 적이 있어 이런 광고가 나온다고 해서 특이할 것은 없다. '신은 죽었다'는 말은 곧 '하나님은 없다'는 주장과 맥을 같이하기 때문이다. 무신론자들은 계속 하나님은 없다고 주장할 것이고, 인본주의자들은 하나님에 대해 계속 도전할 것이다. 인간이 언제 하나님에 대해 도전을 멈춘 적이 있었던가.

템플대학에서 학위를 한 김선운 목사는 자신의 책 『기독교의 교육철학』에서 그 학교에서 경험한 이야기를 적었다. 당시 그 학교에는 무신론을 가장 앞서 주장한 밴 뷰런(Paul Van Buren)이 교수로 있었고, 불교 선전에 앞장 선 교수가 과주임으로 있었다. 이 두 교수에게 굴복하지 않으면 학위를 얻을 수 없는 상황이었다. 하지만 그는 그들의 악랄한 핍박에 굴하지 않고 오히려 그들이 김 목사에게 굴복함으로써 학위도 받았고, 하나님이 승리하는 역사를 보여주셨다고 고백했다. 김 목사는 믿음을 가장한 무신론주의도 경계하라고 말한다. 하나님을 믿는다 하면서도 믿지 않는 자와 하등 다를 바 없는, 마치 하나님 없이 사는 것과 같은 행동을 하는 것에 대한 경고다.

영국의 무신론자들은 하나님의 실존을 부정하면서 인생을 즐겁게 살라 말한다. 하나님을 부정한다는 것은 하나님의 심판도 부정한다는 말이다. 심판이라는 걸림돌마저 제거하고자 하는 것이다. 그러니 죄의식도 가질 필요도 없을 것이다. 이렇게 되면 세상은 과연 어떻게 될까.

그러나 시편 113편 저자는 말한다. "여호와 우리 하나님과 같은 자 누구리요."(5절) 그 하나님은 모든 나라 위에 높으시지만 스스로 낮추사 천지를 살피시고 가난한 자를 진토에서 일으키신다. 미가 선지자도 말한다. "주님, 주님 같으신 하나님이 또 어디에 있겠습니까. 주께서는 죄악을 사유하시며 살아남은 주의 백성의 죄를 용서하십니다. 진노하시되, 그 노여움을 언제까지나 품고 계시지는 않고, 기꺼이 한결같은 사랑을 베푸십니다."(미7:18, 표준새번역)

심판을 피하기 위해, 인생의 즐거움을 위해, 그리고 하나님보다 나 자신의 삶을 위해 하나님의 존재를 거부한다면 우리가 모두 하나님 앞에 섰을 때 뭐라고 대답할 수 있을까. "그때에 내 원수는 내가 구원받은 것을 보고 부끄러워할 것이다. '주 너의 하나님이 어디 있느냐?' 하면서 나를 조롱하던 그 원수가 얼굴을 들지 못할 것이다.

내 원수가 거리의 진흙처럼 밟힐 것이니, 패배당한 원수의 모습을 보게 될 것이다."(미7:10, 표준새번역)

이 땅에 살면서 주님을 부끄러워하던 자의 결국도 마찬가지다. "누구든지 이 음란하고 죄 많은 세대에서 나와 내 말을 부끄러워하면 인자도 아버지의 영광으로 거룩한 천사들과 함께 올 때에 그 사람을 부끄러워하리라."(막8:38)

69. 소피스트 크리스천

사람들이 처음 그린랜드(Greenland)를 찾아갔을 때 그곳은 숲과 나무로 울창할 것으로 기대하고 이름을 그린랜드라 불렀다. 그러나 정작 그곳에 도착했을 땐 숲과 나무는커녕 온통 눈과 얼음으로 뒤덮여 있어 아이슬란드라 불러야 맞았다. 그래도 사람들은 그곳을 지금도 그린란드라 부른다.

아이슬란드(Iceland)를 방문했을 때도 마찬가지였다. 사람들은 그곳이 북극처럼 눈과 얼음으로 뒤덮여 있을 것으로 생각했다. 그러나 그곳은 생각보다 숲과 나무가 많았다. 그래도 사람들은 지금도 이것을 아이슬란드라 부른다.

그린란드를 그린란드라 부르고, 아이슬란드를 아이슬란드라 부르는 것은 확실히 사실과 맞지 않다. 오히려 그린란드를 아이슬란드라 부르고, 아이슬란드를 그린란드라 불러야 맞다. 하지만 그런 역사적 기대 때문인지, 아니면 기후변화로 인해 앞으로 그렇게 되리라는 기대 때문인지 역설이 그대로 존재한다.

사람들은 사실 논리적이지 않으면서도 자기는 매우 논리적이라 생각하고 행동한다. 자기의 비합리적인 면을 비합리적이라 생각하고 고민하며 산다면 오래 살 수 없을지 모른다. 덮어두고 잊는 것이 삶의 방법일 수 있다. 그러나 우리 생활 가운데 나타나는 여러 역설을 뒤집어 보면 우리의 의식과 행동에 문제가 있음을 보게 된다. 따라서 바르지 못한 우리의 생활태도를 고치지 않으면 안 된다.

사람들에게 여러 역설적인 모습이 보인다. 역설임에 틀림없지만 그 역설이 대부분 자기주장으로 합리화된다. 그 보기를 보면 다음과 같다.

(1) 자기가 어린 아이를 치었을 때는 상대방의 부모가 그 어린 아이를 잘 교육하지 못했기 때문에 나쁘다고 생각하고, 자기 아이가 치었을 때는 친 기사가 나쁘다고 생각한다.

(2) 남이 그 일을 하면 아주 나쁘게 보고, 자기가 그 일을 하게 되면 당연하다고 생각한다. 즉 이웃집 여인이 다른 남자와 바람을 피운 경우 추하다고 욕한다. 그러나 자기가 다른 이성과 관계를 가진 경우 로맨스였다고 생각한다.

(3) 남이 성공을 하면 환경이 좋거나 배경이 좋았기 때문이라 하고, 자기가 성공을 하면 실력이 있었기 때문이라 한다. 하지만 남이 실패를 하면 원래 실력이 없었기 때문이라 하고, 자기가 실패를 하

면 배경이 없었기 때문이라 한다. 이것은 인간이 얼마나 이기적인가를 보여준다. 심리학의 귀인이론(attribution theory)은 이것을 잘 보여주고 있다.

(4) 성에 매어 성으로부터 도망하지 못하는 성의 노예가 성의 자유를 외친다. 그러나 그는 성으로부터 자유로운 자가 결코 아니다. 성으로부터 자유로운 자는 요셉처럼 주인의 아내를 희롱할 수 있었지만 이를 단연코 거절할 수 있는 자이다.

(5) 대부분 무신론자들은 자기 눈으로 하나님을 직접 볼 수 없고 자기 귀로 들을 수 없으니 비과학적이라 말한다. 그리고 자기가 논리적으로 생각한다. 그러나 하나님이 없다는 것을 논리적으로 증명해 보라 하면 단순히 하나님 같은 것은 믿을 수 없다는 것으로 감정적인 결론을 내린다. 이것은 그의 비논리에 속한다.

역설은 그리스도인에게 예외가 아니다. 이런 얘기가 있다. 두 사람이 우연히 만나 대화를 하게 되었다. 서로 통성명을 하고 몇 마디 건넨 후 서로 기독교인이라는 것을 알고 신앙이야기도 하면서 재미있게 지냈다. 점심시간이 되자 그중 한 사람이 도시락을 꺼내 혼자 열심히 먹었다. 다른 사람은 도시락을 가져오지 않았다. 한 숟갈 먹어보라는 말도 없이 그저 혼자만 먹고 있는 사람에게 한마디 해 주어야겠다고 생각했다. 그래서 조심스럽게 입을 열었다. "성경엔 이런 말씀이 있지요. 네 이웃을 내 몸과 같이 사랑하라." 그러자 밥을 열심히 먹고 있던 사람이 이렇게 말을 받는 것이었다. "성경에는 이런 말씀도 있습니다. 네 이웃의 것을 탐내지 말라."

예수님은 바리새인의 외식에 대해 이렇게 지적하셨다. "하나님이

이르셨으되 네 부모를 공경하라 하시고 또 아비나 어미를 훼방하는
자는 반드시 죽으리라 하셨거늘 너희는 가로되 누구든지 아비에게나
어미에게 말하기를 내가 드려 유익하게 할 것이 하나님께 드림이 되
었다고 하기만 하면 그 부모를 공경할 것이 없다 하여 너희 유전으
로 하나님의 말씀을 폐하는도다."(마15:4-6) 하나님은 부모를 공경
하라 가르치셨는데, 바리새인들은 부모에게 드려야 할 것도 성전에
바치게 되었다고 말함으로써 부모공경을 피하고, 하나님의 말씀도
어긴다는 것이다.

기독교는 사랑을 강조한다. 그러나 정작 말로만 실천을 말하고 행
동으로 나타내지 못한다. 그리곤 자신의 행동을 말씀으로 합리화하
는 소피스트들로 변하고 있다. 주님은 말씀하신다. "화있을진저, 외
식하는 자들아." 하나님의 말씀을 자기 합리화의 도구로 사용하는
것은 화를 자초하는 일이다.

70. 칼빈의 순종, '즉시 그리고 진심으로'

아침 묵상을 하던 아내가 나에게 칼빈의 말을 들려준다. "내 마음
을 주께 바칩니다. 즉시 그리고 진심으로." 이 말은 칼빈이 제네바로
복귀하면서 파렐에게 보낸 편지 속에 있다. 칼빈은 토착세력의 방해

로 제네바를 떠난 바 있다. 스트라스부르에 머문 지 3년 만에 다시 청빙을 받은 것이다. 그는 제네바로 돌아가느니 차라리 백번이고 십자가를 지는 것이 낫다며 거절했다. 하지만 그는 편지에서 '그러나'로 순종을 표시한다. 그럼에도 불구하고 순종하겠다는 것이다.

> "만약 내게 선택의 자유가 있다면 제네바로 돌아오라는 당신의 요구만은 정말 거절하고 싶습니다. 그러나 내가 나의 주인이 아님을 돌이켜 생각해 주님께 제물로 바치듯이 내 마음을 즉시 그리고 진심으로 드립니다."

2월에 한양대에서 정년을 맞아 3월엔 연변과기대로 가기로 했다. 쉽지 않은 결정이었다. 그동안 음지에서 나를 위해 헌신한 아내를 위한 시간도 갖고 싶었기 때문이다. 연변과기대 후원회 사무실에 인사차 김진경 총장을 찾아갔을 때 총장은 기뻐하며 말씀하셨다. "천군만마를 얻은 것 같아. 양 교수, 이제 연변과기대로 와!" "그럼 평양과기대 일은요?" "그 일은 거기서 같이하면 돼." 정진호 교수도 이메일을 보냈다. "연변과기대 학생들에게도 기쁨이 될 겁니다." 모두 기쁨으로 맞아주어 반갑고 감사하다. 하지만 나이가 들면서 떠난다는 것이 쉽지 않다. 그런 나를 아내는 안다. 그래도 아내는 말한다. "모든 것을 삶의 주인이신 우리 주님께 맡기세요." 이런 점에서는 아내가 더 결단력이 있다.

내가 읽고 있는 NIV성경 여백에 세 가지 글이 적혀 있다. 맨 먼저 앞서 소개한 칼빈의 문장이다. "My heart I offer to you, Lord, promptly and sincerely." 그 다음 휘튼대학의 모토다. "그리스도와 그 나라를 위하여(For Christ and His Kingdom)." 끝으로 한동대학의 모토다. "왜 세상을 바꿀 수 없겠는가(Why not change the world)." 칼빈의 글을 읽었을 때, 휘튼대학 출신 짐 엘리옷 선교사의 생애사를 접했을 때, 그리고 한동대학을 방문했을 때 이 글들을 접하고 감명을 받았다. 이렇게 살게 해달라고도 기도했다. 그러나 막상 어떤 중대한 결정을 내려야 할 때는 두려움이 없지 않다. 그래서 연약한 우리에게 주님이 필요한 것이 아니겠는가.

이 시간 성경에 '즉시'라는 말을 묵상해 본다. 예수님이 "나를 따라 오너라. 내가 너희로 사람을 낚는 어부가 되게 하리라."며 시몬 베드로와 안드레 두 형제를 불렀을 때 그들은 즉시 반응했다. "저희가 곧 그물을 버려두고 예수를 좇으니라."(마4:20) 쉬운성경에는 이 말씀을 이렇게 표현했다. "그 즉시, 시몬과 안드레는 그물을 버려두고 예수님을 따랐습니다." 즉각적인 반응, 그리고 모든 것을 버리고 따를 수 있는 마음, 얼마나 귀한가. 어려운 결정이었을 터인데. 주님을 그만큼 믿고 사랑했기에 가능했을 것이다.

베드로와 요한이 성전 미문에 앉아 구걸하는 앉은뱅이를 향해 외친다. "은과 금은 내게 없거니와 내게 있는 것으로 내게 주노니 곧 나사렛 예수 그리스도의 이름으로 걸으라." 그리고 오른손을 잡아 일으키니 발과 발목이 곧 힘을 얻었다. 표준새번역에는 이렇게 말하고 있다. "앉은뱅이의 오른손을 잡아 일으켰다. 그는 즉시 다리와 발목에 힘을 얻어"(행3:7) 즉시 효과를 본 것이다.

칼빈은 즉시 그리고 진정으로 주님께 마음을 드리고자 했다. 이젠 주저함 없이 시간을 드리고, 나를 드리리라. 그리할 때 주님은 나의 발목에 힘을 주실 것이다. 하박국 선지자의 말이 생각난다. "주 여호와는 나의 힘이시라. 나의 발을 사슴과 같게 하사 나로 나의 높은 곳에 다니게 하시리로다."(합3:19) 연변과기대에서 기쁘게 걷고 있을 나를 상상해 본다.

71. 산헤드린의 베드로와 브롬스 제국회의의 루터

1521년 1월 21일 루터는 교황으로부터 파면당했다. 같은 해 4월 17일 브롬스 제국회의에 출두하게 된다. 파문당한 인물이 제국회의에 참석한다는 것은 매우 이례적인 일이다. 그는 죽음을 각오했다. 그곳에서 정죄되면 화형을 당할지 모른다. 그래도 그는 가기로 결의했다. 그는 멜랑히톤에게 자신이 죽더라도 개혁의 끈은 놓지 말라 당부했다. 그의 결의는 대단했다. "나는 브롬스에 입성할 것이다. 지옥의 모든 문들과 하늘의 모든 권세들이 막으려 할지라도 거기서 우리 사명은 마귀를 쫓아내는 것이다."

제국회의가 열린 것은 막스 밀리안 황제가 죽고 그 손자 찰스5세가 신성로마제국의 황제가 되자 독일 정치를 조정하고, 현안인 루터 문제를 매듭지어야 할 필요가 있었기 때문이었다. 당시 루터는 선제

후 프리드리히의 강력한 지지를 받고 있었고, 선제후도 막강한 힘을 가지고 있어서 교황이라 할지라도 루터를 적극적으로 고소를 할 수 없었다. 제국회의가 열리자 심문이 시작되었다.

"이 저작물들은 루터 당신이 쓴 것인가?"

"그렇습니다."

"그렇다면 이 책에 담긴 주장들을 철회하겠는가?"

자신의 주장을 철회해 달라는 요구다. 하루의 시간을 얻은 루터는 다음 날 다시 소집된 회의에서 자신의 입장을 밝혔다. 아주 당당하게.

"나의 주장이 성경과 이성에 근거해 오류가 없는 한 철회할 수 없다. 왜냐하면 양심을 거슬러 행동하는 것은 거짓이기 때문이다. 나의 양심은 하나님의 말씀과 결부되어 있다. 나는 여기 서 있고 다른 일은 할 수 없다. 하나님이여 나를 도우소서. 아멘."

선제후 프리드리히는 자기 심복을 시켜 루터를 납치해 바르트부르크 성으로 보내졌다. 루터는 그곳에서 숨어 지내며 신약성서의 독일어 번역을 마쳤다.

브롬스 제국회의에서의 루터를 보며 생각나는 성경적 인물이 있다. 그는 바로 베드로다. 오순절 성령강림 이후 베드로는 성전에 나가 사람들에게 예수 부활의 도를 전했다. 산헤드린은 그를 비롯해 전도하는 사도들을 불러다 다시는 예수 이름으로 말하지도 말고 가르치지도 말라 명했다. 그러자 베드로와 요한이 답했다. "하나님 앞에서 너희 말 듣는 것이 하나님 말씀 듣는 것보다 옳은가 판단하라. 우리는 보고 들은 것을 말하지 아니할 수 없다."(행4:19, 20) 얼마나 당당한가.

산헤드린을 나온 사도들은 다시 나가 복음을 전했다. 대제사장과 사두개인들은 다시 제자들을 옥에 가두었다. 그러나 주의 사자가 옥문을 열고 끌어내며 말했다. "가서 성전에 서서 이 생명의 말씀을 다 백성에게 말하라."(행5:20) 하나님께서도 이 일을 기뻐하신다는 것을 보여준다. 다시 산헤드린에 붙들려온 베드로와 제자들과 화가 난 대제사장. "우리가 이 이름으로 사람을 가르치지 말라 하지 않았는가." 베드로와 제자는 더 이상 두려워하지 않았다. "사람보다 하나님을 순종하는 것이 마땅하니라."(행5:29)

사도행전 5장 마지막은 이렇게 쓰여 있다. "사도들은 그 이름을 위하여 능욕받는 일에 합당한 자로 여기심을 기뻐하면서 공회 앞을 떠나니라. 저희가 날마다 성전에 있든지 집에 있든지 예수는 그리스도라 가르치기와 전도하기를 쉬지 아니하니라."(행5:41, 42)

오늘은 베드로와 루터가 다시 보이는 날이다. "하나님이여 이 당당한 믿음을 우리에게 주소서. 아멘."

72. 하나님은 왜 총회장을 일어나 맞지 않으실까

수원 창훈대교회 한명수 목사는 필치도 강하지만 유머도 넘치는 분이다. 안산동산교회 입당예배 때 축사를 하는 그 짧은 시간에도

그는 교인들을 사로잡았다. 아직도 잊히지 않는 유머로 천당이야기
가 있다.

천당에 가보니 집사님, 장로님, 목사님이 오실 땐 하나님께서 일
어나 그들을 맞으셨다.

"어이구 장로님, 오시는구먼요. 수고 많으셨습니다."

그런데 총회장을 지낸 자기에게는 아무런 반응도 하지 않으신 채
그저 자리에 앉아계시는 것이었다. 다소 섭섭한 총회장은 하나님께
질문을 했다.

"다른 분이 올 땐 꼭 일어나 맞으시면서 왜 제가 올 땐 일어나
맞지 않으십니까?"

그러자 하나님이 하시는 말씀.

"내가 자리에서 일어나면 네가 이 자리에 앉으려 하지 않겠느냐."

총회장은 할 말을 잃었다.

감리교단의 경우 감독 선정 문제로 시끄럽고, 사회의 시선도 곱지
않다. 법정에서 인정한 감독도 있고, 그것을 인정하지 않겠다는 또
다른 감독도 있다. 한 사람이어야 할 감독이 둘이다 보니 문제가 쉽
게 풀릴 리 없다. 서로 자기가 감독이다 주장하는 와중에 감독인감
이 탈취당하는 사건마저 벌어졌다. 이런 사태를 놓고 이만열 교수가
한마디 했다.

"교회법상 이미 자격이 미달되었음에도 불구하고 그걸 무시하고
감독으로 출마한 성직자나 또 그를 지지하여 최다득표로 밀어준 성
직자들을 보면 이들의 모습이 그리스도를 주로 모시는 사람들의 행
동이라고 볼 수 있을까? 이런 현상들을 목격할 때마다 한경직 목사

님이 성직자들을 향해 말씀했다는, '목사님, 정말 예수 믿으십니까?' 라는 말이 자주 생각난다. 지하철 안에서 전도하는 사람을 향해, '너희 목사님에게나 가서 전도하시지!'라고 수군거리는 사람들의 소리가 빈 말처럼 들리지 않는다."

총회장이 뭐기에, 감독이 뭐기에 이것을 놓치지 않으려 할까. 높은 자리는 인간을 유혹한다. 그것을 뿌리칠 수 없는 사람들은 부지기수다. 이럴수록 예수님의 말씀이 생각난다.

"이방인의 임금들은 저희를 주관하며 그 집권자들은 은인이라 칭함을 받으나 너희는 그렇지 않을지니 너희 중에 큰 자는 젊은 자와 같고 두목은 섬기는 자와 같을지니라 앉아서 먹는 자가 크냐 섬기는 자가 크냐 앉아서 먹는 자가 아니냐? 그러나 나는 섬기는 자로 너희 중에 있노라."(눅22:25-27)

그리고 저녁 드시던 자리에서 일어나 겉옷을 벗고 수건을 가져다가 제자들의 발을 씻기 시작하셨다. 누가 크냐며 다투던 제자들은 어찌할 바를 몰랐다. 베드로는 "제 발을 절대로 씻기지 못하시리이다."며 막기도 했다. 하지만 주님은 묵묵히 제자들의 발을 씻으셨다. 그리곤 다시 자리에 앉으시고 말씀하셨다.

"너희가 나를 선생이라 또는 주라 하니 너희 말이 옳도다. 내가 그러하다. 내가 주와 또는 선생이 되어 너희 발을 씻겼으니 너희도 서로 발을 씻기는 것이 옳으니라. 내가 너희에게 행한 것같이 너희도 행하게 하려 하여 본을 보였노라. [--] 종이 상전보다 크지 못하고 보냄을 받은 자가 보낸 자보다 크지 못하니 너희가 이것을 알고 행하면 복이 있으리라."(요13:13-17)

이 세상도, 자연도, 사람도 서로 섬길 때 살아남을 수 있다. 하나님의 나라는 세상 나라와 다르고, 그 나라 왕은 세상 왕과 다르다. 하나님은 섬김을 통해 세상을 다스려 나가신다. 교회는 주님의 모범에 따르는 곳이며 섬김의 질서를 가장 존중한다. 높고자 하는 자는 섬겨야 한다. 이것이 이 땅에서 천국을 이루는 방법이다. 우리 속에 섬김이 강물처럼 흘러넘칠 때 주의 평안이 넘치리라. 우리가 연연할 자리는 권세가 주어지는 자리가 아니라 섬김의 자리다. 섬김의 자리에 있던 총회장이 천국에 온다면 하나님은 기꺼이 일어서 그를 맞으실 것이다.

73. 언약궤와 시은소

성경에는 세 가지 궤가 소개되고 있다. 첫째는 노아의 궤인 방주다. 여덟 사람이 홍수심판으로부터 보호를 받았다. 이 궤는 역청을 발랐다. 역청은 '카페르(kapher)'라 하는데 구원이라는 뜻이 있다. 둘째는 모세의 궤인 갈대상자다. 요게벳이 만든 이 궤 속에서 그는 보호를 받았다. 이 궤에도 송진과 역청을 발랐다. 셋째는 언약궤이다. 이 궤는 피(속죄소) 아래 있으며, 심판으로부터의 보호를 상징한다.

언약궤는 법궤, 증거궤라 불린다. 법궤는 그리스도를 상징하고, 증거궤는 하나님의 보좌를 상징한다. 언약궤는 길이 2큐빗 반(113cm), 너비 1큐빗 반(69cm), 그리고 높이 1큐빗 반의 장방형 상자다. 이 궤는 조각목으로 지었지만 정금을 안팎으로 싸고 윗가로 돌아가며 금테를 둘렀다. 금과 금테를 두른 것은 물리적으로는 조각목의 뒤틀림을 막기 위한 것이다. 그러나 영적으로는 그리스도의 주권과 왕권을 상징한다.

언약궤 안에는 만나를 담은 금 항아리, 십계명 돌판, 그리고 아론의 싹 난 지팡이가 들어있다. 만나는 생명의 떡을, 십계명은 죽음을, 아론의 싹 난 지팡이는 부활을 상징한다. 이 모두 광야의 백성들에게 베푸신 하나님의 놀라운 증거들이다. 이것은 또한 그리스도의 구속 완성과 성도들의 안전을 웅변적으로 말해 준다.

광야에서 만들어진 이 언약궤는 광야의 성막에 있다가 여호수아시대부터 엘리 제사장 때까지 실로로 두었다. 그러나 블레셋이 이것을 7개월 동안 빼앗아 자기 땅 아스돗, 에그론 등에 두었다. 그러나 다곤 상이 무너지고, 성읍에 독종이 나는 등 문제가 심해지자 이스라엘에 돌려주기로 결의한다. 벧세메스에서 인계 받은 법궤는 다시 실로에 돌아오지 않았다. 벧세메스 사람들이 하나님의 궤를 들여다보다 오만 칠십 인이 죽는 재앙을 받았다. 기럇여아림 아비나답의 집에 20년간 정중히 모셔졌다. 그 후 다윗이 예루살렘에 성막을 지어 옮겼고, 솔로몬이 성전을 건축한 다음 그 안에 모셨다. 그러나 예루살렘이 멸망한 뒤 이 궤는 어디 있는지 알 수 없게 되었다. 요한은 하늘에 있는 하나님의 성전이 열리더니 그 안에서 하나님의 언약궤가 보였다고 말한다(계11:19).

이 언약궤와 밀접한 관계가 있는 것이 바로 시은소(施恩所), 곧 하나님이 은혜를 베푸시는 곳이다. 속죄소라 하기도 한다. 지성소에 언약궤가 있고 그 언약궤 위에 이스라엘 백성의 죄를 대신하여 희생된 동물의 피가 뿌려지는 곳이 바로 시은소다. 하나님은 죄 지은 백성이 희생 제사를 드리면 죄의 용서를 언약하셨다.

시은소는 언약궤의 뚜껑이다. 출애굽기에 따르면 정금으로 속죄소를 만들되 금으로 그룹 둘을 속죄소 두 끝에 쳐서 만들도록 했다. 속죄소를 궤 위에 얹고 궤 속에 증거판을 넣도록 했다. 중요한 것은 하나님께서 거기서 내가 너와 만나겠다 하신 것이다(출25:17-22). 속죄소는 천국의 감추어진 하나님의 임재를 묘사한다. 하나님의 영광이 보이도록 임하시는 곳이다. 하나님은 이 속죄소 위에 거룩한 불기둥으로 임하셨다.

속죄소는 그리스도의 피와 밀접하게 연관된다. 화목제물(롬3:25)은 희랍어로 '힐라스테리온'으로 속죄소라는 뜻을 가지고 있다. 번제단 희생제물의 피를 대야에 담아 속죄소 위에 그 피를 뿌린다. 속량의 피다. 이로 인해 율법이 요구하는 심판이나 죽음의 형벌을 내리지 않고 대속하신다. "내가 피를 볼 때에 너희를 넘어가리니"(출12:13) 말씀처럼 심판의 보좌가 은혜의 보좌가 된다. 뿌려진 보혈로 말미암아 하나님은 율법보다 구원을, 심판보다 은혜를 주신다. 그 피가 우리를 보호하고 은혜로 인도한다. 그래서 시은소다. 벧세메스 사람들은 궤 안을 들여다보다 죽었다. 피를 제거하면 은혜의 보좌가 심판의 보좌가 된다.

시은소는 이스라엘 백성들에게 죄 사함의 은혜를 베푸는 곳이다.

시은소는 하나님의 용서가 있는 곳이자 은혜가 있는 곳이다. 우리가 나가야 할 곳은 바로 하나님의 은혜가 있는 시은소이다. 그리스도의 피가 있는 곳이다. 휴 스토웰(H. Stowell)은 찬송시를 지었다.

"이 세상 풍파 심하고 또 환난 질고 많으나 나 편히 쉬게 될 곳은 주 예비하신 시은소
그 향기로운 기름을 주 내게 부어 주셔서 내 기쁨 더해 주는 곳 주 피로 사신 시은소
주 믿는 형제자매들 그 몸은 떠나 있으나 주 앞에 기도드릴 곳 다 함께 모일 시은소
내 손과 혀가 굳어도 내 몸의 피가 식어도 나 영영 잊지 못할 곳은혜의 보좌 시은소"

74. 지식에 절제를

"이러므로 너희가 더욱 힘써 너희 믿음에 덕을, 덕에 지식을, 지식에 절제를, 절제에 인내를, 인내에 경건을, 경건에 형제우애를, 형제우애에 사랑을 공급하라."(벧후1:5 - 7)

이 말은 베드로가 성도들에게 신앙의 미덕을 쌓고, 열매 맺기를 바라는 마음으로 쓴 것이다. 그가 제시한 여러 덕목들은 우리가 보다 살아 있는 믿음생활을 하는 데 크게 도움이 된다. 절제는 성령의 열매 가운데 하나(갈5:22, 23) 아니던가.

이 말 가운데 '지식에 절제를' 생각해 보기로 하자. 절제는 본능을 이성으로 누르는 것을 말한다. 그래서 자기통제다. 우리 스스로를 다스려 나가는 것이다. 바울도 같은 생각이다. "이기기를 다투는 자마다 모든 일에 절제하나니 저희는 썩을 면류관을 얻고자 하되 우리는 썩지 아니할 것을 얻고자 하노라."(고후9:25) 이기기를 다투는 자란 신자의 헌신 생활을 의미한다. 이런 사람은 모든 일에 절제한다는 것이다. 썩지 아니할 것을 얻고자 함이다. 세상은 녹슬고 사라져 가는 메달을 추구하지만 우리는 영원히 썩지 않는 메달을 추구한다.

크리스채니티 투데이지 2월호 특집 대담을 하면서 경제위기에 관한 여러 이야기를 하게 되었다. 위기를 가져온 여러 원인도 있지만 우리 스스로 절제하지 못한 점도 드러났다. '조금만 더, 조금만 더' 하다가 결국 이런 지경에 이르게 된 것이다.

이 잡지의 김은홍 편집장이 벤저민 프랭클린에 관해 쓴 글이 아직도 잊히지 않는다. 프랭클린은 절제와 검약의 대명사다. 늘 2펜스짜리 질그릇에 담은 빵과 우유를 조반으로 삼고, 백동수저로 음식을 들었다. 그런데 어느 날 식탁이 달라졌다. 아내가 사기그릇과 은수저를 식탁에 올려놓은 것이다. 이것을 보고 그는 탄식했다. "어느 사이에 사치라는 것이 우리 집에 들어왔구먼." 이 짧은 한마디는 그가 얼마나 절제하며 살고자 했는가를 보여준다.

절제는 무엇보다 자기통제가 우선이다. 싱가포르는 껌을 갖고 입국하면 빼앗길 뿐 아니라 벌금을 물어야 한다. 거리에 껌이나 휴지 조각을 버리거나 음주, 고성방가를 할 경우 그에 대한 벌금이 매겨져 있다. 그래서 사람들은 싱가포르 하면 깨끗하고 살기 좋은 나라라고 말한다. 그러나 그 싱가포르 사람들이 이웃나라인 말레이시아 국경을 넘어서면 갑자기 변한다는 데 문제가 있다. 다른 나라 사람보다 더 심하게 껌이나 쓰레기를 버리고 술에 취해 소리를 지른다는 것이다. 이런 현상을 보며 법이나 벌금은 사람의 나쁜 본성을 잠시 억누를 수는 있지만 근본적으로 고칠 수 없다는 것을 깨닫게 된다. 법이나 제도는 우리의 생물학적 속성을 잠시 억제할 수 있지만 영구히 바꿀 수는 없다.

법이나 제도가 없어도 자기를 통제하며 살 수 있는 방법은 무엇일까? 그것은 우리의 생각과 태도가 바뀌어야 한다. 이를 위해 하나님의 말씀에 더욱 집중할 필요가 있다. 그러면 길을 주신다. "모든 사람에게 구원을 주시는 하나님의 은혜가 나타나 우리를 양육하시되 경건치 않은 것과 이 세상 정욕을 다 버리고 근신함과 의로움과 경건함으로 이 세상에 살고"(딛2:11, 12) 하나님은 언제나 우리로 하여금 경건치 않은 것에 도전하고 절제하며 살기를 바라신다. 이것을 안다면 우리의 생각과 태도가 바뀌지지 않을까.

그리스도인이라고 다 절제를 잘하는 것은 아니다. 절제나 자기통제를 잘못함으로써 혜성같이 나타났다가 물거품처럼 사라진 예도 많다. 1945년경 미국에 클리포드 열풍이 불었다. 명설교가 브론 클리포드(B. Clifford)의 설교를 듣기 위해서 곳곳에서 사람들이 몰려들었다. 사람들은 바울 이래 가장 위대한 설교가라 했고, 그가 설교할 때는 시간의 제약을 받지 않도록 배려할 만큼 감동을 주었다. 그러나 그의 영적 지도력과 명성은 10년을 넘기지 못했다. 그는 알코올 중독자가 되어 텍사스의 한 모텔에서 죽었다. 그가 이렇게 된 원인 가운데 하나는 자기 통제력이 부족했기 때문이다.

우리가 지속적으로 자기 통제력을 발휘할 수 있는 방법은 무엇일까? 무엇보다 자만하지 않는 것이다. 마귀는 우리를 실패를 통해 넘어뜨리기보다 성공을 통해 넘어뜨린다. 자신이 가장 성공했다고, 가장 안전하다고 생각할 때 자기통제와 절제가 가장 필요한 때임을 알아야 한다. 바울도 이 점을 주시했다.

- "그런즉 선줄로 생각하는 자는 넘어질까 조심하라."(고전10:12)
- "형제들아 나는 아직 내가 잡은 줄로 여기지 아니하고 오직 한 일, 즉 뒤에 있는 것은 잊어버리고 앞에 있는 것을 잡으려고 푯대를 향하여 그리스도 예수 안에서 하나님이 위에서 부르신 부름의 상을 위하여 좇아가노라."(빌3:13, 14)

절제를 하기 위해서는 스스로 문제가 있음을 인정한다. 문제를 보다 구체화하고 그것을 극복해 나간다. "오직 각 사람이 시험을 받는 것은 자기 욕심에 끌려 미혹됨이니"(약1:14) 우리가 유혹을 받는 것은 내적인 욕망에 이끌리기 때문이다. "마귀로 틈을 타지 못하게 하라."(엡 4:27) 유혹을 피한다. 내 힘이 부족하다면 주님이 주시는 힘으로 유혹을 이긴다. 나의 힘이 아니라 주님의 말씀으로 이기자.

절제의 대상은 남이 아니라 바로 나다. 끝까지 나 자신에게 도전할 필요가 있다. 자신에 대한 도전 중 가장 필요한 것은 내 감정에 대한 도전이다. 먼저 '--하고 싶지 않다.'는 자신의 감정에 도전한다. 내 감정은 종종 말한다. "나는 공부하고 싶지 않다." "나는 일하고 싶지 않다." "나는 침대에서 일어나고 싶지 않다." "나는 지금 성경을 읽고 싶지 않다." "--하고 싶다."는 것에도 문제가 있다. "나는 지금 TV나 실컷 보고 싶다." "나는 지금 계속 먹고 싶다." 내 감정이 말하는 것이 어떤 결과를 낳는지 주도면밀하게 살필 필요가 있다.

내 감정에 너무 권한을 부여하지 말자. 본능에 관한 한 감정은 믿을 것이 못 된다. 하나님은 우리가 자신의 감정에 의해 통제되기보다 감정을 통제하도록 하신다. 몸무게가 늘어가는 데도 뭔가 먹고 싶어 손이 자꾸만 냉장고를 향하는가. 그때 자신에게 말하라. "꺼내 먹으라. 그러면 너는 곧 풍선이 될 것이다." 그래야 자신을 이기고 몸무게를 유지할 수 있다.

우리는 하나님의 형상을 가진 귀한 존재다. 그 존재 실현을 위한 중요한 도구 가운데 하나가 바로 절제, 곧 자기 통제력을 발휘하는 것이다. 이것은 혼자서만 이룰 수 있는 것은 아니다. 그럴 때 서로 격려하고 힘을 합한다. "너희가 서로 짐을 지라. 그리하여 그리스도의 법을 성취하라."(갈6:2) 상대가 먹든 말든 상관하지 않으면 그것은 서로 짐을 지는 것이 아니다. 서로에 대해 관심을 가지고 절제하도록 할 때 우리 안에 하나님의 나라가 선다.

절제는 개인에게만 해당되는 것이 아니다. 어떤 신학자는 오도되고 왜곡된 오늘의 교회성장론과 선교론의 폐해를 지적하면서 이를 지연·인연·학연의 줄서기 충성으로부터 탈출하는 것, 곧 자기존재의 집을 버리는 것으로 해석했다. 이것은 절제의 문제가 개인차원뿐 아니라 교회에도 적용된다는 것을 보여준다. 교회가 먼저 절제할 때 개인도 달라질 수 있다.

"자유를 위해 자유를 포기하라."는 말이 있다. 자유는 정제된 룰 속에서 만끽해야만 진정한 자유이고 기쁨이 될 수 있다. 자기통제가 없는 사람은 잠깐 명성을 날릴 수는 있어도 세상을 변화시키는 능력은 없다. 지식에 절제를. 이 가르침에 충실할수록 우리는 과거와는 다른 존재가 될 것이다. 하나님은 그런 우리를 기뻐하실 것이고, 사람들은 당신을 달리 볼 것이다. 절제하지 못한 과거가 자신을 괴롭히는가. 잊어버리고 새 출발하라. 주님이 도우실 것이다.

75. 사랑은 오래 참고

먼저 나의 참을성 테스트부터 해 보자.

• 나를 방해(interruptions)할 때 참을 수 있는가?
• 나를 불편(inconveniences)하게 할 때 참을 수 있는가?
• 나를 못살게 할 때(irritations) 참을 수 있는가?
• 내가 아무 할 일이 없을 때(inactivity) 참을 수 있는가?

잭 캔필드는 『영혼의 식탁』에서 열일곱 살 때 가출한 딸을 포기하지 않고, 오래 참으며, 끝없는 사랑으로 다시 돌아오게 한 어머니의 사연 등 가족 사이의 감동적인 사랑을 담은 이야기를 소개하였다. 이것은 영혼을 가진 사람들이 어떤 삶을 살아야 하는가를 보여준다.

성경은 우리에게 오래 참음을 가르치고 있다. 오래 참음은 무엇보다 하나님의 본성 가운데 하나이다.

- 노하기를 더디 하신다. "자비롭고 은혜롭고 노하기를 더디 하고 인자와 진실이 많은 하나님이로라."(출34:6)
- 노아가 방주를 만들 때도 참으셨다. "노아의 날 방주를 예비할 동안 하나님이 오래 참고 기다리실 때에"(벧전3:20)
- 화목제물을 세우셨을 때도 참으셨다. "이 예수를 하나님이 그의 피로써 믿음으로 말미암는 화목제물로 세우셨으니 이는 하나님께서 길이 참으시는 중에 전에 지은 죄를 간과하심으로 자기의 의로우심을 나타내려 하심이니"(롬3;25)

그 하나님은 오늘도 우리를 향해 참으신다. 그럼에도 불구하고 인간은 오래 참으시는 하나님을 악용하여 회개하지 않는 우를 범한다. 선을 악으로 갚는 것이다.

바울은 오래 참음을 두 가지로 설명한다. 하나는 성령의 열매 가운데 하나이다. "오직 성령의 열매는 사랑과 희락과 화평과 오래 참음과 자비와 양선과 충성과 온유와 절제니 이 같은 것을 금지할 법이 없느니라."(갈5:22, 23) 다른 하나는 사랑은 오래 참는 것이다.

"사랑은 오래 참고 사랑은 온유하며 투기하는 자가 되지 아니하며"(고전13:4) 오래 참음이 성령의 열매 가운데 하나라 함은 이것이 단지 일회적인 참음이 아니라 계속 참음으로써 그 열매가 매일 있게 하는 것임을 보여준다. 오래 참음의 열매를 맺기는 힘들다. 사랑은 오래 참는 것이라 하는 것은 그 사랑도 시련 가운데 있음을 말한다. 시련을 이기는 참음인 것이다. 이를 위해 우리에게 필요한 것은 성령의 내재와 역사다. 순간순간 붙드셔야 오래 참을 수 있다.

현대인을 가리켜 N제네레이션이라 부른다. 이것은 뉴 제네레이션도 아니고 네트 제네레이션도 아니다. 지금 당장 아니면 참지 못하는 나우 제네레이션(Now Generation)이다. 서구인들은 자신의 이름을 크리스토퍼(Christopher)라 짓기를 즐겨했다. 미 대륙을 발견한 크리스토퍼 콜럼버스, 슈퍼맨으로 잘 알려진 영화배우 크리스토퍼 리브 등 헤아릴 수 없을 만큼 많다. 크리스토퍼란 '그리스도의 인내'(Christ-bearing)라는 뜻을 가지고 있다. 예수 그리스도처럼 인내하고 기다리며 살겠다는 것이다.

그리스도인은 태어나면서부터 인내의 학교에 입학했다. 디모데 후서 2장 10-12절을 보자. "그러므로 내가 택하신 자를 위하여 모든 것을 참음은 저희로도 그리스도 예수 안에 있는 구원을 영원한 영광과 함께 얻게 하려 함이로라."(10절) '그러므로'는 '삶을 이렇게 살라'라는 관계어이다. 우리는 이 관계어에 주목할 필요가 있다. 그리스도인으로 바르게 살고자 하면 고난과 고통을 받게 되어 있다. 이때 필요한 것은 참음이다. 주님 때문에 모든 것을 참는 생활은 중요하다. 참음, 인내는 '히포메노(hipomeno)'로 다음과 같은 특색이 있다.

- 상대방보다 아래 놓여 있다. 그만큼 자신을 죽인다.
- 상대방을 피하지 않고 끝까지 받아들인다. 용납한다.
- 상대방을 위하여 한곳에 꾸준히 머문다.

변함없이 이러한 태도를 유지하면 언젠가 진가를 알게 될 날이 있다. 문제는 어느 정도까지 참을 것인가이다. 죽기까지 참으라. 바울은 말한다. "미쁘다 이 말이여, 우리가 주와 함께 죽었으면 또한 함께 살 것이요."(11절) 주님 생각하고 죽기까지 참으면 산다는 것이다.

사람들이 나이가 들어 하는 3걸이 있다. "좀 더 베풀 걸," "좀 더 용서할 걸," "좀 더 참을 걸." 참으면 하나님께 영광을 돌리게 된다. 광야에서 이스라엘 백성은 마실 물 때문에 폭동 일보직전이었다. 하나님은 그들의 모습을 보시며 참으시고 "지팡이를 들어 반석을 치라."고 하셨다. 모세는 참지 못하고 "패역한 너희여 내가 이 반석에서 물을 내랴."며 분을 내며 지팡이를 치다가 '거룩함을 드러내지 못한' 죄를 범함으로써 가나안에 들어갈 수 없게 되었다. 삶에서 거룩함을 드러내자. 그래야 구원과 함께 영원한 영광을 얻게 된다. 12절은 참음의 결과를 말한다. "참으면 또한 함께 왕 노릇 할 것이요."

요셉의 인내를 배우자. 농부의 인내를 배우자. 다윗도 힘든 때 있었다. "여호와여 어느 때까지니이까 나를 영원히 잊으시나이까 주의 얼굴을 나에게서 언제까지 숨기시겠나이까."(시13:1) 잠언기자는 말한다. "노하기를 더디 하는 자는 용사보다 낫고 자기의 마음을 다스리는 자는 성을 빼앗는 자보다 나으니라."(잠16:32) 참는 자는 용사보다 낫다. 오늘도 오래 참음으로 성령의 열매 하나 더 맺자.

76. 안식일 거룩히 지키기

방지일 목사님을 뵙고 얘기를 나누던 중 주제가 안식일 문제로 갔다. 목사님은 평양신학교 시절 이야기를 들려주었다. 신학교의 마포삼열 선교사는 미국에서 선편으로 4개월이나 걸려 온 편지를 받고서도 주일이라며 뜯어보지 않았다. 편지를 서랍에 잘 두었다가 월요일이 돼서야 기쁨으로 개봉하였다. 주일에 배달된 신문도 읽지 않았다. 그분이 주일을 얼마나 거룩하게 지키고자 했는가를 알 수 있다.

이사야는 안식일에 대한 하나님의 말씀을 전한다. "안식일을 지켜 더럽히지 아니하며 그 손을 금하여 모든 악을 행치 아니하여야 하나니 이같이 행하는 사람, 이같이 굳이 잡는 인생은 복이 있느니라."(사56:2) "만일 안식일에 네 발을 금하여 내 성일에 오락을 행치 아니하고 안식일을 일컬어 즐거운 날이라, 여호와의 성일을 존귀한 날이라 하여 이를 존귀히 여기고 네 길로 행치 아니하며 네 오락을 구치 아니하며 사사로운 말을 하지 아니하면 네가 여호와의 안에서 즐거움을 얻을 것이라. 내가 너를 땅의 높은 곳에 올리고 네 조상 야곱의 업으로 기르리라. 여호와의 말이니라."(사58:13, 14) 안식일을 지키는 자가 복이 있고, 기쁨을 얻을 것이라는 말씀이다.

십계명 중 4번째 계명은 안식일을 거룩히 지키는 것이다. "안식일을 기억하여 거룩히 지키라 엿새 동안은 힘써 내 모든 일을 행할 것이나 제 칠일은 너의 하나님 여호와의 안식일인즉 너나 네 아들이

나 네 딸이나 네 남종이나 네 여종이나 네 육축이나 네 문안에 유하는 객이라도 아무 일도 하지 말라."(출20:8-10) 다른 구절도 있다.

- "너는 엿새 동안 일하고 제 칠일에는 쉴지니 밭 갈 때나 거둘 때에도 쉴지며"(출34:21)
- "안식일에는 너희의 모든 처소에서 불도 피우지 말지니라."(출35:3)
- "엿새 동안은 일할 것이요 일곱째 날은 쉴 안식일이니 성회라 너희는 무슨 일이든지 하지 말라."(레23:3)

예레미야서는 하나님 말씀을 통해 안식일을 엄히 지킬 것과 지킴과 지키지 않음에 대한 공과를 명확히 하고 있다.

"너희는 스스로 삼가서 안식일에 짐을 지고 예루살렘 문으로 들어오지 말며 안식일에 너희 집에서 짐을 내지 말며 아무 일이든지 하지 말아서 내가 너희 열조에게 명함같이 안식일을 거룩히 할지어다. [--] 만일 삼가 나를 청종하여 [--] 안식일을 거룩히 하여 아무 일이든지 하지 아니하면 다윗의 위에 앉는 왕들과 방백들이 병거와 말을 타고 이 성문으로 들어오되 [--] 예루살렘 거민들이 함께 그리할 것이요 이 성은 영영히 있을 것이며 사람들이 [--] 번제와 희생과 소제와 유향과 감사의 희생을 가지고 여호와의 집으로 오려니와 너희가 나를 청종치 아니하고 안식일을 거룩게 아니하여 안식일에 짐을 지고 예루살렘 문으로 들어오면 내가 성문에 불을 놓아 예루살렘 궁전을 삼키리니 그 불이 꺼지지 아니하리라."(렘17:21-22, 24-27)

안식일을 지키지 않으면 하나님이 이 성에 불을 놓으리라 하신 말씀이 눈에 띈다. 이런 엄중함에도 불구하고 에스겔서는 이스라엘이 광야에서 안식일을 크게 더럽혔음(겔20:12, 16, 21)을 소개하고 있다. 안식일을 이처럼 귀하고 거룩하게 지켜야 마땅하다.

그러나 신약의 경우 바리새인들은 안식일에 제자들이 밀밭 사이로 가며 이삭을 잘라 먹은 것이나 안식일에 병을 고치시는 예수님을 문제 삼았다. 예수님은 가버나움 회당에서 귀신들린 자를 고치셨고, 예루살렘 베데스다 못에서 38년간 누운 병자를 고치셨으며, 회당에서 손 마른 자를 고치셨고, 18년간 귀신들려 허리를 펴지 못하는 여자를 고치셨고, 고창병(dropsy) 든 사람을 고치셨다. 이 모두 안식일에 일어난 사건들이다. 바리새인들은 병 나은 사람이 자리를 들고 가는 것을 보고 안식일에 자리를 들고 가는 것은 옳지 않다며 병자를 막기도 했다(요5:10).

예수님은 아비아달 제사장 때 다윗이 성전에 들어가 제사장 외에는 먹지 못하는 진설병을 집어먹고 함께한 자들에게도 주었고, 제사장들이 안식일에 성전 안에서 안식을 범하여도 죄가 없음을 언급(마12:5)하신 다음 인자는 안식일의 주인(눅6:5)이자 성전보다 더 큰 이라 하셨다.

나아가 주님은 안식일은 사람을 위해 있는 것이요 사람이 안식일을 위해 있는 것이 아니라 하시며(마2:27) "너희 중에 어느 사람이 양 한 마리가 있어 안식일에 구덩이에 빠졌으면 붙잡아 내지 않겠느냐. 사람이 양보다 얼마나 더 귀하냐. 그러므로 안식일에 선을 행하는 것이 옳으니라."(마12:11) 하셨다.

자기들은 안식일에 자기의 소나 나귀를 마구에서 풀어내어 이끌고 가서 물을 먹이지 않는가. 그렇다면 18년간 사단에게 매인 이 아브라함의 딸을 안식일에 이 매임에서 푸는 것이 마땅치 아니한가. 너희 중 누가 그 아들이나 소가 우물에 **빠졌으면** 안식일에라도 곧 끌어내지 않겠느냐(눅13:10이하;14:5). 주님의 말씀에 그들은 입을 다물 수밖에 없었다.

방지일 목사님이 한 말씀 하신다. "그래 사람이 우물에 **빠졌는데** 오늘은 주일이니 월요일에 다시 오겠다. 그때까지 기다려라 하겠는가." 주님은 종말에 일어날 일을 언급하시며 말씀하신다. "너희 도망하는 일이 겨울이나 안식일에 되지 않도록 기도하라."(마24:20) 안식일을 거룩하게 지키는 일은 항상 유효하다. 안식일에 선을 행하는 것도 항상 유효하다. 안식일에 선을 행하는 것은 거룩하다.

77. 교회와 국가가 하나님을 넘어서지 못하는 이유

성경은 교회와 국가의 관계에 대해 다중적이다. 로마서 13장은 "위에 있는 군세들에게 굴복하라."며 우호적으로 표현한다. 이때 굴복은 굴종적 복종이 아니라 국가의 적극적 기능을 인정하며 합리적이고 자발적으로 하는 복종이다. 하지만 요계시록 13장이나 17장에서는 적그리스도적 국가에 대해 대항적으로 언급하고 있다. 그 국가는 하나님을 모독하는 짐승이자 사단이다. 이 점에서 극과 극이다. 예수님은 "가이사의 것은 가이사에게, 하나님의 것은 하나님에게"라고 말씀하심으로써 종교와 정치를 분리하면서도 국가를 인정하는 중립적인 태도를 취하셨다. 그렇다고 국가가 하나님으로부터 벗어날 수 있는 것은 아니다. 국가는 순종의 대상이지만 국가 또한 하나님께 순종함으로써 통제를 받아야 한다.

313년 콘스탄티누스 대제의 밀란 칙령으로 기독교가 국교로 되면서 정치와 종교는 통합되는 역사를 이어왔다. 러시아의 피터 대제, 신성로마제국의 샤를마뉴 대제는 이 통합의 대표적인 인물이다. 그러나 16세기 종교개혁과 함께 정치와 종교는 분리되기 시작했다.

교회사를 보면 정치와 종교는 서로 무관한 것이 아님을 보여준다. 유세비우스는 교회와 국가는 상호관계성을 주장했고, 어거스틴은 교회의 우위성을 주장했다. 1937년 옥스퍼드회의(the Conference at Oxford)에서는 교회와 국가의 이중적 관계, 곧 국가의 의무, 교회의 국가에 대한 의무, 교회의 자유 등을 내세움으로써 융통성을 보였다. 그렇다면 종교개혁자들은 어떤 입장을 취했을까.

칼빈에게 있어서 교회는 신적 권한에 의해 만들어진 제도이고 영혼구원을 위해 봉사하는 신성한 곳이다. 루터에 있어서 교회는 주님이 주신 은혜로 인해 모여든 성도들의 회중이고 인간의 권리에 의해서만 제도화되었다.

칼빈은 교회가 국가로부터 독립되었음을 주장했다. 칼빈의 이러한 사상이 처음 발전하고 실현된 곳은 영국의 칼빈 지역과 미국이었다.

그러나 국가가 종교적 실행에 있어서 무관한 것은 아니다. 칼빈에 따르면 국가는 평화와 질서를 보호하는 동시에 올바른 교리와 예배를 유지하도록 해야 하며 십계명을 어긴 죄들을 엄히 다스려야 한다. 그는 국가의 법을 종교법과 일치시킬 것을 요구했다. 그는 교회와 국가의 완전분리를 내세웠지만 국가의 법이 성경의 계명과 일치되어야 한다고 본 것이다.

칼빈 당시 종교와 도덕에 관한 국가문제에 있어서 교회의 임직원들이 재판관으로 활동했다. 국가가 통치권을 행사한다 할지라도 교회는 종교와 도덕에 관한 문제에 있어서 국가에 명령했고, 국가가 세계를 기독교화하는 데 조력하도록 요구했으며, 나아가 사회질서와 문화를 기독교의 윤리 원리에 따르도록 했다. 필요한 경우 강제력을 사용할 것도 주장했다. 쯔빙글리도 국가는 교회의 이상을 성취해야 한다고 말함으로써 같은 입장에 섰다. 헤이익은 교회의 이상을 실현하기 위해서 국가를 사용하는 로마가톨릭의 관행이 뒷문으로 개신교에 들어왔다 주장했다고 말한다. 교회가 국가로부터 독립되기를 바라면서도 국가는 실행에 있어서 종교적 의무를 가진다고 본 것이다.

칼빈은 국가와 교회 관계에 있어서 일반 시민은 통치자가 아무리 폭군이고 자기의 의무를 소홀히 할 경우라도 충성하도록 가르쳤다. 그 이유는 하나님만이 자신의 뜻대로 왕국을 주시며, 높으신 이가 왕을 세우고 제거하기 때문이다. 유세비우스도 황제란 하나님이 지상에 보낸 하나님의 대표자라 하지 않았던가. 폭군이면 마음속에 선동적인 생각을 가질 수 있다. 그러나 칼빈은 성경을 인용해 그런 마음을 결코 갖지 않도록 한다. 잔인한 폭군의 통치라 할지라도 우리는 그에게 봉사하고 사는 것 외에 다른 길이 없다. 복종하고 고생을 하는 것이다. 그러나 한 가지 예외는 있다. 만약 그들이 하나님을 거슬러 어떤 것을 명령할 경우 복종할 필요가 없다. 국가가 비성경적으로 복종을 강요할 경우 문제를 삼을 수 있다는 말이다. 어떤 경우에든 하나님의 신성이 훼손당할 수 없기 때문이다. 이러한 가르침은 칼빈주의 영향을 받은 나라들의 경우 정치 및 중대한 역사적 사건을 결정하는 기준이 되었다. 정부에 복종할 것을 가르친 츠빙글리도 그리스도의 법에 불충한 경우에 대한 혁명조항을 만들었다. 츠빙글리는 권위가 국민의 주권에 있음을 인정했다. 국민 다수는 하나님을 거역하는 불충한 왕들을 폐위시킬 권리를 가지고 있다는 것이다. 국민 소환제를 보는 것 같다.

교회와 국가, 교회와 정치는 분리되는 것이 바람직하다. 교회와 국가는 서로 자신의 한계를 지키며 조화로운 관계를 유지하는 것이 좋다. 그러나 국가도 정치도 하나님을 넘어서지 못한다. 교회도 예외가 아니다. 그 이유는 무엇일까? 교회든 국가든 우리 모두는 하나님의 주권과 그분의 통치 아래 있기 때문이다. 따라서 우리는 그 말씀에 따라 이 땅에서 하나님의 나라를 이루는 삶을 살아야 한다. 국민이 자발적으로 순복할 만큼 국가가 바른 정치를 하고, 세상으로부터 비판받지 않을 만큼 교회가 정결할 때, 즉 하나님과 사람 앞에 부끄럼 없을 때 교회와 국가가 분리되어야 하느냐 마느냐의 논란은 더이상 필요 없게 될 것이다.

78. 크로노스와 카이로스

연말연시가 되면 해가 바뀐다는 생각에 평소와는 다른 시간들을 갖는다. 그토록 다짐했건만 변한 것은 별로 없으니 후회가 되기도 하고, 그래도 새해가 왔으니 이젠 좀 달라져야겠다는 생각을 하게 된다. 자신을 성찰하고 미래를 설계할 수 있다는 점에서 감사한 기간이다.

우리는 흘러가는 시간을 산다. 이것을 크로노스(chronos)라 한다. 시간이 과거, 현재, 그리고 미래로 이어지는 것과 같다. 크로노스는 이렇듯 이어지는 삶을 뜻하기 때문에 어떤 의미는 없다. 그저 오래 살고 잘살면 된다. 인간으로서 자기에게 주어진 시간의 삶을 살면 된다. 크로노스의 인간은 그저 시간 속에 살아야 하는 존재이다. 물론 그 속에는 지루함, 가혹함, 25시의 고난, 비극과 눈물도 담겨 있다. 인간만 크로노스의 삶을 사는 것이 아니라 동물도 산다. 그래서 동물과 다름없는 삶을 크로노스의 삶이라 하기도 한다.

이에 반해 카이로스(kairos)는 시간 속에 주어지는 의미 있는 시간 또는 순간을 말한다. 하나님의 때는 카이로스에서 빛이 난다. 하나님이 예수님을 이 땅에 보내시는 때, 또 공생애를 시작하는 주님의 때 모두 카이로스의 시간이다. 욥은 크로노스 속에서 카이로스를 바라보며 기뻐하고 참았다. 그래서 욥을 예수님을 예표한다고 말하기도 한다. 예수님은 목수, 배고픔, 가난, 고독, 사형 등 크로노스 속에서 고통의 삶을 사셨다. 하지만 그 가운데서 하나님 아버지의 구원의 때를 바라보셨다. 고난의 순간을 앞에 놓고 말씀하셨다. "내 뜻대로 마옵시고 아버지의 뜻대로 하옵소서."

카이로스는 우리에게도 나타난다. 그것은 내가 하나님의 때와 만나는 순간으로 나타나기도 하고, 어제와 오늘과 내일을 새롭게 변화시키는 순간으로도 나타난다. 그 시간은 과거와는 전혀 다른 새로운 시간이다. 사랑과 용서와 화해가 일어난다. 고통도 의미 있게 다가온다. 그 순간 우리 속에 새로운 삶이 부활된다. 야곱은 얍복 강가에서 카이로스의 시간을 맛보았다. 우리의 삶에도 이런 변화가 필요하다.

다음은 김형석 교수와 학생 사이의 대화이다.

"학생은 왜 이리 바삐 가는고?"

"공부하러 갑니다."

"훌륭한 사람이 되려고 합니다."

"훌륭한 사람이 되면 뭐가 이익인고?"

"행복한 가정을 이루어 잘 먹고 잘살려고 합니다."

"그럼 무엇이 되는고?"

조금 화가 난 학생. "죽지요!"

그 순간 교수는 생각했다. "오! 너는 무덤을 향해 그렇게 바삐 뛰어가는구나."

이 대화는 크로노스의 삶의 모습을 잘 보여준다. 다음은 익명의 초등학교 교사가 지었다는 시다. 제목은 '내 아이야, 이젠 더 나아지렴.'

수업이 끝났다.

한 아이가 내 책상으로 다가와 떨리는 입술로 말했지.

"선생님, 저에게 새 종이 하나 주시겠어요?

제가 이 종일 다 망쳐놨거든요."

난 그의 종이를 집었다. 온통 흙이 묻고 더러웠다.

그리곤 그에게 아주 새 종이를 주었다. 아주 깨끗한 종이로.

그 다음 피곤한 그의 심령을 향해 웃으며 말했지.

"내 아이야, 이젠 더 나아지렴."

한 해가 다 갔다.

나는 떨리는 마음으로 보좌 앞에 나아갔다.

"사랑하는 주님, 저에게 새해를 주시겠어요?

제가 금년을 망쳐놨거든요."

그분은 제 해를 보셨지요. 온통 흙이 묻고 더러운.

그리곤 저에게 새해를 주셨어요. 아주 깨끗한.

그 다음 피곤한 나의 심령을 향해 그분은 미소 지으며 말씀하셨지요.

"내 아이야, 이젠 더 나아지렴."

하나님은 우리에게 또 다른 해를 주신다. 그러면서 말씀하신다. "너에게 단지 크로노스의 시간을 주는 것이 아니다. 이젠 카이로스의 삶을 살아라." 이것이 바로 "내 아이야, 이젠 더 나아지렴"이 담고 있는 의미가 아니겠는가.

79. 이 땅을 새롭게 하시는 하나님

성경을 보면 땅이 인간 때문에 고통을 받는다. 창세기 3장을 보면 인간의 조상 아담과 하와가 명령을 어김으로 저주를 받았고, 창세기 4장을 보면 인간이 살인을 함으로 저주를 받았다. 인간이 문제다.

먼저 창세기 3장을 보자. 선악과를 먹은 아담은 하나님으로부터 심판을 받는다. "네가 네 아내의 말을 듣고 내가 너더러 먹지 말라 한 나무 실과를 먹었은즉 땅은 너로 인하여 저주를 받고 너는 종신토록 수고하여야 그 소산을 먹으리라. [- -] 네가 얼굴에 땀이 흘러야 식물을 먹고 필경은 흙으로 돌아가리니."(창3:17, 19) 인간의 죄과로 인해 땅이 저주를 받는다. 저주받은 땅은 가시덤불과 엉겅퀴를 낸다. 밭의 채소를 먹고 살아야 하는 인간, 그 저주받은 땅으로 인해 농사가 더 힘들어진다. 소산을 더 얻으려 할수록 땀을 흘려야 한다. 인간의 잘못 때문에 인간도, 땅도 고생을 한다.

하나님은 아담과 하와를 에덴동산에서 내보낸다. 동산의 실과만 따먹었어도 생존이 가능한 곳에서 땀을 흘리지 않으면 안 되는 대지로 추방된 것이다. 하나님은 그들로 하여금 그 근본 된 토지를 갈게 하셨다(창3:23). 땅은 점점 황폐화되어 갔다. 자연환경이 나빠지기 시작한 것이다. 환경문제는 인간으로부터 시작된다는 것을 알 수 있다.

창세기 4장의 저주는 가인이 동생 아벨을 죽이는 사건에서 비롯된다. 하나님은 가인을 향해 말씀하신다. "네 아우의 피소리가 땅에서부터 내게 호소하느니라. 땅이 그 입을 벌려 네 손에서부터 네 아우의 피를 받았은즉 네가 땅에서 저주를 받으리니 네가 밭 갈아도 땅이 다시는 그 효력을 네게 주지 아니할 것이요 너는 땅에서 피하며 유리하는 자가 되리라."(창4:10-12) 그는 왜 유리하게 될까? 살인을 했기 때문이요 땅이 효력을 내지 못하기 때문이다. 이곳을 갈아도 효력이 없고, 저곳을 갈아도 효력이 없어 유리방황할 수밖에 없다. 땅도 저주를 받은 것이다.

이 저주받은 땅이 언제쯤 회복될까? 그 기미가 서서히 보이는 것은 라멕이 노아를 낳았을 때이다. 라멕이나 노아는 가인의 혈통이 아니라 경건한 셋의 혈통이다. 라멕은 노아를 낳은 다음 이렇게 소원을 빌었다. "여호와께서 땅을 저주하시므로 수고로이 일하는 우리를 이 아들이 안위하리라."(창5:29) 어쩌면 이것은 인간의 절실한 기도제목이었으리라. 노아는 '안식, 위로'라는 뜻을 가지고 있다. 이 혈통을 따라 예수 그리스도가 이 땅에 오셨다(눅3:38).

노아 때 세상은 물 심판을 받았다. 심판이 끝난 다음 노아는 하나님으로부터 번성의 약속을 받게 된다. 그러나 한 가지 경고의 말씀을 잊지 않으셨다. "내가 반드시 너희의 피 곧 너희 생명의 피를 찾으리니 사람이나 사람의 형제면 그에게서 그의 생명을 찾으리라 무릇 사람의 피를 흘리면 사람이 그 피를 흘릴 것이니 이는 하나님이 자기 형상대로 사람을 지었음이니라."(창9:5, 6) 사람을 죽이지 말라는 것이다.

지금도 이 지구는 피로 얼룩지고 있다. 전쟁이라는 이름 아래 오늘도 수많은 사람들이 죽어가고 있다. 이스라엘과 하마스의 싸움으로 가자 지구가 피의 땅으로 변했다. 전쟁으로 아이들이 희생되자 하마스는 말한다. "이스라엘이 우리 아이들을 죽였기 때문에 우리가 이제 이스라엘 아이들을 죽일 권리를 가지고 있다." 무서운 말이다. 피가 피를 부르고, 사람들의 가슴속에 보복을 다짐하게 만든다. 평화가 없는 한 지구는 더 황폐화될 것이다.

이 땅이 새로워지고 하늘의 평화가 임하려면 하나님의 영이 가득해야 한다. 시편 104편 저자는 말한다. "주의 영을 보내어 저희를 창조하사 지면을 새롭게 하시나이다."(시104:30) 쉬운성경으로 읽으면 더 감이 온다. "그러나 주께서 입김을 불어넣으시면, 그들은 다시 창조됩니다. 주는 이 땅을 새롭게 만드십니다." 이 땅이 필요한 것은 주의 입김, 곧 주의 영이다. 주의 영이 임하면 이 땅의 사람도 새로워지고, 땅도 새로워진다. 우리에게 필요한 것은 주님의 새 창조다. 우리 내면을 완전히 새롭게 하실 때 그때 이 땅에 살육이 없어지고, 하나님 나라의 평화가 임할 것이다. 오늘 새 땅을 바라보는 마음이 더 커진다.

다음은 새 하늘과 새 땅에 관한 성경말씀이다.

- "보라 내가 새 하늘과 새 땅을 창조하나니 이전 것은 기억되거나 마음에 생각나지 아니할 것이라."(사65:17)
- "우리는 그의 약속대로 의가 있는 곳인 새 하늘과 새 땅을 바라보도다."(벧후3:13)
- "또 내가 새 하늘과 새 땅을 보니 처음 하늘과 처음 땅이 없어졌고 바다도 다시 있지 않더라."(계21:1)

80. 새 하늘과 새 땅

계시록 21장과 이사야 65장의 공통점은 새 하늘과 새 땅에 관한 언급이 구체적이라는 점이다. 새 하늘과 새 땅은 종말적 사건에서 성도들이 환희로 맞는 곳이기도 하다. 그 속에 하나님 나라에 대한 우리의 소망이 담겨 있다. 우리가 그곳에 있을 때 주님과의 교제가 완벽하게 이뤄지고, 그 나라의 삶을 풍성하게 살 수 있기 때문이다. 따라서 이 두 장을 통해 그곳의 성격을 알아보는 것도 의미가 있을 것이다.

새 하늘과 새 땅

먼저 이사야 65장을 보자. "보라 내가 새 하늘과 새 땅을 창조하나니 이전 것은 기억되거나 마음에 생각나지 아니할 것이라 너희는 나의 창조하는 것을 인하여 영원히 기뻐하며 즐거워할지니라."(사 65:17, 18a) 새 하늘과 새 땅이 창조될 것과 이로 인해 우리가 기뻐하게 될 것을 말씀하신다.

계시록 21장에서는 이 창조가 구현된다. "또 내가 새 하늘과 새 땅을 보니 처음 하늘과 처음 땅이 없어졌고 바다도 다시 있지 않더라."(계21:1) 처음 하늘과 처음 땅이 없어졌다는 것은 우리가 생각하는 하늘과 땅이 아니라는 말씀이다. 새로운 세계, 새로운 회복이 있다.

새롭다는 헬라어 단어에는 시간적인 새로움을 말하는 네오스(neos)와 질적인 새로움을 말하는 카이노스(kainos)가 있다. 처음 하늘과 처음 땅이 없어졌다는 것은 질적으로 새로운 세계임을 보여준다.

새롭게 하시는 이는 성령(시104:30), 하나님(시51:10)이시다. 그 방법은 창조(시104:30), 심판(마19:28), 회개(애5;21)를 통해서 이루어진다. 그 대상은 만물 모두이다. 나라(삼상11:14)뿐 아니라 민족(사41:1), 지면(시104:30), 속사람(고후4:16), 심령(롬12:2), 그리고 세상(마19:28) 모두가 새롭게 되는 대상이다.

새 예루살렘

두 장 모두에서 예루살렘이 소개된다. "보라 예루살렘으로 즐거움을 창조하며 그 백성으로 기쁨을 삼고 내가 예루살렘을 즐거워하며 나의 백성을 기뻐하리니"(사65:18b, 19a) "또 내가 보매 거룩한 성 새 예루살렘이 하나님께로부터 하늘에서 내려오니 그 예비한 것이 신부가 남편을 위하여 단장한 것 같더라."(계21:2) 이사야 65장은 예루살렘에서 기쁨과 즐거움이 창조될 것임을, 계시록에서는 21장에서는 신부처럼 단장한 모습을 그려내고 있다. 예루살렘도 새롭게 창조될 것임을 보여준다.

새 예루살렘은 이스라엘 민족이 소망한 것(히11:10, 16)이다. 새 예루살렘은 하늘에서 내려오는 것으로 묘사되고 있다. 그 실재를 신자들이 경험하며(갈4:26), 그 극치는 영원하다(히13:14).

삶의 모습의 변화

변화는 하늘과 땅, 예루살렘만이 아니다. 새 하늘과 새 땅에서 살게 될 사람들의 삶의 모습, 삶의 질이 달라진다. 과연 어떻게 변화될까?

첫째, 하나님이 친히 저희와 함께 거하신다. "내가 들으니 보좌에서 큰 음성이 나서 가로되 보라. 하나님의 장막이 사람들과 함께 있으며 하나님이 저희와 함께 거하시리니 저희는 하나님의 백성이 되고 하나님은 친히 저희와 함께 계셔서"(계21:3)

둘째, 눈물이 없다. "우는 소리와 부르짖는 소리가 그 가운데서 다시는 들리지 아니할 것이며"(사65:19b) "모든 눈물을 그 눈에서 씻기시매"(계21:4a)

셋째, 사망이 없다. "다시 사망이 없고 애통하는 것이나 곡하는 것이나 아픈 것이 다시 있지 아니하리니 처음 것들이 다 지나갔음이러라."(계21:4b) 이사야는 아주 오래 살 것을 말한다. "거기는 날수가 많이 못 하여 죽는 유아와 수한이 차지 못한 노인이 다시는 없을 것이라. 곧 백세에 죽는 자는 아이겠고 백 세 못 되어 죽는 자는 저주받은 것이리라. [––] 내 백성의 수한이 나무의 수한과 같겠고"

(사65:20, 22b) 여기서 나무는 계속 되는 번영을 나타낸다. 그 속성은 의(시1:1-3), 의인의 열매(잠11:30), 영생(계22:14)과도 상통된다.

넷째, 수고가 헛되지 않은 복을 누린다. "그들이 가옥을 건축하고 그것에 거하겠고 포도원을 재배하고 열매를 먹을 것이며 그들의 건축한 데 타인이 거하지 아니할 것이며 그들의 재배한 것을 타인이 먹지 아니하리니 [--] 내의 택한 자가 그 손으로 일한 것을 길이 누릴 것임이며 그들의 수고가 헛되지 않겠고 그들의 생산한 것이 재난에 걸리지 아니하리니 그들은 여호와의 복된 자의 자손이요 그 소생도 그들과 함께 될 것임이라."(사65:21-23) 이 땅에서 살 때 재난이 임하면 자기 집에서 쫓겨나고, 농작물도 자기가 먹지 못하는 일이 비일비재한데 이런 일은 없을 것이란 말이다. 그러면 새 땅에서는 무엇을 먹을까. 양식이 다르다. "내가 생명수 샘물로 목마른 자에게 값없이 주리니 이기는 자는 이것들을 유업으로 얻으리라. 나는 저의 하나님이 되고 그는 내 아들이 되리라."(계21:6b, 7) 그것은 아무도 빼앗을 수도, 빼앗기지도 않는 생명수요 주님이 주시는 영생수다.

다섯째, 하나님의 응답이 즉각적이다. "그들이 부르기 전에 내가 응답하겠고 그들이 말을 마치기 전에 내가 들을 것이며"(사65:24)

여섯째, 새 에덴의 회복이다. "이리와 어린 양이 함께 먹을 것이며 사자가 소처럼 짚을 먹을 것이며 뱀은 흙으로 식물을 삼을 것이니 나의 성산에서는 해함도 없겠고 상함도 없으리라."(사65:25) 계시록에서는 만물을 새롭게 하심으로 나타난다. "보좌에 앉으신 이가 가라사대 보라 내가 만물을 새롭게 하노라 하시고"(계21:5a)

그러나 하나님을 거역한 자들의 삶의 질은 다르다. "그러나 두려워하는 자들과 믿지 아니하는 자들과 흉악한 자들과 살인자들과 행음자들과 술객들과 우상숭배자들과 모든 거짓말하는 자들은 불과 유황으로 타는 못에 참여하리니 이것이 둘째 사망이라."(계21:8)

하나님은 새 하늘과 새 땅의 창조로 모든 것을 이루실 것을 말씀하신다. "또 가라사대 이 말은 신실하고 참되니 기록하라 하시고 또 내게 말씀하시되 이루었도다. 나는 알파와 오메가요 처음과 나중이라."(계21:5, 6a) 새 하늘과 새 땅은 질적으로 새로워질 뿐 아니라 하나님과 그 백성이 전적으로 소통하는 영적인 세계이다. 이 세계에 사는 사람들은 여호와의 속량함을 입은 자들이며(사35:10), 그들은 하나님을 찬양하고 그 구원을 감사하는 삶을 산다. 그들에게는 더 이상 탄식이 없고, 오직 하늘의 기쁨과 영영한 희락이 있을 뿐이다. 영원한 보장이 되신 우리 하나님이 함께하시기 때문이다.

81. 아멘 주 예수여 오시옵소서

요한계시록 22장 마지막은 예수님께서 "내가 진실로 속히 오리라." 하시고, 요한이 "아멘 주 예수여 오시옵소서."라 화답하는 말, 그리고 "주 예수의 은혜가 모든 자들에게 있을지어다."라는 끝인사로 마감한다(계22:20, 21). 이 가운데 중요한 키워드 가운데 하나가

'아멘(amen)'이다. 아멘은 히브리어, 희랍어, 라틴어 모두 아멘일 뿐 아니라 유대인, 기독교인, 무슬림 모두 이 단어를 사용한다. 어떤 신학자는 우리가 하나님 나라에 가서 가장 많이 사용하게 될 단어도 아멘일 것이라 주장하기도 한다.

아멘은 크게 세 가지 뜻을 담고 있다.

첫째, 그 뜻은 '진실로(truly),' '확실히(certainly),' '바로(verily)'라는 것이다. 계시록 22장에도 나왔지만 주님께서 자주 사용하시던 말씀 가운데 '진실로'가 바로 이에 해당한다.

둘째, "그렇게 이루어 주옵소서."라는 의미다. 영어로 "so let it be" "let it be so" "may it be fulfilled"이다. 이 말은 구약의 경우 진술을 확증할 때(민5:22)나 재확인할 때, 맹세를 확증할 때(느5:13), 율법에 동의할 때(신27:15 – 26) 아멘을 사용했다. 신약의 경우 기도가 끝날 때(고전14:16), 동의를 표시할 때(계1:7) 아멘을 사용했다.

셋째, 그리스도의 칭호로서 사용한다. 요한계시록 3장 14절을 보자. "아멘이시오 충성되고 참된 증인이시오. 하나님의 창조의 근본이신 이"는 예수님을 가리키는 말씀이다. 여기서 아멘은 그리스도이다. 진실, 진리 그 자체이신 주님이심을 보여준다.

우리는 아멘을 기도의 마지막으로 많이 사용한다. 신약의 성도들도 그랬다. 앞으로 오는 세대에서도 이것은 변치 않을 것이다. 구약 시대나 신약시대에 찬송의 끝에서 아멘을 자주 사용했는데(대상 16:36;롬9:5), 우리도 찬송 끝에 아멘을 자주 사용한다. 그리고 바울은 서신의 끝에 아멘을 사용했다(롬16:27). 요한은 소아시아교회에 보내는 서신, 곧 요한계시록 마지막에서 아멘을 사용했다.

바울은 고린도후서 1장에서 그리스도를 의지하는 믿음의 표시로 아멘을 사용했다. "하나님의 약속은 얼마든지 그리스도 안에서 예가 되니 그런즉 그로 말미암아 우리가 아멘 하여 하나님께 영광을 돌리게 되느니라."(고후1:20) 하나님이 우리에게 하신 약속은 그리스도 안에서 언제나 "그렇습니다." 말할 수 있고, 그러므로 이에 대해 "아멘"으로 화답함으로써 하나님께 영광을 돌리게 된다는 것이다. 그리스도와 관련된 하나님의 진실한 약속, 그리스도에 대한 우리의 흔들리지 않는 의지의 표현, 그리고 하나님을 향한 영광이 같은 맥락에 있다. 얼마나 위대한 조화요 화합인가.

아멘 하면 잊을 수 없는 장면이 생각난다. 모세는 이스라엘 백성이 광야의 생활을 끝내고 가나안에 들어가게 되면 레위와 베냐민 등 일부 지파는 축복을 위해 그리심 산에 서게 하고, 르우벤과 납달리 등 일부 지파는 저주를 위해 에발 산에 서도록 했다. 그리고 율법과 규례를 선포할 때 아멘으로 답하게 한다. 보다 확실히 하기 위한 것이다. 예를 들어 "소경으로 길을 잃게 하는 자는 저주를 받을지어다." 하면 모든 백성이 "아멘" 하고, "이 율법의 모든 말씀을 실행치 아니하는 자는 저주를 받을 지어다." 하면 "아멘" 한다(신27:11 – 26). 이 모두 이스라엘 민족이 하나님의 계명에서 벗어나지 않도록 하기 위함이다.

우리는 주님의 말씀을 아멘으로 받아들이고, 그것의 실현을 기뻐하는 사람들이다. 다시 오시리라는 주님의 말씀을 그대로 믿고 기다리는 사람들이다. 주님이 "내가 진실로 속히 오리라." 하실 때 어찌 "아멘"으로 답하지 않으리. 그리스도 안에 있는 한 우리 모두는 아멘 족속이다. 이 글을 쓰고 있는데 집사람이 기도하면서 "아멘" 한다. 생활에서도 아멘은 우리와 늘 가까이 있다. 이미 그 나라의 삶을 사는 것이다.

제2부 묵상을 돕는 크리스천 서적

1. 토마스 아 켐피스의 『그리스도를 본받아』

토마스 아 켐피스(Thomas a Kempis)의 『그리스도를 본받아』, 아우구스티누스의 『고백록』, 찰스 쉘던의 『예수라면 어떻게 하실까』 등은 경건을 사모하는 이 땅의 그리스도인에게 널리 알려진 책이다. 이번에 소개할 책은 바로 『그리스도를 본받아』(조항래 옮김, 예찬사)이다. 그리스도를 본받는 삶이 얼마나 중요한가는 다시금 강조할 필요가 없을 것이다. 예수를 닮자는 의미에서 교회 명칭도 '예닮'이라 하지 않는가. 예수님이 우리의 구세주일 뿐 아니라 삶의 모든 면에서 기준이요 정답이 되기 때문이다.

우선 이 책은 오랫동안 저자가 누구인가를 놓고 논란이 일었다.

아직도 확연하게 풀리지 않고 있지만 파리대 총장을 지낸 쟝 드 거 존일 것으로 보는 사람도 있고, 그리고 토마스 아 켐피스가 소속된 신앙공동체의 창설자 헤라르트 흐로테가 저자일 것으로 거론되고 있 다. 쟝 드 거존은 사제이기는 했지만 수도사는 아니었기 때문에 이 책에 제시되는 여러 주제들이 수도사가 아니면 어울릴 수 없다는 점 에서 거부되고 있다. 헤라르트 흐로테가 저자이고 토마스 아 켐피스 는 그저 편집자였을 것으로 보는 주장도 있지만 수백의 사본 원고 가운데 그의 이름이 등장하지 않고, 신앙공동체 회원들 사이에서도 그를 저자로 주장하지 않는다는 점에서 토마스 아 켐피스가 저자로 간주되고 있다. 그렇다고 원저자에 대한 의문이 완전히 가신 것은 아니다.

토마스 아 켐피스는 지역을 딴 로마식 이름으로 '켐피스에 사는 토마스'라는 뜻이다. 그는 독일 쾰른 근처의 켐펜(Kempen) 출신의 사제요 수도사다. 본 이름은 토마스 헤메르켄으로, 헤메르켄은 '작은 망치'라는 뜻을 가졌다. 그는 1379년에 태어났고, 공동생활 형제단을 거쳐 아우구스티누스파의 수도원에 들어가 가난과 순결과 순종을 맹 서하며 살았다. 70여 년 동안 묵상하면서 성경은 물론 여러 원고를 필사하는 일에 종사하였다. 그리고 1471년 92세를 일기로 주님의 품 에 안겼다.

『그리스도를 본받아』는 중세 수도원에 대한 비판에서 보듯 현실의 삶에서 그리스도를 드러내기보다 현실도피적인 성격을 담고 있어 문 제가 있다는 지적을 받아왔다. 그럼에도 불구하고 이 책이 시대를 뛰어넘어 그리스도인들로부터 사랑을 받고 있는 것은 묵상에 대한 열매가 부족한 현대에 길잡이 역할을 한다는 점이다.

이 책은 크게 '영적 삶을 위한 거룩한 조언,' '내적 삶을 위한 거룩한 조언,' '하나님으로부터 오는 내적 위로,' 그리고 '예수님의 거룩한 만찬준비' 등 4부분으로 나뉘어 있다. 영적 삶을 위한 거룩한 조언에서는 세상을 바라보지 말고 그리스도를 본받으라, 겸손하게 진리 앞에 나아가라는 당부가 담겨 있다. 내적 삶을 위한 거룩한 조언에서는 내적인 삶의 즐거움과 마음의 평화, 그리고 거룩한 십자가의 왕도에 대해 언급하고 있다. 하나님으로부터 오는 내적 위로에서는 하나님의 말씀을 겸손히 경청하는 방법, 영적 인내와 자제력을 높이는 방법, 마음의 평안과 진정한 영적 성숙, 실패와 낙심 등에 대해 말한다. 그리고 예수님의 거룩한 만찬준비에서는 성찬에 대한 마음가짐을 언급하고 있다.

짧지만 많은 주제에 대해 언급하고 있기 때문에 마치 잠언서의 속편을 읽는 듯하고, 삶의 멘토가 우리에게 찬찬히 들려주는 황금 같은 언어 같기도 하다. 존 웨슬리는 이 책을 가리켜 '묵상의 씨앗'이라 하였다. 읽어도, 읽어도 고갈되는 법이 없다는 말도 했다. 로욜라의 이그나티오스가 평생 하루도 거르지 않고 이 책을 읽었다고 한다.

토마스 아 켐피스는 무엇보다 "세상을 바라보지 말고 그리스도를 본받으라." 강하게 당부하였다. 이 세상에서 본받을 것, 바라볼 것이 있다면 그것은 예수님 한 분뿐이시다. "나를 따르는 자는 어두움에 다니지 아니하고"(요8:12) 우리는 낮이 이르도록 계속 그리스도를 본받아야 한다. 성경의 내용을 잘 알고 온갖 철학자들의 말을 꿰고 있다 해도 하나님의 사랑과 은혜가 없다면 무슨 소용인가. 하나님을 사랑하고 섬기는 것보다 더 중요한 것은 없다. 하나님보다 세상을 더 중시하는 현대인들에게 그의 외침이 강한 울림으로 들려온다.

그리스도를 본받는 사람은 일상에서 어떤 삶을 살아야 할까? 겸손하고 평범한 사람, 믿음이 좋고 행실이 바른 사람들과 사귐을 가져라. 그들과 영적인 삶에 도움이 되는 대화에만 집중하라. 악한 습관에서 손을 끊어라. 시련이 도움이 될 때가 있다. 역경의 유익을 발견하라. 스스로를 살피고 남을 성급하게 판단하지 말라. 매일의 삶에서 영적 훈련을 수행하라. 스스로를 돌아보기에 좋은 시간을 정하라. 혼자만의 시간과 골방의 침묵을 사랑하라. 하나님이 얼마나 선한 분인지 자주 묵상하라. 양심의 소리에 귀 기울이고, 죽음을 준비하라. 오래 산다고 해서 저절로 더 나은 사람이 되는 것은 아니다. 이 세상에서 나그네처럼 지내라. 영적 건강을 챙기고 하나님의 일 이외에는 달리 관심을 보이지 말라. 언제나 마지막을 생각하고 하나님의 심판을 대비하라. 그의 권고 하나하나가 무게가 있다.

그는 여러 곳에서 자신의 욕정을 따르지 말고 욕망을 억제하며 살라고 말한다. 더 이상 자신의 욕망에 끌려 다니지 말고 여호와를 기뻐하며 살라. 그리스도를 본받는 삶은 그분의 말씀뿐 아니라 삶 전체를 본받고 따르는 것이다. 그것은 세상이 따를 수 없는 삶이다. "아무든지 나를 따라오려거든 자기를 부인하고 자기 십자가를 지고 나를 좇을 것이니라."(마16:24) 토마스 아 켐피스의 『그리스도를 본받아』는 우리로 하여금 이 땅에서 자기부인의 삶을 철저히 살아야 한다는 것을 가르쳐주고 있다. 그는 이렇게 기도한다. "주 예수님, 당신의 길이 평탄하지 않았고 세상으로부터 멸시를 받은 것처럼 제가 세상의 경멸을 받게 될지라도 당신을 본받을 수 있는 은총을 허락하여 주소서. 당신의 종으로 당신의 삶을 따르게 하소서." 오직 그리스도 안에 구원과 진정한 거룩함이 있기에.

2. 홍석환의 『뜻밖의 선물』

암이 얼마나 절망을 가져다주고 무서운가를 익히 알고 있는 터에 홍석환 목사가 쓴 『뜻밖의 선물』(홍성사)을 읽게 되었다. 사랑하는 그의 아들 현택이가 갑자기 악성 뼈암이라는 선고를 받고, 팔 개월 동안 투병하다 결국 부르심을 받은 그 모든 과정을 통해 부모로서 또 목회자로서 겪은 아픔을 소개하면서 결국 하나님의 깊은 마음을 알게 되었음을 고백한 글이다.

홍 목사는 현재 북부보스턴교회 목사이다. 그는 2004년 2월 17세 난 아들 현택이를 하나님께 보냈다. 목사인 그가 이 글을 쓰게 된 것은 목사로서 아들의 죽음을 어떻게 보고 느꼈는지, 그 경험을 한 후 고통과 죽음, 그리고 삶에 대해 어떤 시각을 갖게 되었는지를 함께 나누고 싶었기 때문이다. 나아가 이런 문제로 고통을 받는 사람들에게 용기를 주고 싶었기 때문이다.

현택이는 홍 목사 내외에겐 정말 자랑스러운 아들이었다. 성격도 좋고 학교생활도 잘하고, 교회에서 열심을 다하는 착한 아들이었다. 그 아들이 갑자기 말기 뼈암 판정을 받은 것이다. 암이라는 사실을 아들에게, 나중엔 아내에게 알려주는 장면에선 눈물이 난다. 그뿐 아니다. 교회에서 그 아들과 마지막 성찬을 하는 장면에서도 눈물이 마르지 않는다. 그래서 이 책을 읽을 땐 손수건은 필수다.

아들은 의연했다. "이렇게 힘든 일을 주신 데는 뜻이 있고, 제가 아프기 때문에 이제부터는 인생을 아주 의미 있게 살 것 같아요. 내가 내 뜻대로 이 세상에 오지 않았듯 내가 이 세상을 떠나는 것도 내 뜻대로 가는 것이 아니잖아요. 아빠, 나는 괜찮아요. 걱정 마세요." "나 잘 싸울 수 있어. 하나님께 맡기고." 아들은 오히려 걱정하는 아빠를 위로했다.

운전하는 엄마 손을 감싸 쥐면서 "엄마, 내 온기를 엄마에게 기부할게요," "우리 엄마, 내가 대학가면 어찌 살거나, 나 없이 어떻게 운전하실 거나." 말하던 그는 이미 이별 준비를 하고 있었다.

현택이는 여동생에게도 MP3를 선물했고, 몇 곡을 다운로드해 주었다. 그 속에는 <나는 오직 희망 중에 기다릴 뿐>이라는 곡이 있었다. 가사의 한 줄은 여동생을 더욱 감동시켰다. "주님 앞에 섰을 때 내가 드릴 수 있는 것은 영원히 당신을 찬양하며 예배하는 것입니다." 홍 목사도 이 책에서 말한다. "내가 주님의 얼굴을 뵈올 때 무엇을 볼 것인지는 오직 희망 중에 기다릴 뿐입니다."

죽음 앞에서 아들이 보여준 의연함이 우연이 아니라 하나님의 배려였고, 아들을 통해 들려준 것이 하나님의 음성이었으며, 아들은 자신의 아들이 아니라 하나님이 잠시 그에게 보낸 천사였음을 홍 목사는 고백한다.

한동안 한 상에 앉아 밥을 먹어보지 못했던 식구들이 현택이와 함께 한 상에 둘러앉았다. 식사기도를 하는데 목이 메어 기도를 할 수 없었다. 식구들은 눈물을 삼키며 식사를 해야 했다. 그리고 모두 함께 앉아서 밥을 먹는 것이 얼마나 큰 은총인지 깨닫는다.

다음은 병실에 앉아 난생 처음 시를 써봤다던 홍 목사의 시 일부다. "산다는 게 뭘까? 아픈 것이다. 뜨거운 눈물을 삼키는 것이다 그 눈물로 마음을 씻는 일. 산다는 게 뭘까? 뜨거운 눈물로 마음을 씻고 그 자리 사랑을 담아 함께 느끼며 가는 길 그래서 산다는 것은 한없이 고마운 하나님의 선물."

이 책은 단지 현택이의 죽음을 소개하는 것이 목적이 아니다. 그 과정을 통해서 고난 가운데서도 우리의 삶의 모습이 어떠해야 하는가를 보여주고 있다. 뜻밖의 선물이다.

첫째, 고통을 이해하는 차원이 달라졌다. 무력감이 무엇인지 알게 되었고, 세상에는 이길 수 없고 그저 직면해야 하는 일들도 있음을 알게 되었다. 상대적으로 보던 세상을 절대적인 믿음의 눈으로 바라볼 수 있게 되었다.

둘째, 목회란 주님처럼 사람들의 고통 속으로 들어가 함께하는 것임을 느꼈다. 지금까지 내 아이의 병과 자신의 아픔에만 매달린 자신을 회개하며, 병실에 누워 있는 수많은 아이들이 주님의 아이요 내 아이라는 것을 깨달았다.

끝으로, 예수님을 보게 되었다. 가난한 농촌에서 태어난 그가 학위를 받고 목사까지 되었다. 인간적으로는 성공했다. 그러나 그것이 무슨 의미가 있는가. 예수님과 바울을 보면 그런 것과는 하등 상관이 없지 않은가. 그래서 지금은 기도가 달라졌다. 더 이상 내 것 챙기려 남을 이용하는 것 그만두고, 주어진 은사 가지고 기쁨으로 섬기는 사람 되게 해 달라고.

책을 덮었는데도 어머니의 말이 자꾸만 떠오른다. "현택아, 예수님이 널 부르시면 달려가거라. 너 풋볼할 때 공 잡고 달려가는 거 알지? 그때처럼 뒤돌아보지 말고 앞만 향해 가." 현택이는 말했지. "마지막이라 생각하니 발길이 떨어지지 않아. 그곳은 어차피 내가 가야 할 곳이니 동생들과 좀 더 함께 있고 싶어." 또 눈물이 난다. 그런 그가 지금 교회 가는 길목에 누워 있다. 주님의 영원한 아들 되어.

3. 하용조의 『인생의 가장 행복한 순간, 하나님의 프러포즈』

그리스도인에게서 전도는 대사명이다. 그 어떤 일보다 중요하기 때문이다. 그러나 그 방법에서는 논란이 많다. 특히 종래의 일방적인 전도방법이 달라졌으면 하는 바람이 크다. 그러나 현대인의 구미에 맞는, 보다 세련된 전도방법을 찾는 것은 그리 쉬운 일이 아니다. 하용조 목사의 전도설교를 모은 『인생의 가장 행복한 순간, 하나님의 프러포즈』(두란노)는 그 가능성을 어느 정도 보여주었다는 점에서 특이하다.

우선 전도가 하나님의 프러포즈라는 발상 자체가 색다르다. 프러포즈는 하는 이나 받는 이의 가슴을 설레게 하는 일인데 그는 전도를 일약 그 설렘의 경지로 끌어올렸다. 이 부분에서 전도의 격이 아주 다르다는 것을 느끼게 한다. 바울은 "전도의 미련한 것으로 믿는 자들을 구원하시기를 기뻐하셨도다."(고전1:21) 했는데 전도는 결코 미련한 것이 아니라는 것을 깨닫게 한다. 하나님은 이 땅에 수많은 전도자를 보내 일일이 만나게 하시고, 그들로 하여금 하나님의 프러포즈를 전하게 했으니 얼마나 멋진 일인가. 전도는 일방적인 선포가 아니라 프러포즈를 통한 개인적이고 인격적인 소통임이 확실하다. 전도자의 기도에 따라 당신이 고백의 기도를 드리는 순간, 아니 전도 집회에서 일어서거나 영접카드에 사인하는 것만으로도 아름다운 맺어짐이 시작된다.

이 책은 수만의 사람들로 하여금 하나님의 프러포즈를 받아들이게 한 온누리 교회 맞춤 전도 집회에서의 설교를 담고 있다. 교회에서는 연령별, 직업별, 공동체별로 다양한 맞춤전도를 했지만 이 책에서는 다른 교회에서도 쉽게 응용할 수 있도록 30대 남성, 33-44세 여성, 40대 남성, 55-66세 여성, 50대 남성, 그리고 60대 남성을 위한 전도 집회 등 연령별 설교만을 수록했다. 연령별로 특징을 파악하고 그들에 대한 소구의 방법을 달리한 것이다. 그들과 가장 잘 소통할 수 있는 키워드와 정서를 엮어 인생의 가장 귀중한 선택과 성공은 예수를 구주로 영접하는 것임을 각인시키고 있다.

이 책을 읽으면서 이 맞춤 전도 설교가 여러 경영학적인 방법을 사용하고 있음을 직감했다. 연령별로 타킷팅(targeting)된 설교를 했다는 것은 대상자를 정하고 그 목표 시장에 맞는 소통전략을 사용했다는 것을 의미한다. 이 설교집에서는 연령별 설교만 소개했지만 직업별, 공동체별로 다양하게 했는데, 이것은 하나의 제품시장을 여러 개로 나누어서 공략하는 시장세분화(market segmentation) 전략이 사용되었음을 의미한다. 그리고 맞춤전도는 대량생산과 고객화를 목표로 한 매스 커스토마이제이션(mass customization)과 같이 연령별로 다수를 상대하면서도 마치 당신 한 사람을 위한 것임을 느끼게 했다. 물론 이 같은 경영학적 기법을 따른 것인지는 확실하지 않다. 가끔 교회가 경영학의 기법을 사용하는 것에 대해 부정적인 비판도 있어 조심스럽다. 하지만 맞춤전도는 경영학도 하나님의 일에 얼마든지 활용될 수 있다는 점을 확인시켜 준다.

이 책을 읽으면서 하 목사의 여러 개인적인 고백이 가슴에 와 닿았다. 그중 여러 차례 간암 수술을 받는 과정에서 깨달은 것들이 있다. 그는 인생에서 중요한 것은 속도가 아니라 방향이고, 성취가 아니라 보람이며, 쾌락이 아니라 감동이고, 소유가 아니라 나눔이라 했다. 그는 특히 방향을 강조하면서 이제 남은 인생의 후반전을 빨리 가는 것이 아니라 올바르게 가라고 말한다. 예수님을 향해 궤도수정을 해 남은 생애 더 의미 있고, 감동이 넘치는 삶을 살라는 것이다.

그는 이어령 선생과의 만남도 자세히 소개하고 있다. 그분의 식구와 점심식사를 하면서 이 선생은 "부활이 잘 안 믿어지는데 믿게끔 기도해 달라, 머리로는 다 아는데 가슴으로 알고 싶다."는 부탁을 해

왔고, 따님은 목사님의 기도를 받고 싶다고 했다. 그 가족들과 손잡고 기도하면서 모두 울었다. 이 선생은 헤어지기 전 이렇게 말했다. "50대에 신경쇠약과 우울증으로 글을 쓰지 못하고 잠도 제대로 못 잤는데 그 시련이 하나님을 만날 기회였나 봅니다. 그런데 그때는 하나님을 못 믿고 이제야 그분께 돌아옵니다." 그리곤 하 목사가 50대 남성을 위한 맞춤 전도 집회에 설교하러 간다는 말에, 그분들에게 전해달라고 했다. "70에 가서 예수님을 믿지 말고 지금 믿으세요."

　이 책은 전도에 관한 것뿐 아니라 삶의 여러 지혜를 읽을 수 있다. 부부간의 차이를 서로 이해하고 포용하라는 것, 함부로 충고를 해서는 안 된다는 것, 가정의 중요성을 발견하라는 것, 아내의 모습이 남편의 자화상이라는 것, 마음의 상처를 치유하는 것이 중요하다는 것 등. 그 밖에 힘·열정·행복·비전·사랑·용기·성공 등 연령층별로 소개되는 키워드는 실타래같이 얽힌 삶의 방정식을 푸는 열쇠와 같다. 이따금 자신의 삶을 되돌아볼 때 읽으면 "아하! 그렇구나." 무릎을 치며 공감하고, 삶을 재정비하는 데 도움을 얻을 수 있을 것이다. 무엇보다 주님을 향한 목회자의 열정과 헌신, 그리고 우리를 주님께 이끌고자 하는 교회의 열심을 보면서 우리 모두 전도자의 삶을 살아야 하고, 전도방법도 계속 발전시켜야 함을 실감케 한다.

4. 루시 쇼의 『하나님을 만나는 글쓰기』

헨리 나우웬은 종종 영적인 훈련의 하나로 우리에게 글쓰기를 권한다. 글을 쓰면 마음을 한곳에 집중할 수 있고, 내 안에 소용돌이치는 마음과 만나 생각을 정화하고, 그동안 혼란스러웠던 감정을 차분히 정리할 수 있다. 마음의 생각을 글로 옮기기 시작하면 내가 알지 못했던 내면의 깊숙한 자리로 나를 인도하고, 그곳에서 보물 같은 우물을 만난다. 그는 자신의 우물물을 다른 사람과 나누기 위해서라도 글을 쓰라 한다. 우리 각자는 누구나 독특하고 고유한 존재로, 어느 누구도 우리와 똑같은 인생을 사는 사람은 없기 때문이다. 그 글들은 자신뿐 아니라 남에게도 용기를 주고 유익함을 주는 창조적인 수단이 될 수 있다.

나우웬과 같은 생각을 가진 루시 쇼(Luci Shaw)가 『하나님을 만나는 글쓰기』(장택수 옮김, 생명의말씀사)를 내놓았다. 원제목은 '생명의 길'(life path)이다. 글쓰기는 영적 성장을 이루는 하나님과의 새로운 교제법이자 생명으로 이끄는 길이기 때문이다.

글을 쓴다지만 글 쓴다는 것에 대해 부담을 느끼는 사람도 많다. 뭘 쓰냐 하는 것이다. 하지만 그리 걱정하지 말자. 자신의 생각, 기도, 희망, 슬픔, 분노, 실망 등 기록할 내용에 제한은 없다. 그것은 자신과 하나님만 아는 이야기다. 하나님은 우리의 불평과 분노, 걱정모두 받아주실 만큼 마음이 넓으신 분이다. 특정 분야로만 제한하지도 말자. 신앙적인 문제든 일상적인 경험이든, 거룩한 일이든 세속적인 일이든 구분하지 말고 글로 남긴다. 글로 적으면 우리가 더듬거리며 하는 말에도 새로운 의미가 생기고, 하나님의 구원도 새롭게 이해할 수 있다.

그는 나우웬의 말을 빌려 글을 쓰고 싶을 때까지 기다리지 말고 지금 시작하라고 한다. 펜을 쥐고 종이 위에 놓은 뒤 생각을 따라 종이 위에 그 흔적을 남긴다. 그러면 그 글 속에서 당신이 무엇을 보고 생각하는지 알 수 있다. 하나님이 당신에게 무엇을 말씀하시려는지, 자신의 경험에서 어떤 진리를 발견할 수 있는지 깨닫게 된다.

그는 여러 모로 글쓰기 제안을 한다. 컴퓨터를 이용하는 것보다 손으로 글을 써라. 손으로 글을 쓸 때 자기 본연의 모습이 그대로 드러난다. 최고의 글쓰기 공책은 A5 크기 줄이 쳐진 스프링노트다. 마음에 드는 일기장도 좋다. 글이 잘 써지는 펜을 고른다. 그리고 언제나 그 공책과 펜을 가지고 다닌다. 무슨 일이 일어날지, 언제 갑자기 글을 쓰고 싶을지 알 수 없기 때문이다.

책을 읽으면서 시선을 끄는 부분이 종종 나온다. 글로 쓰는 기도 방법도 그 가운데 하나다. 기도를 '하는' 것으로만 알아온 사람들에게 '쓰는' 기도는 부자연스러울 수 있다. 그러나 빌 하이벨스 목사는 "나는 내 기도들을 매일 글로 적는다. 다른 방법으로는 기도 생활을 통해 성장할 수가 없다."고 말한다.

루시는 카렌 메인스가 제시한 '효과적인 기도일기를 쓰는 방법'을 소개한다. 카렌이 제시하는 기도 순서는 자신의 기분을 토하는 감정 기도, 일상생활 중 어디에서 하나님을 발견했는가를 알아보는 하나님 찾기, 고백과 용서를 통한 영혼의 집 청소, 경배와 찬양, 간구, 그리고 주님의 말씀을 듣고자 침묵 속에 있기이다. 이 방법이 너무 형식적이라면 매일 하나님께 편지를 써보는 것도 한 방법이다. 그 대신 형식에 얽매이지 않고 정직하게 쓴다. 하나님은 당신의 참모습을 보기 원하신다. 거룩한 척하거나 신학적 용어로 포장된 내가 아니라 정직한 나의 속내를 드러내야 하나님이 나의 언어로 응답하실 것이기 때문이다. 쓰는 기도는 하나님께 쓰는 편지요 일기장이다.

글쓰기에는 주님의 말씀을 듣는 관상과 묵상도 포함된다. 관상(contemplation)의 어원은 공간을 뜻하는 라틴어 'templari'이다. 성전(temple)과 어근이 같다. 이것은 하나님의 임재를 위해 마련된 공간으로 성령님의 임재와 도움으로 일어난다. 묵상(meditation)의 어원은 중심을 뜻하는 라틴어의 'media'이다. 평안한 마음으로 진리의 중심을 관통하며 그 속으로 들어가는 것(centering in)이다. 하나님께서 당신 마음속에 하시는 말씀을 잘 듣고 기록하라. 글을 쓸 때 조각난 우리의 삶과 생각을 깊이 묵상하게 되고, 하나님과 나 사이에 새로운 연합이 시작될 것이다.

글 쓰는 방법도 여러 가지지만 그는 성찰적 글쓰기(reflecting writing)를 권한다. 성찰은 '다시 구부린다'는 말로, 자기반성을 통해 내면을 들여다본다는 의미를 가지고 있다. 진실한 글쓰기의 장점은 더 깊은 내면을 들여다볼 수 있다는 것이다. 하나님과 나의 진정한 소통을 위해서는 내면의 대화가 중요하다. 하나님은 우리와 진솔하고 속 깊은 대화를 바라신다.

당신의 영적인 삶에 변화가 필요하다면 글을 쓰기 시작하라. 틀림

없이 달라질 것이다. 루시의 조언을 참고하되 자신에게 가장 맞는 방법을 택하라. 그러면 하나님과 더 가까워지고, 친밀하게 될 것이다. 그야말로 주님과의 아름다운 동행이다.

5. 조신영의 『고단한 삶을 자유롭게 하는 쿠션』

책을 읽은 다음 "그래 사람은 다 같구나." "나도 예외는 아니지" 고백하게 하고, 이젠 달라져야 하겠다고 결심하게 만든다면 성공한 책이 아닐까. 이런 책 가운데 하나가 바로 조 신영이 쓴 『고단한 삶을 자유롭게 하는 쿠션』(비전과 리더십)이다. 우리의 비좁은 내면을 더 확장하는 도구로 쿠션을 내놓았다.

스토리텔링 방식을 빌은 이 책은 유연한 문학적 필치와 심리학적 가치 표출이 돋보인다. 독자들은 편안한 마음으로 읽기 시작하지만 결국에는 적지 않은 부담을 안게 될 것이다. 삶의 방식에 변환 (transformation)을 촉구하고 있기 때문이다. 이 책은 회개를 촉구하는 베드로의 설교와 같다. 이어령이 '마음의 쿠션 운동을 벌여보자' 제안할 정도다.

주인공은 '한바로'. 직업은 강연. 그가 속한 AK그룹은 기업교육 및 컨설팅 기관이다. 부모는 그가 올바로 잘살라는 뜻에서 이 이름을 지어주었지만 그와는 달리 바로바로 반응하는 '바로'가 된 지 오래다. 불만과 불평, 짜증과 푸념이 그의 주특기. 밖에 나가서는 셀프리더십과 커뮤니케이션을 강의하지만 실상은 그 면이 부족한 인물이다. 한마디로 마음의 쿠션이 얇다.

이런 그를 완전히 달라지게 만든 것은 뜻하지 않게 할아버지의 유산을 상속하라는 편지를 받은 사건이다. 상속 조건은 할아버지가 내준 수수께끼 같은 질문, R___ + A___ = _____y. '마음 쿠션의 비밀'이라는 부제가 달린 이 문제를 3주 안에 해결하는 것이다.

이 문제를 풀기 위해 미국까지 가지만 어머님이 위중하다는 통고를 받고 다시 한국으로 돌아온다. 천신만고 끝에 Response + Ability = Responsibility라는 답을 알게 된다. Sponge의 g만 s로 바꾸면 Response가 되는 신기함, 이 세상의 모든 탄성물질 중 가장 완벽한 반응능력을 가진 R스펀지의 위력. 스펀지가 쿠션의 소재이듯 마음 쿠션의 비밀은 바로 반응을 선택하는 능력에 있음을 깨닫는다. 당신이 절망을 선택하는가 희망을 선택하는가에 달려 있다. 인간은 선택할 수 있는 자유의지를 가진 존재요 이 자유의지가 마음의 쿠션을 만든다.

할아버지는 단지 물질의 부만 물려주고자 한 것이 아니라 인생의 성공은 삶의 선택에 달려 있음을 교훈하고자 했다. 보이는 가치, 즉 물질보다 보이지 않는 가치가 더 중요하기 때문이다. 주인공은 답을 얻었지만 데드라인을 지키지 못해 물질적 유산을 받는 데는 실패한다. 하지만 문제를 풀기 위해 동분서주하는 과정에서 크게 깨닫게 되고, 그 후 삶은 달라졌다. 쿠션이 변한 것이다.

저자는 먼저 각자 그 쿠션이 어떤 상태인가를 점검하게 한다. 우물의 깊이는 돌멩이 하나 던져보면 알 수 있듯이 말 한마디로 그 사람의 깊이를 알 수 있다. 지금 누군가의 말 한마디에 상처를 받고 비난에 즉각적으로 반응을 한다면 쿠션을 바꿀 필요가 있다.

마음의 쿠션을 키우기 위해 먼저 반응을 선택하는 힘을 키운다. 반응 중에 가장 중요한 것은 생각의 선택이다. 부정적인 생각을 선택하면 두려움과 불안이 밀려오고, 긍정적인 생각을 선택하면 평안과 감사가 피어오른다. 그 다음 불순물을 제거한다. 자극과 반응 사이의 공간에 남아 있는 쓴 뿌리를 제거하면 쿠션은 더욱 탄력 있게 된다.

저자는 쿠션을 키우기 위해 여러 가지 결심을 하도록 한다. 고결함에 이르는 자신만의 특별한 의식을 계발해 내면을 고양하기, 풍부한 독서와 묵상으로 영혼을 살찌우기, 날마다 겸손의 우물을 깊게 파기, 호흡을 느낄 때마다 마음 쿠션을 생각하기, 그리고 부정한 말을 입 밖에 내지 않기로 결심하기다.

그는 온유한 사람이 되라고 한다. 온유한 자는 자신보다 크고 위대한 존재 앞에 자신의 생각과 감정을 내려놓고 잠잠히 그분의 뜻을 따르는 것을 기뻐한다. 강한 자는 잔인한 사람이 아니라 온유한 사람이다.

저자는 내 안에 조각배 한 척 띄우라 한다. 강에 돌을 던지면 돌은 바닥에 가라앉는다. 어떤 돌도 물 위에 뜰 수 없다. 하지만 배는 수십 킬로그램의 돌을 실어도 물 위에 뜬다. 마찬가지로 조각배 한 척만 마음에 띄우면 어느 정도는 고통의 무게에 흔들리지 않고 기쁨으로 강이나 호수를 가로지를 수 있다. 그 배는 이웃을 감싸 안고, 실어 나르고, 심지어 나 자신까지 변화시킬 수 있다. 마음의 쿠션을 키우면 그만큼 자유로워진다.

중요한 것은 실천이다. 폴 발레리의 말처럼 "생각하는 대로 살지 않는다면 우리는 사는 대로 생각하게 된다." 당신은 과거를 반추하며 다시는 얇은 쿠션의 삶으로 돌아가지 않으리라 결심하게 될 것이다. 새해가 되면 우리는 늘 결심하지 않는가. 그 결심이 작심삼일이 되지 않기를 바란다. 쿠션을 키워 나간 바로가 회사 내에서 횃불 같은 존재로 자리매김하듯 훗날 우리도 달라졌다는 평가를 받아야 한다. 즉시 달라지기 어렵겠지만 변한 만큼 사람들은 당신을 좋아하게 될 것이다.

6. 홀링스워스의 『로저스 아저씨의 위대한 유산』

텔레비전은 우리 삶과 직결되어 있다. 하루에도 작게는 몇 십 분에서 많게는 몇 시간을 그것과 마주하기 때문이다. 어떤 이는 이것이 없으면 무슨 재미가 있겠느냐고 말한다. 그러나 텔레비전이 어린이에게 주는 영향에 대해서 말해 보라 하면 부정적인 언급이 적지 않다. 해악이 크기 때문이다. 폭력이 난무하는 드라마, 얼굴을 붉히게 하는 에로물, 자제력을 상실하게 만드는 상업광고들. 오죽하면 텔레비전을 바보상자라 하고, 가족의 대화를 위해 텔레비전을 끄라 할까. 하지만 텔레비전이 우리로부터 멀어질 것 같지는 않다. 세월이 갈수록 그것은 오히려 우리 삶의 일부분이 되고 있다. 크리스마스와 같은 절기에는 더욱 그렇다.

매체를 통한 악한 영향력에 대해 비관만 할 것이 아니라 그것을 통해 오히려 선한 영향력을 끼칠 수는 없을까. 이 문제에 대해 고민하고 실현시킨 인물이 바로 프레드 맥필리 로저스(F. M. Rogers)다. 목사이자 텔레비전 프로그램 진행자인 그는 1968년부터 2001년까지 미국 PBS를 통해 전 세계적으로 유명한 어린이 프로그램 '로저스 씨네 동네(Mister Roger's Neighborhood)'를 통해 이 세상의 모든 외로운 이들의 마음을 어루만져 준 거룩한 공간으로 변화시켰다. 매체를 통한 그의 선한 영향력이 얼마나 컸는가를 한 권의 책으로 보여주는 것이 바로 에이미 홀링스워스가 쓴 『로저스 아저씨의 위대한 유산』(임창우 옮김, 살림)이다. 원제는 '미스터 로저스의 단순한 믿음'이다.

로저스는 텔레비전과 시청자 사이의 공간을 '거룩한 땅'이라 믿었다. 그는 30년 이상 이 땅을 오가며 세계 어린이들에게 삶의 가치를 가르쳤다. 그는 정답게 노래하고 이야기하면서 친절하게 아이들에게 다가가 삶을 새롭고 아름답게 보는 방법을 가르쳤다. 그는 그 매체를 통해 어린이들에게 한 번도 설교하지 않았고, 하나님을 언급하지 않았지만 어린이의 존재가치를 높여주었고, 그들의 영혼을 순화시켜 주었다.

재능 있는 작가 홀링스워스는 그의 위대한 유산 아홉 가지를 마음, 눈, 손 등 세 토스트스틱으로 묶어 정리했다. 토스트스틱이란 어릴 적 이웃 할머니가 만들어준 간식거리 이름이다. 이 가운데 눈에 띄는 몇 가지 유산을 소개하고자 한다.

첫째, 여유와 침묵의 중요성이다. 모래 수렁에 빠졌을 때 허둥대면 더 깊은 수렁으로 빠져든다. 그럴 때 필요한 것이 여유를 가지는 것이다. 그의 프로그램은 다른 에피소드를 소개할 때마다 노란색 신호등 장면으로 시작한다. 속도를 늦출 때라는 것이다. 우리가 옷을 입고, 운동화로 갈아 신는 것도 우리를 차분하게 만든다. 속도가 빠르고 시끄러운 '세서미 스트리트'와는 판이하게 다르다. 그는 속도를 늦추고 참고 기다리는 방법으로 침묵 시간을 갖도록 했다, 침묵 기도를 자주 가졌던 그는 사람을 만나거나 수상연설을 할 때도 "침묵과 소망의 시간들로 축복을 받으라." 했다. '빨리빨리'에 익숙한 우리에게 이 느림이 필요하지 않을까.

둘째, 정직한 자아다. 로저스는 연기공부를 한 적이 없었다. 그는 자신을 있는 그대로 표현했다. 브레이크 댄스를 추다 넘어지기도 하고, 롤러스케이트를 타다 실수를 해도 사람들은 그의 정직함과 천진함에 웃음으로 답했다. 그는 사람들에게 줄 수 있는 최고의 선물은 정직한 자아라고 말한다. 있는 그대로 표현하고, 있는 그대로 받아들일 때 그 자체로 좋다. 그러니 완전함만 드러내려 하지 말자. 완전의식 뒤에 자기를 숨기지 말자.

셋째, 선한 이웃이 되는 것이다. 예수님이 "내 이웃이 누구인가?" 물을 때 당신은 혹시 "이 사람만 빼고요."라고 말하고 싶지 않은가.

로저스는 이럴수록 이웃 안에 있는 훌륭한 점을 알아보라 권한다. 정말 알게 된다면 더 이상 그를 미워할 필요가 없어진다. 누구인지를 알게 만드는 것은 당신 안에 있는 사랑이다. 이 이외에도 홀링스워스가 제시한 로저스의 유산은 더 있다. 기도, 성령의 놀라운 역사, 용서의 힘, 지극히 작은 자에게 사랑을 베푸는 것, 상실의 때에 그것을 뒤덮는 임재의 경이로움, 천국을 향해 나아감 등. 그 내용은 단순하지만 견실한 믿음의 바탕이 무엇인가를 보여준다.

무엇보다 그의 유산을 빛나게 하는 것은 로저스의 친절함과 깊은 배려이리라. 트레이드마크인 스웨터를 입고 나타나 아이들을 온유한 눈과 손, 그리고 마음으로 보살피는 그의 모습은 보는 이들의 마음을 움직였다. 헬렌 켈러도 로저스에게 편지를 보내 "우리가 사는 세상에서 가장 좋은 것은 로저스 씨와 같은 친구들이 보여주는 친절이다." 했다. 로저스가 친절의 모범이 되었다는 말이다.

당신이 마지막 방송을 하게 된다면, 당신의 삶에서 가장 중요한 한 가지 교훈을 말해 줄 수 있다면 무슨 말을 하겠는가? 이 진지한 질문에 로저스는 답했다. "이 세상에서 똑같이 생긴 사람은 아무도 없으며, 그래서 당신은 특별합니다. 그리고 자신을 지으신 그분께 독특한 방식으로 사랑받고 있다는 사실을 알게 되기를 바랍니다. 하나님이 우리를 사랑하신다는 것을 아는 방식대로 다른 사람을 가치 있게 여길 수 있다면 그리고 그 사람을 사랑할 수 있다면 나는 감사할 것입니다." 그는 우리에게 말한다. "'당신을 사랑해요.'라고 말하는 방법은 여러 가지가 있어요. '당신을 소중히 여긴답니다.'라고 말하는 방법도 여러 가지가 있어요." 아직도 그의 말이 귓가를 울린다.

로저스는 2003년 위암으로 하나님의 부르심을 받았다. 그러나 그는 그를 사랑하는 많은 시청자의 가슴에 남아 있고, 그가 남겨준 선한 유산은 오늘도 정금처럼 빛을 발하고 있다. 미국장로교협회는 로저스 목사를 기념하는 시간을 가졌고, 세인트 빈센트 대학은 그를 기려 프레드 로저스 센터를 설립했다. 그의 스웨터도 스미소니언박물관에 영구 전시되었다. 이제 우리가 각자의 선 곳에서 선한 영향력을 발휘할 때다.

7. 쇼그린과 로비슨의 『강아지 성도 고양이 신자』

무디 신학대학원 교수 마빈 뉴웰은 한 책의 서평 부탁을 받았을 때 그 제목 때문에 내용에 대해 별로 기대하지 않았다. 그러나 책을 읽어가면서 완전히 달라졌다. 너무나 중요한 메시지를 담고 있었기 때문이다. 그는 자기 학생들이 반드시 읽어야 할 책의 도서목록에 그 책을 넣는 데 주저하지 않았다.

이번에 소개할 책이 바로 그 책이다. 밥 쇼그린과 제럴드 로비슨이 함께 쓴 『강아지 성도 고양이 신자』(김창동 옮김, 디모데). 원제목은 '고양이와 개의 신학(Cat and Dog Theology)'이다. 그들은 이 책을 통해 신앙생활에서 우선순위를 바르게 하고 균형 잡힌 신앙생활을 하라고 호소한다. 저자는 '영광플러스(UnveilinGlory)'라는 단체의 사역자들로, 하나님께 영광 돌리며 사는 방법을 가르친다.

먼저 이 두 동물이 왜 등장했는지 궁금할 것이다. 그것은 쇼그린의 경험에서 나온 것이다. 리치먼드로 이사하면서 강아지 한 마리와 고양이 한 마리를 키우기로 아이들과 약속했고, 그것들을 키우면서 느낀 그들의 삶의 모습이 확연히 다르다는 데 착안해 '고양이와 개의 신학'으로 발전시킨 것이다. 물론 그 우화적인 명칭이 신학계에서 공식적으로 받아들여질지는 의문이다.

퇴근해 집에 오면 개는 주인을 열렬히 환영하는 공식 접대원이 된다. 주인에게 자신의 깊은 사랑과 유대감을 드러낸다. 이에 반해 고양이는 공주인 양 손가락 하나 까딱하지 않는다. 아는 체도 안 하다가 살며시 다가와 머리를 주인의 다리에 대고 "당신은 내 거야." 말하는 정도의 의사표시만 한다. 이내 옆의 의자로 다가가 똑같은 행동을 한다. 그 순간 고양이의 삶에서 주인은 의자 수준으로 전락한다. 그러니 주인으로선 자존심이 상할 수밖에.

쇼그린은 이 차이를 재빨리 강아지 성도와 고양이 신자로 바꿔 놓았다. 성도나 신자는 사실 같은 말로 별 차이는 없다. 성도 하면 좀 거룩해 보이는 정도. 문제는 두 동물 사이의 차이다. 고양이 신자는 한마디로 자기밖에 모르는 신자다. 하나님은 자기에게 복을 주기 위해 존재해야 하고, 교회를 말할 때도 자기 교회로 국한된다. 다른 교회, 다른 사람에 대해서는 정작 관심이 없다. 기도 부탁을 해도 자기 문제에 한정된다. 강아지 성도는 차원이 다르다. 자기는 하나님의 영광을 위해 존재하고, 자기 삶의 주인이신 하나님 앞에 기꺼이 드리기 원한다. 우리 자신뿐 아니라 모든 열방 속에 하나님의 나라가 확장되기를 기도한다.

이쯤 되면 고양이가 화를 낼 만하다. "왜 나의 조심스런 행동을 이해하지 못하고 과소평가하는 겁니까? 강아지를 과대평가하는 것 아닌가요?" 그 불평은 조금 접어두기로 하자. 명칭만 따온 것일 뿐 저자들이 하고 싶은 말은 따로 있기 때문이다. 과연 그것은 무엇일까?

첫째, 지금 우리가 어떤 신앙을 가진 사람인가를 파악하는 것이다. 아직도 자기만족의 신앙을 가지고 있고, 이기적인 기도를 드리며, 말씀을 골라서 읽고 합리화하며, 하나님의 영광을 슬그머니 가로채고, 영원보다 현재만 중시하며 살아간다면 당신은 분명 고양이 신자다. 그렇다면 과감한 괘도 수정이 필요하다.

둘째, 괘도 수정을 해야 할 경우 균형을 올바르게 잡는 일이 중요하다. 삶의 방식을 바꾸려는 것은 고양이 신자의 신학이 아주 틀렸기 때문이 아니다. 그것만으로는 불충분해서다. 나 자신의 유익이나 우리 교회의 성장만을 생각하는 이기적인 레일 위만 달리는 고양이 신자로 하여금 다른 한쪽 레일, 곧 하나님의 영광을 위한 레일 위에서도 달리도록 한다. 부족한 부분이 있으면 채워 균형을 잡아간다. 기차가 두 레일 위에서 달리는 것처럼. 저자는 강아지 성도라고 해서 그 신학을 오직 하나님의 영광에만 초점을 맞추는 것은 위험하다고 주장한다. 오직 하나님의 영광만 생각하는 레일 위만 달린다면 고양이 신자의 신학만큼이나 편협하고 잘못될 수 있기 때문이다. 강아지 성도의 신학은 그만큼 균형이 잘 잡혀 있다는 말이다. 저자는 자기중심의 신학에 익숙한 현대인들에게 더 이상 그 레일만 고집할 것이 아니라 강아지 성도처럼 두 레일 모두에 자신을 올려놓고 신앙적으로 균형을 맞추며 살아가도록 한다.

저자는 여기서 고양이 신자와 강아지 성도라는 이분 구도를 과감히 버리고, 강아지 성도에게 손을 번쩍 들어준다. 나아가 자신을 하나님의 보좌에 앉히는 자유주의적 인본주의와 잃어버린 세상을 하나님 보좌 위에 앉히는 복음주의적 인본주의를 경계하라고 주문한다. 양자 모두 하나님을 사람으로 대신하게 만들기 때문이다.

셋째, 우리의 고정관념을 깨뜨린다. 예를 들어 하나님이 사랑하는 사람을 일찍 데려가셨다면 당신은 뭐라고 하겠는가? 고양이 신자라면 "도저히 이해할 수 없다."며 고개를 내저을 것이다. 그러나 강아지 성도라면 하나님이 자신의 영광을 드러내기 위해 우리 자신뿐 아니라 우리가 사랑하는 사람을 일찍 데려가실 수 있다고 본다. 이것은 '승자 위주의 신앙,' 곧 고통이나 희생 없이 이 세상에서 언제나 성공하고 잘되어야 한다는 생각을 버리도록 한다. 예수님의 보혈과 순교자의 희생이 없었다면 오늘날 기독교는 과연 존재했을까.

끝으로, 적용의 문제다. 강아지 성도가 되고 싶다고 해서 모든 것을 혁명적으로 바꾸려 해서는 안 된다. 고양이 신자를 마구 생산하는 현대 교회를 통째로 바꾼다는 것은 현실적으로 불가능하다. 오히려 고양이 신자 한 명을 택해 그를 강아지 성도로 차근차근 바꿔놓는 작업, 그들 마음을 변화시킬 프로그램을 개발하는 것이 바람직하다. 그렇게 해서 어느 세월에 강아지 성도를 늘릴 수 있느냐고 말할 수 있다. 그러나 주님께서는 우리에게 이미 전도라는 방법을 통해서 그렇게 하도록 가르치시지 않았는가.

책을 접으며 묵상해 본다. 나 한 사람부터 강아지 성도가 되는 것이 얼마나 중요한 것이라는 것을. 이제 내 삶의 작은 부분에서부터 주님의 영광이 드러나도록 하자. 작은 것부터 순종하기를 기뻐하며 변화하자. 오직 우리 삶의 목적이요 주인 되시는 주님을 바라보며.

8. 제임스 패커의 『하나님의 인도』

인간을 가리켜 의사결정자라 한다. 하루에도 4만 번 넘게 생각에 잠기고, 그중에 상당부분은 의식적이든 무의식적이든 의사결정을 하며 산다. 이런 면만 보아도 의사결정은 경영자나 정치가만의 독점적 영역이 아님을 알 수 있다.

그리스도인도 의사결정을 한다. 그러나 그 결정에 기준이 명확하다는 점에서 믿지 않는 사람과 다르다. 그것은 하나님과 그의 뜻을 따르는 것이다. 직업을 선택하든 결혼을 하든 당신이 오늘 무엇을 하든지 하나님의 백성으로서 그의 뜻에 맞는지 생각하고 또 생각한다. 기꺼이 하나님의 뜻을 수용하고 잘못된 궤도를 수정한다. 더 이상 나의 뜻을 하나님의 뜻으로 바꾸지 않기 위해 노력하고, 성령의 이끄심을 구한다. 이런 점에서 그리스도인은 세상 사람과 확실히 차별성이 있다.

그러나 때로는 우리가 진정 하나님의 인도를 바로 받고 있는지 혼란스러울 때가 있다. 그 혼란은 하나님의 인도하심을 의심해서가 아니라 문제에 부닥치면 정작 무엇이 하나님의 뜻인지 분별하기 어렵기 때문이다. 이런 때 영적 분별력을 키우는 길잡이로 제임스 패커(James I. Packer)와 캐롤린 나이스트롬이 함께 쓴 『하나님의 인도』(조계광 옮김, 생명의말씀사)가 있다. 원제는 '우리를 보호하소서 우리를 인도하소서'(Guard Us Guide Us)이고, '삶의 의사결정에 있어서 거룩한 인도'라는 부제가 붙어 있다.

패커는 마틴 로이드 존스, 존 스토트와 함께 우리에게 잘 알려진 복음주의 신학자이다. 그는 옥스퍼드 대학 재학 중 C. S. 루이스를 만나 줄곧 그의 영향을 받았으며 청교도 신앙을 바탕으로 기독교 수호에 앞장서 왔다. 그는 리젠트 칼리지 명예교수이자 ≪크리스챤니티 투데이≫지 수석 편집자이기도 하다. 『하나님의 인도』는 패커의 지성과 영성, 그리고 나이스토롬의 여성적인 섬세함과 부드러움이 함께 어우러진 작품이다.

패커는 무엇보다 우리로 하여금 오직 하나님께 집중하도록 한다. 그의 인도하심에 대한 두려움이나 우리의 소심함과 불안을 과감히 떨쳐버리고, 오직 우리의 목자이신 하나님을 바라보며 그의 인도하심과 보호하심을 전적으로 신뢰하며 따르도록 한다. 시편 23편의 흐름이 그의 모든 글 속에 고스란히 배어 있다.

그는 우리의 불안한 마음을 하나님께 고정시키기 위해 곳곳에 여러 시적인 간구와 기도를 담았다. 그중에 대표적인 시가 바로 제임스 에드미스턴의 기도이다. "하늘에 계신 아버지여, 폭풍과도 같은 세상 속에서 우리를 인도하소서. 우리를 보호하시고, 지켜주시고, 먹여 주소서." 이 시를 읽노라면 우리는 그분의 양임이 더욱 분명해진다. 그러니 목자이신 주님을 더 바라보지 않을 수 없다. 아이작 윌리엄스도 "우리가 부르짖을 때 귀를 기울여 주시며, 우리의 발이 실족하지 않게 도와주시고, 넘어지지 않게 굳게 붙들어 주소서." 기도한다. 하나님은 자신의 방법으로 우리를 의의 길로 인도하신다.

패커는 하나님의 인도하심을 받으려면 영적으로 건강한 삶을 살라고 한다. 그는 영적 건강을 위해 4H를 제시한다. 그것은 Health, Habit, Heart, Holiness이다. 영혼의 건강은 성결한 마음에서 비롯되고, 성결한 삶은 마음의 습관에서 비롯되며, 삶의 습관은 마음의 욕구에서 비롯되고, 성결한 삶은 영적 분별력을 갖게 해 준다는 것이다. 하나님은 민수기 6장 24-26절에서와 같이 우리에게 복을 주시기 원하며, 은혜 베푸시기를 원하며, 평강 주시기를 원하신다. 그러므로 그 하나님을 사모하라. 하나님을 사모한다는 것은 하나님이 허락하실 장래의 영광을 바라보며 인생을 헤쳐 나가는 마음 상태이자 기뻐하고, 비우고, 부인하고, 죽어가는 과정이다.

패커는 말씀을 통한 인도하심을 중시한다. 주의 말씀은 내 발에 등이요 내 길에 빛이 아니던가. 하나님의 계시된 뜻으로 인도받기 위해서 그는 하나님의 명령, 하나님의 말씀인 성경, 하나님의 율법, 그리고 하나님의 생각에 주목하도록 한다. 예를 들어 팔복을 뜻하는 '비티투데스'(beatitudes)는 교사들의 말처럼 'be-attitudes', 곧 태도를 발전시키는 것이다. 이것은 그리스도의 성품을 본받아 그리스도의 인격을 형성하는 데 목적이 있다. 하나님의 말씀으로 인도받을수록 우리의 인격은 그리스도를 닮아가고, 하나님을 위해 최선의 삶을 살고자 하는 열망으로 가득 차게 된다.

패커는 지혜, 성숙한 조언, 환경, 소명 등도 중요하지만 무엇보다 성령님의 인도하심과 보호하심을 강조한다. 그는 "은혜로운 성령. 하늘의 비둘기시여. 위로부터 임하셔서 빛과 위로를 주옵소서. 우리의 모든 생각과 발걸음을 보호하고 인도하소서."라는 시몬 브라운의 기도시를 제시한 다음 묵상하도록 한다. 성령의 인도를 받되 성령의 사역을 제한시키지 말고 풍성히 받으라. 주 안에서 새로워진 마음은 성령의 소욕, 곧 예수님이 느끼셨던 바로 그 욕구이다. 성령의 인도를 받으면 밖으로는 세상과 싸우게 될 것이고, 안으로는 당신 안에 거하는 죄악과 일전을 벌이게 될 것이다. 그럴수록 은혜의 성령은 당신 안에서 즐겨 일하신다.

길을 알았으면 이제 갈 일만 남았다. 우선 모든 두려움을 주 앞에 내려놓고 하나님의 인도함을 받으라. 그러면 신실하신 하나님은 당신을 평탄한 길로 인도하실 것이다. 때로 하나님은 당신이 원치 않은 길로 인도하실 수도 있다. 그래도 기꺼이 복종하라. 설혹 당신이 그릇된 결정을 내렸더라도 실망하지 말라. 하나님은 당신을 사랑하고 용서하시며 회복시켜 주실 것이다. 다윗은 시편 23편에서 목자이신 주님의 선하심과 인자하심을 노래했다. 이제 당신이 그 시의 속편을 아름답게 쓸 차례다.

9. 헨리 클라우드와 존 타운센드의 『책임의 자유』

 9월에 만난 책은 임상심리학자로서 저술과 미디어 활동이 큰 헨리 클라우드(H. Cloud)와 존 타운센드(J. Townsend)가 함께 쓴 책 『책임의 자유』다. 개인적으로 인간관계에 관심이 높은 탓도 있지만 스스로 책임을 지기보다 회피하거나 전가하는 일이 많은 이 세상에서 그들이 '책임' 문제를 어떻게 다루어갈까 궁금했다. 원제는 '그것은 제 잘못이 아니에요.'(It's not my fault)이다. 사람들이 뿜어내는 변명에 얼마나 골치가 아팠으면 '더 이상 다른 사람에게 책임을 전가하지 않고 그것을 자신의 문제로 다루기 원한다.'는 소망을 피력했을까. 한글판 부제도 '변명안하기 프로젝트'(no-excuse plan)라 했다. 그리스도인으로 하여금 좀 더 책임성 있게 살아가도록 만들기 위한 글임에 틀림없다.

 저자는 우선 변명(책임전가)과 책임을 명확히 구분한다. 변명은 걱정과 죄책감, 두려움 또는 마음의 부담감을 가볍게 할 수는 있지만 문제를 해결하지 못한다는 단점이 있다. 책임은 부담감을 주지만 근본적으로 문제를 해결하게 만든다는 장점이 있다. 당신 주변에 늘 변명만 늘어놓고 상황을 개선하는 일에 관심을 두지 않는 사람들로 가득하다면 얼마나 절망스러운가. 그리스도인이라면 책임과 변명 가운데 어느 쪽에 서야 할까? 그리스도인은 주인의식을 가지고 책임 있게 반응해야 하는 이 땅의 청지기라는 것을 이 책은 확실히 한다.

책임을 멀리하고 그것을 남의 탓으로 돌리며 자기의 삶의 통제권을 남에게 넘겨주는 행위는 청지기 역할을 포기하는 것이기 때문이다.

청지기라는 명예를 안겨준다 해도 책임감이 주는 마음의 부담감을 지울 수는 없을 것이다. 그래서 저자는 책임을 무겁고 어쩔 수 없이 감당해야 하는 의무라는 생각에서 벗어나도록 계속 설득한다. 생각을 바꾸라는 것이다. 책임을 피해야 할 부정적인 것으로 삼는 한 문제는 해결되지 않는다. 지속적으로 핑계거리를 찾으려 할 것이기 때문이다. 그래서 저자는 책임을 우리의 꿈을 향해 나아가는 디딤돌, 그것을 디딤돌 삼아 성공으로 나아갈 수 있는 힘이라는 새로운 시각을 갖도록 한다. 책임은 더 이상 짐이 아니라 꿈을 실현해 가는 여정 가운데 꼭 찾아야 할 보석이라는 것이다.

클라우드와 타운센드는 다른 사람에게 책임을 전가하는 문화가 팽배한 속에서 그리스도인이 어떻게 승리할 수 있는가에 관심을 두었다. 그리고 이 책 전체를 통해서 변명을 멀리할 수 있는 방법, 곧 8가지 원리를 하나씩 설명해 갔다. 그 원리는 남의 탓 그만하고 자신의 삶에 주인이 되는 것, 다르게 생각하는 법을 배우는 것, 언제나 선택의 길을 찾는 것, 과감하게 모험하는 것, 인생의 자원인 관계를 활용하는 것, '노'라고 말하는 법을 배우는 것, 실패를 효과적으로 다루는 것, 그리고 끝까지 해내고, 끝까지 인내하는 것 등이다.

그들이 제시한 원리 가운데 아직도 나의 뇌리를 떠나지 않는 두 이야기가 있다. 하나는 과체중인 두 소녀가 자신들의 뚱뚱함에 대한 책임이 맥도날드에 있다고 고소한 사건이다. 원고 측 변호사도 맥도날드 음식이 중독성이 있다 주장하며 그 가엾은 소녀들이 날씬할 수 있는 기회를 박탈당했다고 거들었다. 그러나 판결은 달랐다. 맥도날드 햄버거가 건강에 좋지 않다는 것을 잠재적으로 알고 있었음에도 불구하고 자신의 만족을 위해 그 제품을 과하게 먹었다면 맥도날드를 탓할 수 없다는 것이다.

하나님이 "왜 선악과를 먹었느냐?"고 했을 때 아담은 "하나님이 주셔서 나와 함께 있게 하신 여자 그가"(창3:12) 주어서 먹었노라고 했다. 하와도 "뱀이 나를 꾀어 먹었나이다."며 책임을 전가했다. 이것은 인간 본성에 근본적으로 문제가 있다는 것을 보여준다. 그것은 바로 자신의 삶에 책임을 지지 못한다는 것이다. 에덴 사건 이후 우리는 줄곧 비난과 책임의 화살을 다른 사람에게 돌려왔다. 이젠 그 고리를 끊을 때가 왔다. 특정 음식이 건강에 좋지 않다는 것을 알았다면 그것을 파는 회사를 탓하기 전에 그것을 먹지 않겠다는 당신의 의지가 더 중요하지 않겠는가. 책임을 전가하기 전에 자기가 해야 할 일은 먼저 해야 하는 것이 삶의 바른 방법이다.

다른 하나는 아버지 딕과 아들 릭이 짝을 이룬 호이트(Hoyt) 가족 팀 이야기다. 이 두 사람은 25년이 넘도록 한 팀을 이루어 200개가 넘는 3종 경기와 64개가 넘는 마라톤 대회에 참가했다. 81년에는 보스턴 마라톤 대회에 나가 상위 25퍼센트 안에 들었다. 92년에는 자전거를 타고 연속 45일 동안 미국 전역을 횡단했다. 중요한 것은 아들 릭 호이트가 태어날 때부터 경련성 사지마비 증세에 말도 못 하는 뇌성마비 환자라는 사실이다. 인간적으로 좌절하고 얼마든지 신체적인 탓으로 돌릴 수 있었지만 부모는 아이를 결코 포기하지 않았다. 비록 장애를 가지고 있었지만 비장애자와 다를 바 없이 도전적인 아이로 키우고자 한 것이다. 여기서 저자는 힘주어 말한다. "우리가 이르고자 하는 데 이르는 것을 방해하는 세력으로부터 우리의 꿈을 보호하고 지켜야 한다. 그러한 세력들에 '노'라고 말하는 기술을 배워야 한다." 꿈을 버리지 말고, 꿈을 지키는 자(guardian)가 되라.

이 책을 읽으면서 우리는 얼마나 변명만 하고 살아왔는가를 실감하게 된다. 책임을 전가한 결과 우리가 얻은 것은 무엇인가? 따져보면 아무것도 없다. 변명은 꿈의 실현을 미루고 도피하게 할 뿐이다. 이제 우리가 해야 할 것은 도전이다. 더 이상 변명의 바이러스에 감염되지 않도록 하고, 최선이 아닌 것에 안주하지 말자. 해야 할 일이 얼마나 많은가. 사랑, 직장과 가정에서의 일, 자녀양육, 관계, 나쁜 습관과 개인적인 문제들. 풀어야 할 일이 한두 가지가 아니다. 당신이 책임이라는 적극적인 자세로 한 걸음 한 걸음 걸을 때 드디어 장벽은 무너지고 꿈은 이뤄진다. 그 길은 힘들다. 혼자서 가지 말고 하나님께 도움을 구하고 그분의 방법을 구하라. 하나님은 기꺼이 당신과 동행하실 것이다.

🌸 10. R. T. 켄달의 『기쁨을 묻다』

로이드 존스 목사의 뒤를 이은 신학자이자 목회자로 높이 평가받고 있는 켄달(R. T. Kendall). 그는 이미 자신의 저서 『예배에 숨겨진 비밀』을 통해 우리가 부족하기 때문에 예배가 필요하다고 말하고, 우리가 알고 있는 예배와 하나님이 원하시는 예배를 선명하게 구분해 준 신학자이다. 또한 그는 『하나님이 응답하실 때』를 통해 때로는 실패와 시련을 통해서도 일하시는 분임을 잘 가르쳐 준 목회자이다. 그런 그가 이제 그리스도인으로서 사는 참다운 기쁨이 무엇인가를 가르쳐 주기 위해 『기쁨을 묻다』(김성원 옮김, 예수전도단)를 내놓았다. 원제는 '순전한 기쁨'(Pure Joy)이다.

바울은 "주 안에서 항상 기뻐하라 내가 다시 말하노니 기뻐하라." (빌4:4) 하였다. 그렇다면 주 안에 사는 당신은 지금 어떤가. 예수님을 생각만 해도 기쁜가. 아니면 예수님을 삶의 주인으로 모셨음에도 불구하고 힘들고 메마른 삶을 반복하고 있는가. 만일 당신이 후자의 물음에 "예"라는 답을 한다면 켄달의 말에 귀를 기울일 필요가 있다.

그는 세상이 말하는 행복과 주 안에서의 기쁨을 구분한다. 사람은 누구나 행복을 원한다. 토마스 제퍼슨은 모든 사람에게 행복을 추구할 권리가 있다 말하고 그 추구권을 헌법에 반영했다. 행복, 얼마나 달콤한 말인가. 그러나 행복(happiness)은 '우연히'(happened) 일어난 결과, 곧 행운이라는 단어에서 나왔고, 운이 좋기 때문에 행복한 것이라 그는 정의한다.

켄달이 강조하는 기쁨은 이 세상의 행복과는 차원이 다르다. 예수 믿는 기쁨, 예수님 때문에 얻을 수 있는 기쁨이기 때문이다. 이 기쁨은 죄 사함의 기쁨에서 시작한다. 그리고 그 기쁨은 영원한 천국의 삶으로 이어진다. 복음 안에 있는 이 기쁨은 하늘의 기쁨이다. 그러니 세상의 우연한 행복과는 성격이 다를 수밖에 없다. 그는 말씀을 통해 우리가 이 땅에서도 온전한 기쁨을 충만하게 누릴 수 있음을 가르쳐 주고자 한다. 그 방법은 네 가지다.

첫째, 하나님께 집중하는 것이다. 기쁨의 근원은 하나님께 있다. 그리스도인은 세상의 행복이 아니라 하나님이 주신 영원한 기쁨, 하늘의 온전한 기쁨을 추구할 권리를 가지고 있다. 이를 위해서는 무엇보다 하나님께 집중할 필요가 있다. 집중에서 중요한 것은 하나님의 인정만으로 만족하고 사람들의 칭송을 부러 구하지 않는 것이다. 그럴 때 당신은 사람이 주지 못하는 기쁨을 누리게 된다. 우리는 사람들로부터 인정을 받기 위해 애쓴다. 그것이 얼마나 허망하고 가식적인가를 알면서도 인정해 주면 그렇게 기쁠 수 없다. 그러나 우리는 진심으로 답할 필요가 있다. 당신은 사람의 칭찬과 하나님의 칭찬 중 어느 것을 택할 것인가. 그는 단호히 말한다. "하나님이 알아주는 것으로 만족하라." 내 편에 서서 나를 도우시는 주님을 기뻐하며 신실하신 그분으로부터 인정을 받으라. 그 속에 영원한 기쁨이 있다.

둘째, 성령 안에 거하는 것이다. 그리스도인이 기쁨으로 충만하기 위해서는 성령의 충만한 임재가 필요하다. 우리는 대부분 성령의 인도하심을 구하지 않고, 성령의 충만함과 그 임재를 구하지 않는다. 나의 계획, 나의 방법을 앞세우기 바쁘다. 그런 경우 하나님과 깊은 친밀함을 누릴 수 없다. 성령님이 내 안에서 일하도록 자리를 내어 드리라. 그러면 우리를 향하신 하나님의 계획과 방법이 아주 놀랍다는 것을 체험하게 될 것이다. 바리새인처럼 경직된 나를 주님 앞에 내려놓고 성령의 인도하심을 받으며 성령님의 온기를 느껴라. 성령의 기름 부으심이 내 안에 넘칠 때 당신 안에 생수의 강이 흐르고 하늘의 기쁨이 차오를 것이다. 무디는 성령의 충만한 기쁨을 더 이상 감당할 수 없어 외쳤다. "주님, 이제 그만, 기쁨을 그만 주십시오." 성령으로 살면 삶이 달라진다. 성령과 동행할 때 말씀에 귀를 기울이게 되고 풍성한 삶을 살 수 있다. 성령을 소멸하지 말라. 성령을 근심케 말라.

셋째, 시련을 통해 불가능한 기쁨을 누리는 것이다. 시련은 축복으로 이끄는 험하고 비좁은 통로다. 하나님은 우리를 단련시키기 위해 시련을 예정하셨다. 시련이 오면 요동하지 말고 기쁨으로 용납하라. "여러 가지 시험을 만나거든 온전히 기쁘게 여기라. 이는 너희 믿음의 시련이 인내를 만들어 내는 줄 너희가 앎이니라."(약1:2-3) 사람들은 시련 없이 오래오래 행복하게 살기를 바란다. 그러나 세상에 시련 없는 삶은 없다. 시련을 거부하거나 빨리 끝내려 하지 말고 소중하게 대하며 그것이 '나의 영광'이 되게 하라. 하나님께서 내게 이 시련을 허락하셨다는 사실을 기억하고 가난한 심령을 가지라. 시련의 목적을 기억하라. 하나님이 얼굴을 숨기실 때에도 불평하거나 두려워 말라. 하나님의 때를 기다리며 교훈을 받으라. 숨기신 까닭이 있기 때문이다. 이 고통을 이기면 하베갈의 말처럼 하나님의 진심을 깨닫고 큰 기쁨을 갖게 된다. 당신은 이미 불로 연단된 정금이 되었다. 그리스도인이 아니라면 위로부터 오는 모든 시련과 기쁨을 어찌 알겠는가.

끝으로, 천국을 바라보는 믿음을 갖는 것이다. 우리는 이 땅에서 영원히 살아야 하는 존재가 아니다. 우리는 이 땅의 나그네요 우리

영혼은 본향을 사모하고 있다. 그럼에도 불구하고 우리는 이 땅에서 떠나지 않을 것처럼 살아간다. 이 세상을 과감히 상대화하라. 이 세상을 절대화할수록 당신 속에 하늘의 기쁨이 자리 잡을 수 없다. 우리의 삶을 결산하는 순간 주님께서 "잘했다." 칭찬하실 때 당신은 최고의 기쁨을 누리게 될 것이다. 그러니 인내심을 잃고 그분보다 앞서거나 포기하지 말라. 순간순간 하나님께 자리를 내어드리며 그분이 어떻게 일하시는지 기쁨으로 바라보라.

이 방법은 당신이 이미 아는 것일 수 있다. 방법은 항상 간단하고 명료하다. 문제는 실천이다. 이 경지에 이르면 당신은 다시 메마른 삶으로 돌아가고 싶지 않을 것이다. 예수님을 생각만 해도 기쁨이 밀려들어 스스로 어찌할 수 없을 것이다. 이 기쁨은 외부에서 오는 것이 아니라 내부, 곧 예수님이 계시는 그 중심에서 시작된다. 이제 예수님 한 분만으로 만족하기로 결심하고 주님이 주시는 생명수를 마시라. 선택은 당신에게 달렸다.

🍀 11. 야코부스 꿀만의 『주의 사랑과 훈계로』

오월이 오면 우리는 가정을 생각한다. 그 중심에 자리한 부모와 둘러앉은 자녀의 모습을 그려보는 것만으로도 행복하다는 느낌이 물

씬하다. 가정은 하나님이 세우신 소중한 사회단위라는 점에서 그 중요성은 더할 나위없다. 하지만 그 가정에서 크리스천 부모의 역할은 만만치 않다. 그 역할과 의무를 잘 보여주는 책으로 야코부스 꿀만의 『주의 사랑과 훈계로』(유정희 옮김, 두란노)가 있다. 이 책의 원제는 '부모의 의무들'이다.

야코부스는 네덜란드 출신의 목사이며, 제2 종교개혁의 지도자로 꼽히는 푸치우스의 영향을 받았다. 1632년에 태어나 1695년에 사망한 그는 그리스도인들이 이 땅에서 어떻게 경건한 삶을 살아야 하는가에 초점을 맞추어 44권의 책을 썼고, 이 가운데 상당수가 개혁주의 영성의 고전이라는 평가를 받고 있다.

『주의 사랑과 훈계로』는 자녀를 양육하는 책임이 부모에게 있고, 그들이 성인이 되기까지 주님의 가르침에 따라 점진적으로 훈련시켜야 할 것을 강조하고 있다. 자녀는 한없이 사랑스러워 보이지만 그들도 원죄를 이어받았기 때문에 심령과 행동에 변화가 필요한 존재일 수밖에 없다. 부모는 그들의 영혼구원을 위해 부단히 노력해야 한다. 자신의 타락한 본성을 느끼고 뉘우치게 하며, 계속 성화의 길로 인도한다. 오직 그리스도를 바라보며 그분의 가르침에 철저히 복종하도록 교육한다. 이 책이 자녀를 경건하게 키우기 위한 성경적, 교육학적 핸드북이라는 평가를 받는 이유가 여기에 있다.

이 책은 마음과 성품을 다하는 부모, 삶의 본이 되는 부모, 그리고 지금보다 더 나은 부모 등 3부로 이루어졌다. 1부에서는 부모가 되기 위한 준비부터 철저히 하면서 어릴 때부터 자녀가 하나님을 알게 가르치도록 한다. 2부에서는 부모부터 경건의 모범을 보여 자녀로부터 존경을 받고, 책망할 때도 리더십을 보이며, 기도하는 법을 가르치고, 인격적인 대화를 나누도록 한다. 3부에서는 참된 신앙생활, 경건의 삶을 살기 위한 원칙을 비롯하여 자녀들이 이 세상을 살면서 물질을 어떻게 다루어야 하는가 하는 것 등을 다루고 있다.

이것만으로는 이 책의 특색을 뽑아내기 어렵다. 모두 당연한 말씀이 아니냐고 말할 수 있기 때문이다. 그러나 우리는 이 책이 17세기의 책이며, 그 당시 개혁주의 신앙인들의 기본적인 생활 자세를 담고 있다는 것을 잊어서는 안 된다. 이 책에서 나의 주목을 받은 부분이 여러 곳 있다.

첫째, 결혼할 때부터 경건치 못하고, 육적이고, 세속적이며, 허영심이 강한 사람과는 결혼하지 말라는 것이다. 그런 사람과 결혼한다면 그것은 주 안에서 결혼하는 것이 아니라 단호히 말한다. 경건한 자녀를 얻고, 주 안에서 자녀를 양육함에 있어서 장애가 되기 때문이다. 이것은 훗날 자녀가 오직 주 안에서 결혼하게 하라는 결론으로 이어진다.

둘째, 자녀에게 긍정적인 의미가 담긴 좋은 기독교 이름을 지어주라는 것이다. 이 글을 읽을 때 왜 서구인들의 이름 가운데 유독 요한, 베드로, 바울, 다윗 등이 많은지 생각나게 했다. 그는 이세벨이나 압살롬과 같이 악명 높은 이름, 버디나 스와니 같은 동물 이름을 자녀의 이름으로 삼지 말 것을 강조했다. 세례를 받을 때 그 이름 때문에 자녀가 겪을 아픔을 생각하라는 것이다.

셋째, 자녀로 하여금 불신과 미신이 담긴 축제일을 지키지 않도록 한다는 것이다. 크리스마스 때 산타클로스를 만나거나 그 선물을 받지 못하게 하고, 선물 추첨권 같은 것을 뽑지 못하게 하라. 참회 화요일을 지키거나 12일절 전야제를 지키지 못하게 하라. 그것들은 모두 우상을 숭배하는 교황정치의 유물이기 때문이다. 이런 축제일로부터 자녀를 보호할 책임이 부모에게 있다. 애굽 땅의 풍속, 가나안 땅의 풍속과 규례를 좇지 않도록 하는 것이 부모가 할 일이라는 것이다. 나아가 그는 제비뽑기, 카드놀이, 도박도 하지 못하도록 했다.

넷째, 자녀들에게 저주나 악담을 하지 않도록 한다는 것이다. 저주의 말을 하면 반드시 혼을 내주고, 심지어 '제기랄'처럼 불분명한 말을 해도 따끔하게 혼을 내주라 한다. 자녀에게 벌을 줄 때도 욕이나 악담을 하지 않는다. 그것이 무서운 결과를 초래하기 때문이다. 그는 벌을 줄 때도 기도하라 말한다. 그 벌을 통해 축복이 임하도록 기도하는 것이다. 이것은 체벌 때도 경건이 필요하다는 것을 알 수 있다. 그는 여러 곳에서 자녀에게 축복할 것을 강조한다.

다섯째, 그는 무엇보다 많은 부분을 기도에 할애하며 자녀에게 기도하는 법을 가르치라 말한다. 아침저녁으로 경건의 시간을 가지며 성령의 이끌림을 받는 기도를 하도록 도와준다. 그는 돈과 재물을 물려주기보다 기도의 보물을 물려주라 할 만큼 기도를 중시했다.

끝으로, 그는 자녀들에게 재산을 물려주는 일에 너무 마음을 두지 말고 가난한 자를 도우라 충고한다. 가난한 자를 불쌍히 여기는 것은 여호와께 꾸이는 것이요 많이 주는 자가 많이 받는다. 가난한 자에게 나누어 줄 때 오히려 그 자녀들이 복을 받게 될 것이다.

야보쿠스는 물질의 축적과 쾌락이 난무하는 사회에서 어떻게 하면 하나님 앞에 영적으로 경건한 삶을 살 수 있는가에 초점을 맞추었다. 경건한 부모가 되고, 그 자녀가 보다 경건한 존재가 되기 위한 구체적이고, 때로 단호한 그의 가르침이 여러 세기를 뛰어넘어 당신에게 큰 울림이 될 것이다.

12. 마르바 던의 『고귀한 시간 낭비 – 예배』

그리스도인은 누구나 예배에 참예한다. 참된 예배를 드리고, 내가 아니라 정말 하나님이 기뻐하시는 예배자가 되고자 하는 것은 우리 모두의 소원이다. 예배에 빠지지 않고 참석했다고 해서 그것이 참된 예배일까? 당신은 혹시 예배를 이용해 자신의 만족을 추구하고 있지나 않는가? 이제 우리의 안일한 일상적 예배관을 벗어날 때가 되었다.

이번에 만난 책은 영성신학자 마르바 던(Marva Dawn)의 『고귀한 시간 낭비 – 예배』(김병국·전의우 옮김, 이레서원)다. 제목이 아주 도전적이다. 어떻게 예배를 '낭비'라 말할 수 있는가! 책을 쥐는 순간 당신의 기분이 조금 상할 수 있다. 그러나 책을 읽어가면서 그녀가 왜 '고귀한 시간 낭비'라고 말할 수밖에 없는가를 알게 된다. 원제는 "A Royal 'Waste' of Time"(훌륭한 시간 낭비)이다.

이렇게 제목을 단 것은 한 학생이 교회 오르간과 찬양대에 관심이 줄어드는 현실을 놓고 "우리가 여기서 시간을 낭비하고 있는 것은 아닌가요?"라는 질문을 했고, 그 질문에 영감을 받은 그가 채플의 설교 제목을 '고귀한 시간 낭비'로 정한 데서 온 것이다.

그녀는 우선 시간낭비와 고귀한 시간낭비를 구분한다. 우선 그는 예배를 시간낭비라고 정의한다. 그러나 그 예배가 어떤가에 따라 그 평가가 달라진다. 단지 하나님께 점수를 따거나 성공한 교회임을 과시하는 예배라면 그것은 저급한 시간낭비일 뿐이다. 이와 달리 하나님을 예배의 주체요 대상이요 무한한 중심으로 삼고, 오직 우리의 예배를 받으시기에 가장 합당하신 하나님께 온전히 드릴 때 그것은 고귀한 시간낭비다. 질적으로 다르다는 것이다.

고귀한 시간낭비의 예배에서 우리는 우주의 왕이신 하나님의 고귀한 광휘(splendor)에 빠져드는 독특함을 맛볼 수 있다. '고귀한 광휘에 빠져든다.'는 것은 마르바가 아주 좋아하는 표현이다. 그의 광대하심과 숭고하심과 광채를 놀랍게 경험하는 것이다. 예배뿐 아니라 말씀 묵상과 연구, 기도, 찬양연습 시간에도 임재하시는 그분의 광휘 속으로 빠져들 수 있다.

고귀한 시간낭비는 하나님을 우리 예배하는 삶에 두는 것이자 그분의 임재 속에서 가능한 한 우리의 최고를 드리며, 섬김의 삶으로 나가게 한다. 이 예배는 우리의 낮아짐을 통해 하나님을 만나게 하고, 그리스도의 가난에 동참하도록 한다. 더 이상 자신의 힘이나 성취를 바라보는 것이 아니라 하나님을 바라보며 이웃사랑에 시간을 들이도록 성령은 우리에게 능력과 겸손의 옷을 입히신다. 이런 의미에서 고상한 시간낭비는 교회에 경이감을 부활시키고 세상을 변화시킬 수 있다.

마르바는 교인들에게 예배에서 무엇을 원하는지 설문조사를 하지 말라고 한다. 상식을 뒤엎는 주문이지만 교인들이 원하는 것이 그들에게 해로울 수 있다는 말에 수긍이 간다. 교회가 해야 할 일은 소비주의자의 선택에 영합하는 것이 아니라 그리스도인들을 똑바로 양육하는 것이다. 그런 의미에서 교회는 민주주의를 지향하지 않는다. 교회는 성령주의(Spiritocracy)와 은사주의(charismacracy)를 지향한다. 예배는 우리가 하나님의 권위 아래 있음을 고백하는 것이며, 그리스도가 우리를 통치하게 하고, 성령님이 주시는 은사에 따라 봉사하게 한다.

고귀한 시간낭비를 위해서 우리가 버려야 할 것도 많다. 먼저 우리 자신의 욕심이다. 마르바는 예배를 이용해 교인 수를 늘리려는 목회자의 흑심을 과감히 거부한다. 진정한 예배는 그런 것이 아니라는 말이다.

하나님의 백성이라는 정체성을 잃게 만드는 포스트모더니즘도 경계 대상이다. 상대주의의 옷을 입은 이것은 목회자로 하여금 진리의 복음을 더 적게 제시하게 하고, 오락적 형식을 더 많이 도입해 내용을 희생시키며, 예배와 전도, 전도와 마케팅을 혼동하게 만든다. 더욱이 과거와 권위를 부정해 교회가 지금까지 축적해 온 지혜와 역사를 흔들어 놓는다. 급기야 복음을 부끄러워하는 사람으로 전락시킨다. 현재 기독교에 대한 저항이 많은 것도, 우리 주변에 유교적 기독교인이나 혼합주의적 교인이 많아지는 것도 이런 현상과 무관하지 않다.

마르던은 텔레비전도 멀리해야 한다고 주장한다. 이것은 우리에게 엄청난 정보를 제공해 주지만 사실 그 정보에 대해 우리가 할 수 있는 것은 아무것도 없다. 게다가 그것은 우리의 상상력을 자라지 못하게 하며 그저 정보를 받아들이고 버리는 기계로 만들 뿐이다. 이것이 예배에도 영향을 미쳐 예배자를 하나님의 광휘에 잠기게 하기보다 기계적인 예배자로 만들고, 프로그램을 즐기듯 예배를 시청한다.

우리만 시간낭비를 하는 것이 아니다. 하나님도 이렇듯 우리의 잘못된 삶을 바로 고치기 위해 낭비(extravagance)를 하신다. 우리에게 사랑과 용서와 자비를 아낌없이 주시는 것이다. 그 낭비를 통해 우리 각자는 그리스도인으로, 교회는 보다 바람직한 교회로 다시 태어난다.

마르바는 고귀한 낭비를 통해 예배의 주인이신 하나님을 참으로 경배하고, 우리의 삶을 오직 그분을 위해 드리는 불꽃이 되라고 한다. 오늘도 당신은 버거킹처럼 만들어진 예배를 드리는가. 이제 그것으로부터 과감히 벗어나 하나님의 임재에 들어가 그분의 통치에, 그분의 광휘에 잠기라. 당신이 하나님께 잠겨 시간을 '낭비'하는 동안 하나님을, 교회를, 그리고 세상을 정말 '헤프게' 사랑하게 될 것이다.

13. 레오나르 스위트의 『나를 미치게 하는 예수』

레오나드 스위트(Leonard Sweet), 그는 최근 한국을 방문하여 MRI (선교, 관계, 성육신)라는 단어로 교회의 미래상을 제시하고, 동서양 교회가 서로 관계를 맺고 소통(疏通)하자는 의미에서 "통 합시다."
(Let's Tong)를 외친 신학자이다.

그는 『모던 시대의 교회는 가라(Aqua Church)』, 『세상을 호흡하며
춤추는 영성(Soul Salsa)』, 『영성과 감성을 하나로 묶는 미래 교회』,
그리고 『나를 미치게 하는 예수』의 저자이다. 이 모두 교회 미래학
자이자 신세대 영성 작가로서의 예지가 빛나는 책들이다.

여기서 소개할 책은 『나를 미치게 하는 예수』(윤종석 옮김, IVP)
이다. 스위트는 미국뿐 아니라 유럽의 여러 교회가 성장정체에 빠진
것에 주목하였다. 기독교인으로 자처하는 미국인이 점차 줄어들고,
그의 말대로 지금 서구 기독교는 붕괴되고 있다. 영혼이 목말라 찾
아오는 사람을 외면하고 '외출 중'이라는 팻말을 걸어놓은 채 외식
하러 나간 가게 주인과 같다. 앞으론 팔려고 내놓은 가게 신세로 전
락되지 않을까 두렵다.

이에 반해 그는 동양 기독교가 발흥하고 있는 것에 주목하고 있
다. 한국 장로교의 교세는 미국 장로교보다 4배에 달한다. 공산주의
자들의 총부리 앞에서도 일취월장하는 라오스 교회의 발전은 놀랍
다. 그는 한마디로 말한다. "세상에서 하나님의 임재가 떠났다고 생
각하는 교회들, 성경이나 성령을 더 이상 믿지 않는 교회들, 더 이
상 심령을 뜨겁게 할 수 없는 차가운 교회에서 기독교는 쇠퇴하고
있다. 반면 예수에 미친 뜨거운 교회가 있는 나라에서는 기독교가
성장하고 있다." 미쳐야 산다.

『나를 미치게 하는 예수』는 무기력한 교회들을 향한 경고장이다.
특히 구미교회에 대해 강한 경고를 보낸다. 주님은 우리 인간을 미

친 듯 돌보시고 미친 듯 사랑하시며 미친 듯 우리와 관계를 맺으시려 하는데 당신들은 지금 무엇을 하고 있느냐 하는 것이다. 전도학 교수다운 말이다.

그는 NUTS라는 키워드를 통해 변화를 꿈꾼다. NUTS는 견과를 일컫는 말이지만 바보, 미치광이라는 뜻도 있다. 주님을 위해 바보가 되고, 미치광이가 되라는 것이다. 이를 위해 우리 자신을 성령께 내어드리라고 말한다. NUTS는 "성령을 절대 과소평가하지 말라."(Now Underestimate The Spirit)의 첫 글자를 딴 조어이다. 그리스도인은 예수님이 나를 미치게 하시도록 내어드리는 자이다. '미치다'는 것은 더 이상 정상 상태를 바라지 않는 것이다.

그리스도의 제자로서 NUTS의 지혜를 갖기 위해서는 성육신 제자도와 관계 제자도가 필요하다. 예수님이 이 세상을 위해 성육신하신 것처럼 그리스도인도 세상을 위해 성육신해야 한다. 나아가 영적으로 굶주린 세상, 곧 이웃을 위해 미쳐야 한다. 상대가 사랑으로 반응하지 않아도 다른 사람을 사랑하지 않고서는 견딜 수 없는 예수님처럼.

스위트의 이 책은 부피에 비해 읽기에 결코 쉽지 않다. 특히 아날로그 세대에게는 더욱 그렇다. 신세대에 맞는 정보들이 자주 등장하는데, 문화코드가 젊은이에게 맞춰 있기 때문이다. 저자는 풍부한 사례를 통해 현대를 살아가는 그리스도인에게 그 코드를 잘 이해할 것을 주문한다.

그는 제자도를 설명할 때 '거기 있으라'와 '모두와 함께' 단어를 키워드로 사용했다. 쉬우면서도 혼돈을 일으키는 개념이기도 하다.

전자는 성육신 제자도에 관한 것이고, 후자는 관계 제자도에 관한 것이다. 성육신 제자도는 우리를 위해 구주가 나셨듯이 우리가 작은 예수가 되어 거기, 곧 하나님이 정한 우리 삶의 정황 속에서 개인과 공동체를 변화시킨다. 성령은 오늘도 우리 문화 속에서 변화의 신비를 경험하게 하신다. 지역교회도 단지 길모퉁이에 존재하는 교회로 만족할 것이 아니라 '거기'에서 세상 사람들과 다른 지혜를 발휘해야 한다.

'모두와 함께'는 선교 및 관계의 의미를 포용하고 있다. 여기서 필요한 것은 모두를 향한 사랑이다. 다른 사람과 소통하게 하는 진짜 재산은 사랑이다. 바울이 때로 제정신이 아니라고 말을 듣는 까닭은 그리스도의 사랑이 그를 미치게 하기 때문이다. 그리스도의 사랑이 그의 삶을 지배할 때 소아시아와 유럽이 달라지지 않았는가.

스위트는 정상인과 비정상인을 가른다. 미치지 않은 사람이 정상인이라면 비정상인은 예수에 미친 사람들이다. 그리스도인이라 할지라도 그리스도에 대해, 성령의 능력에 대해 차갑다면 정상인일 수밖에 없다. 교회여, 철새교인들이 몰려왔다고 기뻐하지 말라. 그것은 비정상인이 기뻐할 것이 못 된다. 그리스도인은 정상인들의 삶과는 달라야 한다.

그는 처음부터 끝까지 미침에 대한 설명을 그치지 않는다. 그래야 세상을 본받지 않고 오히려 세상을 변화시킬 수 있기 때문이다. "누가 당신을 미쳤다고 말하면 기뻐하라." 당신이 미칠 때 주님은 섬길수록 더 귀하고, 이웃은 더 사랑스럽다. 당신은 지금 얼마만큼 미쳐 있는가? 그 미침을 통해 당신의 성공이 주님의 성공이 되게 하라.

14. 필 컬러웨이의 『돈 한 푼 없이 부자로 사는 법』

돌잔치에 빠지지 않는 행사로 시아(試兒)가 있다. 돈, 실, 연필 등을 풀어 놓고 아이로 하여금 잡게 한다. 잡는 물건에 따라 아이가 앞으로 어떻게 되겠다는 얘기를 하며 기뻐한다. 돈은 부유함을, 실은 무병장수를, 연필은 학자를 상징한다. 아이가 무엇을 집을 때 가장 좋아할까. 답은 대부분 돈이다. 부유하게 산다니 얼마나 안심인가.

그런데 돈만 따지는 것은 진부하다고 말하는 사람들이 있다. 그 가운데 한 사람이 바로 『돈 한 푼 없이 부자로 사는 법』(뉴스엔조이)을 쓴 필 컬러웨이다. 이 책을 접했을 때 혹시 청부론과 청빈론을 말하려는 것이 아닌가 생각했다. 그러나 읽어가면서 삶을 부유하게 만드는 것이 꼭 돈만이 아님을 깨닫게 해 주었다. 그래서 이 책은 부자이건 가난하건 모두가 성찰을 위해 필요한 책으로 인정을 받고 있다.

저자는 부자를 말한다. 그러나 그가 말하는 진정한 부자는 단지 재산을 풍요하게 가진 자가 아니다. 진정한 부자는 돈의 한계를 알고, 더불어 살며, 옳은 것을 남기고 떠나는 사람이다. 그는 이러한 뜻을 6부작으로 만들어 독자들에게 다가간다.

그는 서문에서 부모님이 결혼 55주년 얘기를 먼저 꺼냈다. 지역신문에 부모님의 사진을 게재하고 다음과 같은 문구를 넣었다. "결혼 55주년을 축하합니다! 상속을 기다리는 다섯 자녀로부터." 이런 문구를 넣으면 집안에 불화를 일으키지 않을까 신문사는 걱정했다. 하지만 부모님을 아는 사람들은 이 신문광고를 보고 박장대소했다.

저자는 다섯 살 때 동전 두 개를 들고 욕조의 거울 앞에 서자 재산이 두 배로 늘어나는 것을 발견하고 기도했다. "하나님, 제발 저를 부자로 만들어주세요." 이 얘기는 돈에 관한 한 자기도 예외가 아니었다는 말이다. 그러나 그는 자라면서 깨닫는다. 부자이면서도 불행하게 사는 사람도 많고, 가난하지만 부유하게 사는 사람도 많다는 것을. 과연 무엇이 이런 차이를 만들어 낼까? 이 차이에 대한 관심이 바로 이 책을 쓰게 된 동기요 답이다.

그는 먼저 "돈은 아직까지 어느 누구도 부자로 만들지 못했다."는 세네카의 말을 명제처럼 내건다. 나아가 "돈이 당신에게 행복을 주지는 않을 것이다. 그 대신 당신을 안락 속의 비참함으로 이끌어 줄 것이다."는 맨코로프트의 말을 인용하면서 돈에 대한 우리의 태도를 바꾸도록 한다. 그리고 그는 돈으로 멋진 집을 살 수 있지만 가정을 살 수 없고, 예쁜 침대를 살 수 있지만 평화로운 잠을 살 수 없으며, 섹스를 살 수 있지만 사랑은 살 수 없고, 태양 아래서의 휴가는 살 수 있지만 평화는 살 수 없다고 주장한다. 돈이 모두가 아니라는 말이다. 돈으로 살 수 없는 것들을 풍요하게 누릴 수 있는 사람들이 바로 진정한 부자다. 그들은 과연 어떤 특성을 가지고 있을까? 그의 주장 가운데 몇 가지 들어본다.

첫째, 진정한 부자는 길이 예기치 않게 휘어질 때 변화구를 치는 능력을 가지고 있다. 유방암으로 절제수술을 받은 칼럼니스트 에마 봄베크는 신장 이식이 필요한 사람에게 자기의 것을 기꺼이 내놓았다. 세상을 부요하게 만든 그녀는 훗날 심장병으로 주님 앞에 갔다. 저자는 그녀를 생각하며 이렇게 기도한다. "주님, 저도 당신 앞에 서는 그날까지 당신께서 저에게 주신 모든 것들을 다 쓰고서 웃음 외에는 남지 않게 해 주십시오."

둘째, 진정한 부자는 더불어 사는 사람이다. 주 안에서 깊이 있는 우정을 나눈다. 저자는 한때 약물 복용과 신에 대한 갈등에 빠졌던 친구 케빈의 신앙을 위해 기도하고 용기를 북돋아 주었다. 15년이라는 긴 세월을 거치며 친구는 점차 하나님께로 돌아왔다. 진정한 부자는 인간관계뿐 아니라 하나님과의 관계도 회복하게 만든다.

셋째, 진정한 부자는 옳은 것을 남기고 떠난다. 우리는 이 세상을 떠날 때 많이 가져갈 수 없다. 하지만 우리는 어디를 가든지 발자국을 남긴다. 은총이 가득한 발자국, 용기를 주는 발자국, 친절과 용서와 사랑의 발자국, 다른 사람이 따르기를 원하는 발자국들이다. 그것들이 뒤에 남아 빛을 발한다.

그는 전도 발자국을 언급한다. 크리스천과 아주 좋지 않은 경험을 가지고 있다는 심리학자, 헉슬리와 히틀러의 글을 즐겨 읽는 네오나치 청년 마이클, 그들에게 그가 전한 것은 하나님의 말씀이었다. 하나님의 말씀과 그의 백성은 영원할 것이라는 믿음 때문이다. 그는 자신 있게 말한다. "여기에 자신을 투자하는 것이 가장 부유한 삶이다."

끝으로, 진정한 부자는 마지막에 웃는다. 마지막에 웃는다는 것은 천국 소망을 가진 자의 미소다. "나는 세상의 즐거움과 부가 천년의 천년이 지속될지라도 천국에서의 한순간과 바꾸지 않을 것이다." 루터의 말이다. 저자는 근육위축증을 앓다 죽은 친구 아들 데이비드를 잊지 못한다. "너에게 한 가지 소원이 있다면 그것이 뭐니?"라고 묻는 친구에게 데이비드는 말했다. "아무것도 없어. 나에게는 예수님이 있고, 나를 사랑하는 엄마와 아빠도 있어. 그리고 휠체어를 밀어주는 너 같은 친구도 있고." 그리곤 미소 지으며 말했다. "게다가 나는 내가 어디로 가는지 알아. 거기엔 휠체어도 필요 없대." 여기서 저자는 고백한다. "나는 데이비드보다 더 큰 부자를 만나지 못했다." 그는 하늘나라 소망을 가진 부자였다.

그는 마무리 글에 아버지로부터 받은 감사 편지를 소개했다. "우리의 꿈은 재산을 모은 것이 아니었어. 대신 신실한 삶에 대해서만 꿈을 꾸었다. 우리는 주님을 사랑하는 아이들을 꿈꾸었다. 그리고 우리는 다섯을 얻었다." 거울 앞에서 부자가 되게 해달라던 어린 컬러웨이도 이만큼 달라졌다. 그래서 때로 그리스도의 복음보다 성공과 부의 복음에 더 익숙한 우리들에게 이 책은 도전과 자극을 주기에 충분하다.

🌸 15. 팀과 조이 다운스의 『부부싸움의 은혜』

한 예비부부가 목사님을 찾아왔다. 주례를 부탁하기 위해서였다. 그런데 목사님은 주례를 승낙하기도 전에 물었다. "자네들 싸워본

적 있나?" 이럴 때 어떻게 대답을 해야 할까. 싸워봤다면 꾸중하실 것이 뻔한데. 그래서 아주 자신 있게 대답했다. "저희는 싸움은 안 합니다." 그러자 목사님은 의외의 말씀을 하셨다. "난 싸워본 적이 없는 사람들에겐 주례를 해 주지 않는다네. 결혼은 성숙이 요건인데, 결혼생활에 어디 단맛만 있겠는가."

목사님의 이 말씀이 잊히지 않는데 다운스(Downs) 부부 팀과 조이가 함께 쓴 『부부싸움의 은혜』(우현주 옮김, 예수전도단)를 접했다. 문득 부부싸움이 왜 은혜일까 하는 생각이 들었다. 하지만 하나님은 부부싸움 속에 가정을 건강하게 한 비밀을 숨겨놓으셨기 때문이라는 말에 고개를 끄떡이지 않을 수 없었다.

이 책은 한마디로 부부싸움에 있어서 갈등문제를 어떻게 하면 잘 해결할 수 있는지 길잡이 역할을 하는 책이다. 책의 원제는 '공정하게 싸우라'이다. 살아가면서 언제나 의견이 같을 순 없다. 사랑하는 사람과 충돌할 때 서로에게 상처를 주지 않으면서 살아가려면 공정하게 싸우는 법을 배우고 터득해야 한다는 것이다. 어거스틴의 말대로 "인간이니까 실수할 수 있다. 하지만 의도적으로 실수 가운데 머물러 있으려 한다면 이는 악한 것이다."

저자는 부부싸움이 부자연스러운 것이 아니라 자연스럽다 말한다. 성격과 기질 차이, 역량의 한계, 바쁜 삶 등이 갈등을 만든다. 그러나 많은 부부들이 어떤 규칙 없이 싸우다 보니 모두 패자로 만든다는 데 문제가 있다. 복싱에 '마르키스 드 퀸스베리 규칙'이 있다. 상대를 치되 발로 차거나 눈을 후비거나 귀를 물어뜯거나 허리 아래를 치는 행위를 허용하지 않는 것이다. 부부싸움에도 경기처럼 분명한 규칙과 공정한 심판을 세우면 비록 싸움이라 할지라도 관계가 깊어지고 하나 되는 은혜를 체험할 수 있다.

사람들은 특정 주제 때문에 부부싸움을 한다고 생각한다. 하지만 그것이 진짜 원인은 아니다. 논쟁은 갈등의 방아쇠가 되는 어떤 주제에서 시작하지만(갈등대화) 사실은 서로 상처받은 감정 때문에 폭발적으로 커지고(감정대화), 결국에는 자기 자신의 존재가치와 정체성 문제로 귀결된다(정체성 대화). 그간 쌓인 불만과 부정적 감정들이 이 계기로 터진다는 말이다. 따라서 함께 규칙을 발견하고 부부의 하나 됨을 방해하는 요소들을 제거하는 작업에 들어갈 필요가 있다.

부부싸움에서 윈-윈 하려면 해결책을 찾지 못하게 하는 자신의 오래된 습관을 과감히 버리고 그 어떤 것이라도 감수하겠다는 결의, 자신이 틀릴 수 있다는 사실을 인정하는 겸손함, 빚어진 결과를 기꺼이 받아들이고 책임지려는 태도, 자기 생각과 스타일을 기꺼이 바꾸겠다는 의지, 마음 상하지 않고 가볍게 넘길 수 있는 무던함, 그리고 자신보다는 상대를 즐겁게 하려는 유머감각을 가진다.

다운스 부부는 부부싸움을 시작하기 전 기도하라 권한다. 이해할 수 있는 능력 주시고, 대화 중에 무슨 말을 하고 어떤 행동을 해야 하는지 지혜주시며, 부부가 함께 기도할 수 있게 해 주시며, 각자 내면에 고요함과 평온, 그리고 존중함을 달라고 한다. 마치 경기에 앞서 기도하는 것과 같다. 이 기도가 서로의 태도를 바꿔놓을 수 있다.

부부싸움을 할 때 열린 마음으로 상대의 말을 잘 들어주고 발언의 차례를 지키는 것이 중요하다. 대화의 차례를 놓고 다투다가 분노의 늪에 빠질 수 있기 때문이다. 어떻게 말하고 어떻게 듣는가가 진짜 문제일 수 있다. 분노는 풀린 개와 같다. 한번 풀린 개는 다시 묶어놓기 어렵다. 따라서 분노가 부부 사이를 어지럽힐 틈을 주어서는 안 된다.

갈등을 만족스러운 모양으로 마무리 짓는 것이 이 경기의 마지막이다. 이를 위해 진정한 사과와 진정한 용서를 한다. 사과를 할 땐 상처를 주었고 그로 인해 상대가 힘들어하고 있음을 깨닫고, 자신이 한 일에 책임진다. 용서를 할 때 그 일을 다시 기억하지 않고, 그 일을 다시 들먹이지 않으며, 그 일을 다른 사람에게 말하지 않고, 공감하며 긍휼과 은혜를 베푼다. 그리고 이런 일이 다시 일어나지 않도록, 근본적인 원인이 사라질 때까지 습관을 고치고 태도를 바꾼다. 마무리도 시작 못지않게 중요하다.

"모두 당신 잘못이야, 당신이 먼저 시작했잖아, 누구처럼 할 수 없어요?"라고 말하는 것은 부부싸움에 반칙이다. 욕설, 더 강하게 화내기, 이혼 들먹거리기, 그리고 신체적 폭력이나 위협은 비열하게 싸우는 것이다. 분노의 상처를 분노로 옮기지 않고 분노로 인해 죄를 짓지 않도록 주의한다. 말을 많이 해 상대를 제압하려는 유혹도 버린다. 갈등이 시작되기 전에 부부가 함께하는 시간을 자주 가지고 대화한다. 서로 격려하고 칭찬하며 작은 것에도 감사하고 더 많이 용서한다.

이 책은 자세하고 활용 가능한 여러 제안, 생각해 보기, 적용해 보기 등이 있어 크게 도움이 된다. 결코 쉽지 않은 부부의 문제를 해결의 길로 안내하려는 의지가 돋보인다. 이 책을 놓으면서 "함께 만들어가는 것이 중요한 것이지 규칙 자체가 중요한 것이 아니다.

가장 훌륭한 작품은 함께 살아가면서 이루어내는 것이다. 부부 사이에 충돌이 있을 때도 서로 사랑할 수 있다."는 저자의 말, 그리고 자녀들이 결혼하는 그때 승리에 겸손하고, 패배에 자비로우며, 실수에 관대하고, 하나님이 주신 모든 것에 감사할 수 있기를 기도하는 기도문이 마음에 와 닿는다. 아무쪼록 하나님의 도움 아래 부부싸움이 부부성장으로 이어지고, 깨어지는 가정에 화합의 길이 열리기를 기원한다.

▌약력

서울대학교 정치학과(학사, 석사)
서울대학교 대학원(경영학석사)
웨스턴일리노이대학교(MBA)
연세대학교 대학원(경영학박사)
총신대학교 대학원(M. Div., Th. M.)
연변과기대 상경대학 학장
한양대학교 경상대학 학장
한양대학교 산업경영대학원 원장
현, 한양대학교 경상대학 경영학부 명예교수/목사

▌기독교 관계 저서

주님과 함께하는 고요한 이 시간(한국학술정보, 2008)
견고한 진을 파하는 강력(한국학술정보, 2008)
예수연구(한국학술정보, 2008)
고난의 신학(한국학술정보, 2008)
기독교세계관과 삶의 리포지셔닝(한국학술정보, 2007)
단순한 믿음이 주는 기쁨(기독신문사, 2005)
뒤틀리는 삶의 문제와 기독교적 답변(한양대 출판부, 2004)
자본주의 문화와 기독교의 사회적 책임(한양대학교 출판부, 2004)
21세기가 원하는 크리스천 리더(총회출판국, 2003)
평신도를 위한 신학 이야기(예영, 2003)
목회자, 당신은 일류인간(한국강해설교학교출판사, 2002)
영성회복의 신앙(기독신문사, 2001)
기독교교육행정(대한예수교장로회 총회, 2000)
교회행정학(총회교육국, 1998)
기독교와 현대사회(한양대 출판부, 1997)
교회경영학(엠마오, 1996)
기독교사회학의 인식세계(대영사, 1988)
그 외 다수

메디타치오 시리즈 3

하나님을 향한
열정이 소진될 때

초판인쇄 | 2009년 3월 5일
초판발행 | 2009년 3월 5일

지은이 | 양창삼
펴낸이 | 채종준
펴낸곳 | 한국학술정보㈜
주 소 | 경기도 파주시 교하읍 문발리 513-5 파주출판문화정보산업단지
전 화 | 031) 908-3181(대표)
팩 스 | 031) 908-3189
홈페이지 | http://www.kstudy.com
E-mail | 출판사업부 publish@kstudy.com

등 록 | 31,000원
가 격 |

ISBN   978-89-534-1346-7 93230(Paper Book)
        978-89-534-1347-4 98230(e-Book)